Pendo

Barbara Victor

Beten im Oval Office

Christlicher Fundamentalismus in den USA und die internationale Politik

Aus dem Amerikanischen
von Gottfried Röckelein

Pendo München und Zürich

Inhalt

Zweiter Teil

Die Evangelikalen und Israel

Dritter Teil

Der Jesus-Faktor

Einführung

> *Rette mich, Herr, vor bösen Menschen, vor gewalttätigen Leuten schütze mich, denn sie sinnen in ihren Herzen auf Böses, und jeden Tag schüren sie Streit.* (Psalm 140,1-2)

Die USA waren schon immer ein Land der Widersprüche. Monika Lewinskys blaues Kleid mit dem Spritzer präsidialen Samens ist inzwischen genauso in die Annalen der Geschichte eingegangen wie George W. Bushs jähe Glaubensfindung. Die Vereinigten Staaten, angeblich das Geburtsland der feministischen Bewegung, sind zugleich das Land, in dem Sklaverei und Rassentrennung einst Gesetz waren. Das Land, das als großer Brückenkopf und Versuchsraum des Lustprinzips gilt, bleibt weiterhin die Bastion des Puritanismus. Die gleichen Bürger, die sich gegen Gesetze zur Wehr setzen, die ihre individuellen Freiheiten beschneiden, überstrapazieren dessen ungeachtet prozesswütig die Justiz, um finanzielle Entschädigungen für wirkliches oder eingebildetes Unrecht zu erzwingen, das ihrer Person, ihrem Besitz oder ihrer Reputation widerfahren sei. Die himmelschreiendste Ungereimtheit, die sich in den USA überhaupt finden lässt und die die fundamentalen Grundsätze berührt, auf denen die Gesetze dieses Landes beruhen, ist der Stellenwert, der Gott und Religion in Regierung, Militär und Kreisen der Politik eingeräumt wird.

Vor etwa 30 Jahren zeigte Alvin Toffler in *Future Shock*[1], dass »Tempo und Entwurzelung in der modernen Gesellschaft bei den Menschen Orientierungslosigkeit und Entfremdung bewirkten, weshalb sie sich auf die Suche nach neuen Sinngefügen wie Religion und aktivem Engagement in ihren Glaubensgemeinschaften begaben, um das Gefühl eines Identitätsverlustes zu kompensieren«.

Obwohl es Zeiten gab, in denen sie lautstärker und sichtbarer agierten als andere, wurden die Evangelikalen beziehungsweise die wiedergeborenen Christen *[Anm. d. Ü.: Der amerikanische Begriff »Evangelical« umfasst jene christlichen Fundamentalisten in den USA, die sich »bibeltreue« (d. h. »evangeliumstreue« im Gegensatz zu den »werktreuen«) oder »wiedergeborene« Christen nennen. Es handelt sich dabei um eine erzkonservative Richtung des Protestantismus, die sich gegen jede, vor allem naturwissenschaftliche, Bibelkritik wendet.]* stets als eine amerikanische Randgruppe mit geringer politischer Macht angesehen. Allerdings hat die Religion noch nie einen so hohen Stellenwert innerhalb der Regierung und des Militärs eingenommen wie heute. Obwohl die Vereinigten Staaten von der Weltanschauung her schon immer eine christliche Nation waren, sind sie erst in den vergangenen fünfundzwanzig Jahren zu einem Land geworden, in dem eine sehr spezielle Art von Christentum durch die bloße Zahl von Gläubigen und durch finanzielle Privilegien eine enorme Machtfülle angesammelt hat. In diesem Zeitraum haben sich die von Alvin Toffler beschriebenen Symptome verstärkt, weil wegen der Bedrohung durch willkürliche terroristische Anschläge eine Angst vor dem Unbekannten und eine die Gesellschaft durchdringende, destabilisierende Kraft neu hinzugekommen sind. Folglich suchen die Amerikaner auf anderen Wegen nach einem Gefühl der Sicherheit und neigen deshalb mehr und mehr dazu, Politiker zu wählen oder Religionsführern zu folgen, die ihnen als Schutz vor allem Schlimmen den

Glauben an die Bibel und an das Wort Gottes ans Herz legen. Da aber nicht alle Amerikaner an Gott glauben, bieten sich jene Politiker als nächstbester Ersatz an, die behaupten, eine »göttliche Heimsuchung« erfahren zu haben, oder solche, die kundtun, sie würden sich vom Glauben an die Bibel und an den Herrn leiten lassen, weshalb sie in der Lage seien, Schaden von ihrer Wählerschaft abzuwenden, auch von jenen Wählern, die keine »Gläubigen« sind.

Nach einer Umfrage vom April 2004[2] glauben etwa 60 Prozent aller US-Bürger, dass »Religion eine sehr wichtige Rolle« in ihrem Leben spielt, eine bei weitem größere Anzahl als in jedem anderen Industrieland, wobei »Religion« in den USA fast überall »Christentum« bedeutet. Ungefähr 50 Prozent der Amerikaner bezeichnen sich als Protestanten, 25 Prozent als Katholiken, und weitere elf Prozent nennen sich Christen ohne eine genauere Bestimmung ihres Bekenntnisses. Nur sieben Prozent geben an, religionslos zu sein. Von den in der Umfrage erfassten wiedergeborenen Christen glauben alle, Jesus Christus sei für ihre Sünden gestorben; nach der festen Überzeugung von 58,7 Prozent wird das Ende der Welt in der Schlacht von Armageddon zwischen Jesus und Satan kommen, und 40,9 Prozent sprechen sich für einen Verfassungszusatz aus, in dem die Vereinigten Staaten zur »christlichen Nation« erklärt werden. (Im April 2004 billigte die Republikanische Partei von Texas eine Wahlplattform, in der die USA als eine »christliche Nation« bezeichnet wurden. Auf demselben Parteitag wiesen die Texaner die »Legende« von einer angeblichen Trennung von Kirche und Staat zurück, wie sie in der Verfassung der Vereinigten Staaten niedergelegt ist.)

Einerseits stand diese Religiosität immer wieder in einem gewissen Spannungsverhältnis zur verfassungsmäßigen Trennung von Kirche und Staat in den USA; andererseits existierten das leidenschaftliche Bekenntnis zu einer weltlichen Republik und das weit verbreitete Gefühl, die Vereinigten Staaten seien Gottes eigenes Land, oft relativ problemlos nebeneinander. Aus der Religion beziehen die USA Kraft und Stärke für ihre moralische Mission im Ausland. So wurde der Kalte Krieg teilweise als Kampf zwischen dem gottlosen Kommunismus und dem christlichen Abendland gesehen. Für einige dienten moralische Prinzipien per definitionem als Grundlage für jegliches Handeln im nationalen Interesse. Für andere, darunter Vertreter der außenpolitischen Führungsschicht, war die rigorose Trennung von Religion und Politik unabdingbar. Wie Henry Kissinger einst feststellte: »Verdecktes Handeln und missionarische Tätigkeit sollten nicht verwechselt werden.«

Diejenigen, die man in den USA unter den Begriffen »wiedergeborene Christen« oder »die christliche Rechte« zusammenfasst, glauben alle an ein Sammelsurium von Theorien, die, wie wir noch sehen werden, während des 19. Jahrhunderts zu unterschiedlichen Zeitpunkten und von unterschiedlichen Predigern aufgestellt wurden. Diese nahmen Textstellen aus der Bibel und montierten sie zu so genannten unumstößlichen Glaubenswahrheiten, von denen sich bis heute ein großer Teil der amerikanischen Öffentlichkeit faszinieren und begeistern lässt. Der britische Autor George Monbiot hat kürzlich diese abstrusen Vorstellungen unter die Lupe genommen, wie z. B. den Glauben, dass »sobald Israel den Rest des alttestamentarischen Landes besetzt hat, die Legionen des Antichristen angreifen und die letzte Schlacht im Tal von Armageddon beginnt. Die Juden, die bis dahin noch nicht zum Christentum übergetreten sind, werden grauenvoll umkommen, wohingegen die wahren Gläubigen in den Himmel auffahren und in alle Ewigkeit an der Seite Jesu Christi sitzen werden.«[3]

Evangelikale Christen glauben nicht nur, dass das jüdische Volk und Israel eine Sonderstellung in Gottes großem Heilsplan einnehmen, sondern auch, dass Präsident Bushs Einmarsch in den Irak nur der Beginn eines in der Bibel prophezeiten Krieges gegen den Islam und damit ein entscheidender Schritt auf dem Weg zur Erlösung ist. Mit anderen Worten: Im Irak fallen zwar US-Soldaten und Hunderttausende Irakis kommen ums Leben, aber für jene, die sich diese religiösen Lehren zu Eigen machen, ist der Irakkrieg nichts, was man verteufeln oder fürchten müsste, sondern ein positiver Schritt vor der Wiederkunft des Messias.

Im Jahr 2003 war Franklin Graham, Sohn und Erbe von Reverend Billy Graham, Ehrengast beim Karfreitagsgottesdienst des Pentagon. Seine Botschaft war eindeutig: »Es gibt einen Gott und einen Glauben«, sagte er zu einer Zuhörerschaft aus Soldaten in Tarnanzügen, Zivilangestellten und zu seinem eigenen Sohn, einem Kadetten der Militärakademie West Point. »Es gibt keinen anderen Weg zu Gott außer durch Christus ... Jesus Christus lebt, weil Er von den Toten auferstanden ist, und, meine Freunde, Er wird wiederkehren, und ich glaube, das wird Er bald tun.«[4]

Unmittelbar nach Kriegsbeginn machte sich Reverend Franklin Graham in den Irak auf, angeblich um unter der Schirmherrschaft seiner Hilfsorganisation »Samaritan Purse« (»Samariter-Fonds«) Nahrungsmittel, warme Kleidung und Medikamente an die Iraker zu verteilen. Kurz vor seinem Abflug erklärte mir Franklin Graham den Zweck seiner Reise folgendermaßen: »Die Operation ›Iraqi Freedom‹ ist ein Glückstreffer für Jesus«, sagte er. »Wir gehen dorthin, um den Irakern in Liebe unsere Hand zu reichen und sie zu erretten, und als Christ tu ich dies im Namen Jesu Christi.«

Es gibt irakische Berichte über verschiedene Vorfälle, wie Grahams Leute nach der Ankunft im Irak vorgegangen sind, um »das Wort Christi« zu verbreiten. Ein US-Soldat bestätigte mir unter Zusicherung von Anonymität diese Schilderungen. Er sei dabei gewesen, als einer von Grahams evangelikalen Pilgern einer Gruppe von Irakis frisches Wasser anbot, aber nur unter der Bedingung, dass sie sich als Christen taufen lassen würden.

Am 13. Dezember 2003 wurde Saddam Hussein schließlich in Tikrit festgenommen. Die ersten fünf Telefonate, die George W. Bush tätigte, nachdem er seine engsten politischen Berater informiert hatte, galten Vater George H. W. Bush, Reverend Billy Graham und Reverend Franklin Graham, dem damaligen Justizminister und Generalstaatsanwalt John Ashcroft und Bushs Gemeindevorsteher von der »United Methodist Church« in Dallas. Zwanzig Minuten später rief er, mit John Ashcroft an seiner Seite und den drei Predigern in einer Konferenzschaltung, seine Eltern erneut an. Als alle zugeschaltet waren, bat Präsident George W. Bush Reverend Franklin Graham, als Vorbeter zu agieren. Der Präsident und der Justizminister knieten im Oval Office nieder und senkten den Kopf, während Graham betete: »Jesus, diese Mission trägt Deine Handschrift, und es ist Dein Werk, o Herr, dass das Böse, das Saddam Hussein verkörpert, der Gerechtigkeit zugeführt wird. Im Namen Jesu Christi danken wir Dir für dieses großartige Geschenk, das Du dem rechtschaffenen Volk der gesegneten Vereinigten Staaten von Amerika gemacht hast.«[5]

Die Macht des Glaubens und das Wunder des Gebets sind allgegenwärtig. Während meiner monatelangen Recherchen zu diesem Buch führte ich Interviews mit Evangelikalen in den USA und in Israel, mit Angehörigen der jüdischen Gemeinde hierzulande ebenso wie mit rechtgläubigen und weltlichen Juden dort. Die meisten waren, und zwar unabhängig von ihren Glaubensrichtungen oder politischen Neigungen, durchaus kompromissbereit, wenn es darum ging, die Rechte einiger weniger zu opfern, um Sicherheit für alle zu garantieren. In Washington, wo ich Kongressabgeordnete, Senatoren und Regierungsvertreter befragte, wurde deutlich, dass sich George W. Bush mit Leuten umgibt, die überall dort militärisch intervenieren wollen, wo der Islam westliche Werte bedroht. Einige der Befragten zögerten nicht eine Sekunde, um jegliches militärische Eingreifen mit Gott oder der Religion zu rechtfertigen. Ein Beispiel für diese Mentalität ist ein Mann, der als Unterstaatssekretär und stellvertretender Verteidigungsminister dem Pentagon-Geheimdienst vorsteht, also angesichts des gegenwärtigen US-Engagements im Irak einen der sensibelsten Posten in der Regierung bekleidet.

Generalleutnant William Boykin hielt mehrere öffentliche Reden in Uniform, was bedeutet, dass er aktiven Wehrdienst leistete und als Vertreter seines Landes und seines Amtes auftrat. In diesen Reden verspottete er den Glauben der Moslems an Allah als Gott und erzählte von seinen Kriegserlebnissen in Somalia 1993. »Ich wusste, dass mein Gott größer war [als der meines islamischen Feindes], und ich wusste, dass mein Gott ein echter Gott war und seiner nur ein Götze.« Nach dieser Erklärung nannte er die Vereinigten Staaten eine »christliche Nation«. Im Hinblick auf den aktuellen Konflikt im Irak sagte er: »In Zeiten wie diesen sind wir in einer Armee Gottes.«[6]

Die ungerügten antiislamischen Ressentiments des Generals und seine Verknüpfung von Amerikas Krieg gegen den Terrorismus mit Jesus und der Christenheit zeigen plastisch, dass gewisse Militärs kein Problem damit haben, den Krieg im Irak als Kreuzzug oder Heiligen Krieg zwischen jüdisch-christlichen Werten und dem Islam zu betrachten. Auch wenn nicht alle Ratgeber oder andere aus dem Gefolge von Präsident Bush evangelikale Christen sind, was ebenso für andere Politiker anderer Parteien gilt, so ist ihre Wahrnehmung der Welt und der Bedrohung durch den Islam doch die gleiche. Sie unterscheiden sich nur in der Frage, was an erster Stelle zu stehen habe, um diesen neuen globalen Feind zu besiegen: militärische Macht oder religiöses Recht. Wenn es zutrifft, dass Gott seit dem 11. September 2001 auf dem Schlachtfeld ist, so ist Er zugleich auch sehr gegenwärtig im Weißen Haus, im Senat und im Repräsentantenhaus; außerdem führt Er an jedem Wahltag die Hand, die den Stimmhebel der Wahlmaschine betätigt.

Evangelikale Vorstellungen über einen besonderen Bund Gottes mit dem amerikanischen Volk haben einen quasi-religiösen Nationalismus gefördert, der inzwischen auch andere Glaubensrichtungen in den USA durchdringt, darunter die römisch-katholische und die judaische. Joseph Lieberman, demokratischer Senator aus Connecticut, orthodoxer Jude und einer der Bewerber für die Präsidentschaftsnominierung der Demokraten im Jahr 2004, sagte: »Wir sind jetzt alle Evangelikale.«[7]

Seit kurzem haben Entwicklungen bei den amerikanischen Christen die lang anhaltenden Spannungen zwischen dem weltlichen und dem religiösen Teil der US-Bevölkerung verschärft. Etwa die Hälfte aller Protestanten – um die 80 Millionen – nennt sich selbst »Wiedergeborene«. Dieser Titel bezeichnet eine ganz besondere Art religiöser Identität, auch wenn sie sich quer durch zahlreiche Glaubensrichtungen und vor allem auch außerhalb der etablierten Kirchen verwirklicht. Wiedergeborene Christen finden sich insbesondere in methodistischen und baptistischen Gemeinden, wo sie auch ihre historischen Wurzeln haben. Verschiedentlich kennt man sie auch als »Evangelikale« oder »Fundamentalisten«. Im Gegensatz zu anderen religiösen Gruppen oder Sekten oder politischen Extremisten, die sich äußerlich abgrenzen, indem sie Gewänder tragen oder sich die Köpfe rasieren oder Symbole schwenken, sind evangelikale Christen ganz normale Mitglieder der Gesellschaft. Sie stellen einen repräsentativen Bevölkerungsquerschnitt der Vereinigten Staaten dar und sind deshalb in ihren jeweiligen körperlichen und seelischen Befindlichkeiten so verschieden wie die anderen Bürger auch, gleichgültig, ob sie auf dem Land oder in der Stadt leben.

Heutzutage besteht die Masse der aktiven Glaubenskämpfer in der evangelikalen Bewegung aus kultivierten, ernsthaften, selbstbewussten, gebildeten, charmanten, energischen und hochmotivierten Menschen, die alle ihre ganz persönliche Heilsgeschichte haben, die sie voller Stolz erzählen. Einige sind Eigentümer und Betreiber christlicher Sender, andere sind nur fromme Gläubige in neutralen Berufen: Ärzte, Anwälte, Buchhalter, Schauspieler, Sänger, Maler, Lehrer, Politiker. Ob sie zu den politisch Mächtigen gehören wie George W. Bush oder nur einfache Bürger sind, sie fügen sich unauffällig und problemlos in jede Gruppe ein und praktizieren ihren Glauben, ohne sich darum zu scheren, wie extrem dieser erscheinen mag. Weil die evangelikalen Christen inzwischen zur mächtigsten religiösen Gruppe der Vereinigten Staaten aufgestiegen sind, haben sie keinerlei Bedenken, ihre religiösen Erlebnisse bis ins kleinste Detail vor jenen auszubreiten, die ihren tiefen Glauben nicht teilen. Nach ihrer Überzeugung verdienen diejenigen, die nicht daran glauben, dass Jesus Christus als Gesprächspartner und Ratgeber zur Verfügung steht und jedem Einzelnen im Privatleben und im Beruf als Wegweiser dient, Nachsicht und Mitleid wegen ihrer Ignoranz und wegen ihres schicksalhaften Endes, solange sie sich weigern, gerettet zu werden. Für jemanden, den »die Hand Gottes nicht berührt« hat, ist es oft schwer zu verstehen, wie absolut selbstbewusst die Evangelikalen ihren Glauben in der Öffentlichkeit praktizieren.

Was die Wiedergeborenen besonders interessant macht, ist ihre häufige Selbsteinschätzung, im früheren Leben alles andere als rechtschaffene Bürger gewesen zu sein, und einige geben sogar zu, ein Leben in »Sünde und Verderbtheit« geführt zu haben, ehe sie »zum Herrn fanden«. Es war keine Überraschung, dass alle wiedergeborenen Christen, deren Bekanntschaft ich bei der Arbeit an diesem Buch machte, aus freien Stücken und ohne Aufforderung den Augenblick beschrieben, in dem sie Jesus Christus in ihr Leben einließen.

Bei meinem Besuch einer Baptistenkirche in einer Ortschaft bei Paris, Texas, wurde ich von den wiedergeborenen Gemeindemitgliedern begeistert als »potenzielle neue Seele« empfangen. Die drei Menschen, in deren »Obhut« ich gegeben wurde während der vier Tage, die ich in ihren Häusern und ihrer Kirche verbrachte, waren von einer inneren Freude angetrieben und beseelt, die schwer zu erklären oder zu beschreiben ist. Alle drei, d. h. eigentlich die ganze, nach Hunderten zählende Baptistenkongregation, strahlten und glühten förmlich und erklärten dies als »die Glut Jesu, der in meiner Seele wohnt«.

Eine meiner Gastgeberinnen war eine ehemalige Varieteetänzerin namens Minna Blue, die noch immer den glamourösen und allzu dick aufgetragenen Charme eines verblühten Showgirls verströmte. In groteskem Widerspruch zu ihrer äußeren Erscheinung war ihre kleine Wohnung jedoch mit religiösen Symbolen dekoriert, mit christlichen Andenken, mit Bildern und Postern von Jesus Christus. Minna war nett und freundlich und ohne die geringsten Hemmungen hinsichtlich ihrer besonderen Beziehung zu Jesus, und sie behauptete, es sei die größte Freude ihres Lebens, wenn sie potenziellen Konvertiten ihre »unerquickliche Geschichte« erzählen könne, um zu beweisen: Wenn sie es geschafft hatte, zu Gott zu finden, »dann schafft es jeder, seinen Weg in Sein Herz zu finden«. Wann immer Minna von ihrer Vergangenheit erzählte, tat sie es mit einem Anflug von Humor. Eine andere Gastgeberin war Kara, eine kultivierte, intelligente junge Frau, frühere Lesbierin, die »in Schwulenbars rumgehangen, auf Drogen und

Alkohol gewesen war und jedes einzelne von Gottes Geboten gebrochen hatte, dazu noch ein paar, die Ihm wahrscheinlich gar nicht eingefallen sind«. Kara war nicht so extravagant wie Minna, aber in ihrer Hingabe an Gott genauso unbeirrt. Ihrer Erzählung nach ereignete sich die Wende ihres Lebens, als sie eines Morgens in einem Motel aufwachte, am Arm eine fünf Zentimeter lange Schnittwunde hatte und alle ihre Kleider verschwunden waren. Sie war nackt, verletzt, konnte sich nicht ausweisen und hatte kein Geld, weshalb sie die Polizei holen musste. Sie behauptet, dies sei der Augenblick gewesen, in dem »Gott direkt bei mir im Zimmer war und mich gezwungen hat, mich zwischen einem Leben in Sünde oder einem Gratisticket in den Himmel zu entscheiden«. Heute rührt sie weder Drogen noch Alkohol, noch Frauen an und arbeitet seriös als Sekretärin. Ihre Freizeitaktivitäten beschränken sich auf Kirche, Gebet und ausgedehntes Bibelstudium.

Ihr ständiger Begleiter, ebenfalls einer meiner Gastgeber, ist ein verurteilter Pädophiler namens John Jack. Kara und John Jack hielten sich während unseres Beisammenseins die ganze Zeit an der Hand. Wenn einer sprach, nickte der andere zustimmend oder warf ein gedämpftes »Amen« ein. John Jack hatte makellos saubere Khakihosen und ein blauweiß kariertes Hemd an; er trug sein weißes Haar straff am Kopf anliegend und am Fußgelenk eine elektronische Fessel, mit der seit seiner Entlassung auf Bewährung jede seiner Bewegungen überwacht wurde. Auf dem Rasen vor seinem Haus gab es auch ein Schild mit der Aufschrift: »Vorsicht, hier wohnt ein verurteilter Kinderschänder«. Als ich ihn fragte, was er davon hielt, dass seine Nachbarn das Schild erzwungen hatten als Gegenleistung dafür, dass er in ihrer Nachbarschaft wohnen durfte, antwortete er: »Das ist das Kreuz, das ich zu tragen habe, genau wie Jesus Sein Kreuz nach Golgatha getragen hat.«

Nach eigenem Eingeständnis hatten meine drei Gastgeber alle gesündigt und bereut und lebten nun in unbefangener Glückseligkeit mit Jesus als ihrem besten Freund und ständigen Ratgeber. Sie sind die Evangelikalen aus dem Herzland der USA, typische Vertreter der wiedergeborenen Christen, die sich einer aktuellen Stärke von 80 Millionen rühmen, Tendenz steigend. Sie sind keine gewieften Politiker, die behaupten, Gott habe sie für ihr politisches Amt auserkoren; sie sind auch weder predigende Schnellsprecher, die Taschenspielertricks als Wunder verkaufen oder pauschale Versprechungen von sich geben, sie könnten Kranke heilen oder Tote wieder auferstehen lassen, noch gehören sie zu den reichen Prominenten, die zum Drogen- und Alkoholentzug in die Entgiftungszentren der Schickeria gehen und Religion als den allerneuesten Trend aus Hollywood vereinnahmen. Minna, Kara und John Jack sind normale, wohlmeinende Evangelikale mit einem bedingungslosen Vertrauen zu Jesus, von dem sie glauben, dass Er sie aus den Klauen des Teufels errettet hat. Sie sind auch intelligente Menschen, die jeden Politiker wählen werden, der sie in ihren religiösen Überzeugungen unterstützt und verspricht, die USA davor zu bewahren, dass sie zu einem Land ohne moralische Substanz werden. Diese drei Menschen mit ihrer individuellen Gotteserfahrung können Israel vielleicht nicht auf der Landkarte finden und wissen möglicherweise nicht, wie die Hauptstadt von Deutschland oder Frankreich oder Italien heißt. Aber sie glauben fest daran, dass Präsident Bush unter Anleitung von Jesus Christus gegenwärtig einen Krieg gegen den Terror führt, um die christlichen und demokratischen Werte der Vereinigten Staaten zu schützen. Sie sind gleichermaßen davon überzeugt, dass das jüdische Volk das »auserwählte Volk« Gottes ist und dass das Land Israel den Juden auf ewig gehört, bis Jesus Christus als der Messias wiederkehrt.

Sinn und Zweck meines Besuchs in Texas war es, meine drei Gastgeber zur Kirche zu begleiten, was ich zweimal abends und einmal am Sonntag tat. Dort lernte ich nicht nur ihren Prediger kennen, sondern begegnete auch über zweihundert Männern und Frauen, die zwar im Lauf ihres Lebens die unterschiedlichsten Erfahrungen mit Sünde und Erlösung gemacht hatten, die aber alle die gleiche religiöse und moralische Inbrunst an den Tag legten wie Minna, Kara und John Jack.

Pastor Ron ist Ende dreißig, rundlich, von blässlichem Teint, hat fülliges dunkelbraunes Haar und einen dichten Schnurrbart. Er trägt einen glänzenden grauen Seidenanzug, eine weiße Fliege zum weißen Hemd mit weißen Mustern und schwarze Lackschuhe. Er hat Talent, kann sich gut ausdrücken und nach Bedarf Tränen auslösen, und er freut sich, in einem Buch erwähnt zu werden als ein »Mann Gottes, der Jesus bestens kennt und der auf diesen Planeten entsandt wurde, um so viele Seelen zu retten, wie der Herr ihm schickt«. Und eine jener potenziellen »Seelen« war ich.

War ich bereit, Jesus zu empfangen? Warum nicht.

War mir je der Gedanke gekommen, Ihm mein Leben anzuvertrauen? Nein.

Habe ich die Bibel gelesen? Manches.

War ich eine Sünderin? Kommt darauf an.

Glaubte ich an Gott? Ja.

War mir klar, dass es kein Zufall war, dass Gott mich hierher geschickt hat, um Zeugnis abzulegen? Schon möglich.

Um »Zeugnis abzulegen«, nicht um andere zu »bekehren«. Zwischen beidem gibt es einen entscheidenden Unterschied. »Zeugnis ablegen« heißt, die Tatsache zu bestätigen, dass Jesus gegenwärtig war und von den Seelen von Pastor Rons Gläubigen Besitz ergriffen hatte. »Bekehren« heißt, jemanden zum Wechsel zu einer bestimmten Religion zu veranlassen, und zwar mit Worten, durch

Überredung oder mit sonstigen Verführungstechniken, die nicht direkt von Gott kommen.

Vor Beginn seiner Darbietung im Kirchenraum hielt sich Pastor Ron in seinem geräumigen Büro auf, richtete ein allerletztes Mal Frisur und Fliege, schritt auf und ab, trank Wasser aus einem kleinen Pappbecher, räusperte sich, sang sich ein wie ein Opernsänger, sah prüfend in den Spiegel und kontrollierte, ob seine aufgeregte Assistentin ihm auch wirklich alle Schweißtropfen von der Stirn getupft hatte. Minuten vor Beginn des Gottesdienstes bildeten wir fünf auf des Pastors Geheiß einen kleinen Kreis und fassten uns für ein kurzes Gebet an den Händen: Pastor Ron; sein athletischer Assistent mit Bürstenhaarschnitt und breitem Lächeln; die Frau, die ihn geschminkt hatte (seine Gottesdienste werden live im Regionalfernsehen übertragen); eine andere, die sich als seine persönliche Assistentin und Allroundsekretärin vorstellte; und ich. »Lasst uns diese Frau in unserer Mitte aufnehmen«, begann Pastor Ron, »auf dass sie das Wort und den Segen unseres Herrn Jesus Christus empfange. Gib, dass sie das Licht sieht, o Herr, und bereit und willens sein möge, ihr Leben Dir, Jesus, anzuvertrauen, damit sie in Frieden und Harmonie leben und unter denen sein möge, die bei Dir sind im Himmel am Ende aller Zeiten.«

Das Gebet endete mit einem bekräftigenden Händedruck. Pastor Ron schenkte mir ein kurzes Lächeln, bevor er sagte: *»Showtime,* Freunde, die Vorstellung beginnt! Gehen wir ein paar Seelen retten«, worauf die Anwesenden unisono mit »Amen!« antworteten.

Ich saß auf einem Klappstuhl zwischen Minna und Kara in einem Saal, dessen Dekoration aus Plastikblumen, Fernsehkabeln, fluoreszierender und blinkender Deckenbeleuchtung und einer großen Statue bestand, die Jesus darstellte, der seine Arme ausgestreckt über die Gemeinde hielt und sie permanent segnete. Pastor

Ron hatte ein Mikrofon in der Hand und knallte mit dem Kabel, während er rasch von einem Ende des Podiums zum anderen schritt. Er begann ruhig, steigerte sich dann in ein ohrenbetäubendes Crescendo, redete über die Wundertaten Gottes, das Kreuzesopfer Jesu, das Böse des Islam, die Freuden des Glaubens und die Pflicht »unserer großen Nation«, die Welt zum Licht des Christentums zu führen, während die etwa zweihundert Menschen vor ihm ihre Leiber hin und her und vor und zurück wiegten, zuckten und zitterten, schrien, auf und nieder hüpften, die Hände in die Luft warfen und die Finger schüttelten und dabei riefen: »Lobet den Herrn!«

Alle paar Minuten stupste Minna mich an und fragte: »Spürst du Jesus schon?« Wenn ich den Kopf schüttelte, stupste sie mich wieder an und sagte mir, sie würde jetzt beten, »damit Er schneller in deine Seele einzieht«.

Zum Schluss des zweistündigen Gottesdienstes setzte Pastor Ron die Menge von der Anwesenheit eines Gastes in Kenntnis, einer Frau, die »den Herrn noch nicht gefunden« habe, die aber »in eure Mitte geführt worden ist, um ein Buch über Jesus zu schreiben«. Er bat mich aufzustehen, was ich nach einigen Schrecksekunden tat. Ich war überhaupt nicht auf das Jubelgeschrei und den Applaus gefasst, die daraufhin über mich hereinbrachen. Wie zuvor abgesprochen, richtete Pastor Ron auf meinen Wunsch hin zwei Fragen an die Gemeinde. »Wer ist der Teufel?« Die einmütige Antwort lautete: »Moslems, Araber, Terroristen, die Amerikaner töten.« – »Ist George W. Bush ein guter Präsident?« Wieder die einmütige Antwort: »Von Gott gesegnet!«

Dann beendete Pastor Ron den Gottesdienst, indem er diejenigen, die »gesegnet« werden wollten, aufforderte, die Hand zu heben und »geordnet vorzutreten«. Zwei kräftige Männer, von denen einer Pastor Rons athletischer Assistent war, erhoben sich und schritten systematisch von einer Person zur nächsten. Pastor Ron trat an jeden Segenswilligen heran, der »Jesus empfangen« wollte, versetzte ihm oder ihr einen Stoß, rief dabei »Finde zum Herrn«, und der oder die Gläubige fiel nach hinten in die aufnahmebereiten starken Arme der beiden Männer. Dies dauerte etwa vierzig Minuten, dann war der Gottesdienst endgültig beendet. Die Nachwirkungen dieses gefühlsbetonten Ereignisses dauerten noch lange an, nachdem Pastor Ron das Podium verlassen hatte. Kara hielt sich an ihrem Stuhl fest, während sie abwechselnd in die Hocke ging und wieder aufsprang und weinte und lachte. Eine andere Frau wurde von einem hemmungslosen Schütteln überfallen und stieß unverständliche Laute aus. Ein Mann rang mit hochrotem Kopf nach Luft, während sein Oberkörper vor und zurück pendelte und er »Lobet den Herrn« murmelte. Inzwischen leistete John Jack der vor Erregung ohnmächtigen Kara Beistand. Während wir den Saal durchquerten, versicherte mir Minna, dass all die Menschen, die in einem »Zustand der Ekstase« waren, keinerlei medizinische Betreuung brauchten. Und als wir uns zu Pastor Rons privaten Räumlichkeiten begaben, damit ich mich verabschieden und dafür bedanken konnte, dass ich Zeugin und Teilnehmerin bei diesem höchst interessanten Geschehen sein durfte, fragte sie mich erneut: »Spürst du Jesus jetzt?« – »Noch nicht«, erwiderte ich, worauf sie lächelte und sagte: »Na, ich weiß, dass Er mit dir ist, und ich weiß, dass Er dich auserkoren hat, weil Er dich liebt und mit dir und deinem Leben etwas Besonderes vorhat.«

Jetzt nach über einem Jahr, wenn ich meine E-Mails abrufe, finde ich stets Botschaften von Minna, Kara, John Jack und zahllosen anderen wiedergeborenen Christen, die ich bei den Recherchen zu diesem Buch kennen lernte. Diese Botschaften lauten alle mehr oder weniger so: »Jawohl, Jesus liebt dich und hat etwas Besonderes mit dir vor.«

Erster Teil

Die Wunder wirkende Macht des Herrn

oder

Die Geburt des evangelikalen Christentums

1. Geborgenheit in Gott

Hilf mir, Gott, durch deinen Namen, verschaffe mir Recht durch deine Macht. Gott, erhöre mein Gebet, vernimm die Worte meines Mundes. Denn es erheben sich gegen mich stolze Menschen; freche Leute trachten mir nach dem Leben, sie haben Gott nicht vor Augen. Doch Gott ist mein Helfer, der Herr beschützt mein Leben. (Psalmen 54,1-4)

Zwar ist »das Christentum« die in den USA vorherrschende Religion, aber es ist kein pauschaler Oberbegriff für alle möglichen Varianten. Evangelikale Christen gehören einem elitären Verein an, der rigorose Aufnahmebedingungen kennt. Nach Ansicht der Fundamentalisten geschieht nichts ohne Grund. Die Vorstellung, dass jedes Geschehen eine Reaktion hervorruft, bedeutet, es gibt für alles eine Ursache und eine Wirkung. Also gibt es im Leben keine Zufälle, da alles das Ergebnis göttlichen Eingreifens und göttlichen Willens ist. Nach fundamentalistischer Auffassung ist die Bibel unfehlbar, und in den Augen evangelikaler Prediger stellt der individuelle Glaube die Antwort auf alle ethischen und moralischen Probleme der Gesellschaft dar. Der grundlegende Glaubenssatz evangelikaler oder fundamentalistischer Christen lautet, dass niemand als Christ geboren wird. Trotz Taufe und Unterweisung in der Lehre der jeweiligen Glaubensgemeinschaft ist man nicht mehr Christ als jeder Jude, Moslem, Hindu, Buddhist oder sonstige Angehörige einer Religion, die heutzutage auf der Welt praktiziert wird. Obwohl die Aufnahmebedingungen rigoros sind, kann dennoch jeder zum wiedergeborenen Christen werden, wenn er sein Leben Jesus Christus überantwortet und anerkennt, dass Er für die Sünden der Menschen am Kreuz litt und starb. »Wiedergeboren zu sein« oder das Bekenntnis, sein Leben auf Jesus ausgerichtet zu haben, muss das Geständnis einschließen, gegen die in der Bibel niedergeschriebenen Wahrheiten und moralischen Prinzipien verstoßen zu haben. Teil des Geschehens ist eine persönliche Begegnung mit dem Herrn, und eine »Wiedergeburt« zu erfahren ist letztlich gleichbedeutend mit einer Erscheinung Jesu Christi, bei der die heimgesuchte Person den Entschluss fasst, nach Seinem Wort zu leben, wie es in der Heiligen Schrift steht. Mit der Hingabe von Leib und Seele an Jesus geht das Bekenntnis einher, dass Sein Weg der für den Menschen einzig mögliche ist, um ohne Strafe bis zum Jüngsten Tag und dem Ende aller Zeiten zu leben, wenn Jesus als der Messias und Heiland wieder auf der Erde erscheint.

Für die Christen, die eine persönliche Beziehung zu Gott haben, handelt es sich bei ihrem Glauben nicht um eine rein passive Angelegenheit. Sie stehen bereit, die Irregeleiteten zurück zum Herrn zu führen. Sie sind überzeugt, es sei ihre gottgegebene Verpflichtung, Sein Wort auf der ganzen Welt zu verbreiten. Marilyn Lake Griffins, eine evangelikale Predigerin, erklärte mir das in Kansas City so: »Wollte man das Wort des Herrn nicht verkünden, dann wäre das, als hätte man das Heilmittel gegen Krebs und würde es der Welt vorenthalten.«

Alle wiedergeborenen Christen betrachten die Taufe als eine bewusste und lebensverändernde Entscheidung erwachsener Menschen, die Christus als ihren Erlöser akzeptieren. Hinzu kommt, dass die überwältigende Mehrheit an die wörtlich zu nehmende Wahrheit der Bibel glaubt. Sie legen eher mehr Wert auf den Glauben an Jesus als auf die gute Tat im Alltag, und für die meisten ist die missionarische Tätigkeit die zentrale Pflicht ihres Christentums. Wiedergeborene Christen werden wegen dieser Begeisterung für die Übermittlung der Frohbotschaft und die Anwerbung von Konvertiten für ihre Sache oft als »Evangelikale« bezeichnet[1]. Evangelikale wiedergeborene Christen feiern ihre Gottesdienste oft im pfingstkirchlichen oder charismatischen Stil, bei dem ein ekstatisches Erleben der Gegenwart Christi im Mittelpunkt steht und der durch Gesundbeten, Reden »in fremden Zungen« und religiöse Verzückung gekennzeichnet ist. Diese Erfahrung einer persönlichen Wesensveränderung, sowohl im Kontext der Wiedergeburt als auch in der regelmäßigen Religionsausübung, verbunden mit einer dogmatisch-fundamentalistischen Bibelauslegung und der Entschlossenheit, anderen die frohe Botschaft von Christi Liebe für die Welt zu bringen, macht die Evangelikalen höchst effizient, wenn es darum geht, Institutionen zu gründen und Konvertiten zu gewinnen.

In vielerlei Hinsicht weist das evangelikale Christentum deutliche Parallelen auf zur wachsenden Zahl von Hilfsorganisationen wie beispielsweise den Anonymen Alkoholikern, die Menschen mit selbstzerstörerischen Abhängigkeiten zur Seite stehen wollen. In der hoch mobilen und oft sozial atomisierten Kultur der US-Gesellschaft hält der evangelikale Glaube für seine Anhänger und jene, die einen persönlichen Zusammenbruch erlitten, wahre Geschichten von Niederlage und Verlust, Erlösung und Seelenheil bereit. Die Evangelikalen werben sehr erfolgreich in Gefängnissen, wo sie den Insassen glaubhafte Erzählungen von Wiedergeburt und Neuanfang in Jesus präsentieren. Dies ist nur die extremste Form einer Bekehrungsaktion, die besonders bei jenen Eindruck macht, die mit dem hohen Erwartungsdruck der modernen Gesellschaft nicht zurechtkommen. Und so wie die Anonymen Alkoholiker großen Wert darauf legen, die Geschichte einer individuellen Suchtspirale immer wieder aufs Neue und mit immer mehr Details zu schildern, was schließlich im Eingeständnis der eigenen Hilflosigkeit durch den Süchtigen gipfelt und in der daraus resultierenden Notwendigkeit, sein Leben einer höheren Macht zu überantworten, genauso nachdrücklich schildern die evangelikalen Christen den Absturz in Verzweiflung und die Wiedergeburt in Jesus. Zwar lässt sich das keinesfalls für alle Evangelikalen sagen, doch hat deren Glaube Millionen Menschen aus privaten Katastrophen gerettet. Bei allen Ansprüchen, die er an seine Gläubigen stellt, wirkt er doch Wunder, und aus dieser nackten Tatsache bezieht er viel von seiner Macht.

Evangelikale Glaubensgemeinschaften sind die am schnellsten wachsenden christlichen Gruppen in den USA, und seit Beginn der 1970er Jahre spielen sie mit ihrer Anzahl und ihrem organisierten Einfluss eine zunehmend wichtige Rolle im politischen Leben des Landes.

Bei den Präsidentschaftswahlen 2004 lieferten sie mehr als 42 Prozent der Stimmen der Republikaner; drei Viertel der weißen evangelikalen Christen, die zur Wahl gingen, stimmten für George W. Bush[2]. Der Schlüsselstaat Ohio mit seinen Wechselwählern brachte es auf 79 Prozent der Stimmen für Bush bei den weißen Evangelikalen[3]. Von den 120 Millionen Wählern im Jahr 2004 bezeichnete sich ein Fünftel als wiedergeboren[4]. Des Weiteren nannte die überwältigende Mehrheit evangelikaler Wähler bei der jüngsten Präsidentenwahl die moralische Stärke des Landes als ihr dringlichstes politisches Anliegen. Folgerichtig entspringt daraus eine kompromisslose Opposition gegenüber Abtreibung, Stammzellenforschung, Unterricht in Darwins Evolutionstheorie an staatlichen Schulen und gewalttätigen oder sexuell eindeutigen Texten oder Bildern in Musik, Film und Fernsehen. Evangelikale Oberhäupter üben inzwischen nicht nur einen Einfluss auf die gängigen Medien aus; sie haben es auch zu steigender Präsenz in anderen Medienkanälen wie Kabelfernsehen und Radiosendern geschafft, die ein Millionenpublikum erreichen.

Vor 1960 mussten die US-Sendeanstalten einen gewissen Prozentsatz an Sendezeit für religiöse Programme zur Verfügung stellen. Nach 1960 ermöglichte es die »Federal Communications Commission« den Sendern, diese Zeit, die sie zuvor den religiösen Gruppen kostenlos eingeräumt hatten, nun an Programmgestalter zu verkaufen. Dieser neue Markt für religiöse Sendezeit begünstigte die energischen Methoden evangelikaler Prediger beim Spendeneintreiben, während Programme nichtevangelikaler Gruppen Schritt für Schritt verdrängt wurden. Befreit von den gesetzlichen Bestimmungen, die in weltlichen Programmen die Werbung umfangmäßig begrenzen, »konnten die mit gekaufter Sendezeit gestalteten religiösen Programme praktisch in voller Länge zur Spendenbeschaffung genutzt werden«[5]. Die evangelikalen Medien haben es sehr erfolgreich verstanden, öffentlichen Unwillen in Spenden zu verwandeln. So ist die Dominanz moralischer Werte bei den jüngsten Wahlen teilweise ihrer geschickten Radio- und Fernsehstrategie zu verdanken. Versteckte Botschaften in Rockalben, Kontroversen über Fahnenverbrennungen, Clintons sexuelle Eskapaden im Weißen Haus – dies alles wurde bedeutungsschwer aufbereitet. Insbesondere haben die in Funk und Fernsehen auftretenden Fundamentalisten die anschwellende Flut des Obszönen und die immer bedrohlicher werdende Gefahr sexueller Anarchie in den USA beschworen.

Gegen Ende der ersten Amtszeit George W. Bushs bezifferte die Vereinigung christlicher Buchhändler Amerikas den geschätzten

Umsatz evangelikaler Bücher mit 1,77 Milliarden Dollar jährlich, bei ca. 11 Milliarden Dollar Umsatz der Publikumsliteratur insgesamt. Die großen Medienkonzerne der USA haben die Bedeutung dieses Marktes erkannt und entsprechend reagiert, um sich ihren Anteil an diesem »evangelikalen Geld« zu sichern. Der Verlag Zondervan, der *The Late Great Planet Earth* verlegte, den evangelikalen Bestseller der 1970er Jahre, gehört jetzt zur HarperCollins-Gruppe, und Bantam Dell, Teil von Random House, bezahlte kürzlich 45 Millionen Dollar für eine Buchreihe von Tim LaHaye.

Der evangelikale Prediger Tim LaHaye ist einer der populärsten Autoren in den Vereinigten Staaten. Seine Endzeit-Phantasien unter dem Serientitel *Left Behind* (eigentlich: »Zurückgelassen«, »Ausgeschlossen«, »Nicht dabei«; dt. Titel: *»Finale«)* haben sich bislang mit mehr als 55 Millionen Exemplaren verkauft. LaHayes Bücher und die von anderen christlichen Autoren haben die Idee der »Entrückung« populär gemacht: Es ist dies der Augenblick der Wahrheit beim Anbrechen der Endzeit, wenn die Aktienmärkte kollabieren und Regierungen zurücktreten, wenn Flugzeuge abstürzen und Autos und Züge kollidieren, weil wiedergeborene Piloten und Fahrer in die Lüfte entschwinden oder »entrückt« in den Himmel auffahren, während ihre Vehikel durch die Gegend karriolen. Ein beliebtes Gemälde in den Wohnungen vieler Evangelikaler zeigt einen Mann, der vor dem Haus den Rasen mäht und staunend seiner wiedergeborenen Frau nachstarrt, wie sie »entrückt« aus einem Fenster im ersten Stock entschwindet.

Die »Zurückgelassenen« begreifen dann, dass sie verloren sind und dass die Rechtgläubigen schon immer das Richtige geglaubt haben. Jene, die Jesus doch noch als ihren Erlöser annehmen, dürfen Ihn auf Seiner Himmelfahrt begleiten, während diejenigen, die das nicht tun, zurückbleiben und auf ihr grässliches Ende in der letzten Schlacht auf Erden warten müssen.

Im zwölften und letzten Band der *Left Behind*-Reihe, *The Glorious Appearing (Der Triumph),* erschienen im März 2004, beschreibt Tim LaHaye die Wiederkunft von Jesus Christus. Das Buch beginnt damit, dass die Armeen des Antichrist kurz davor stehen, Jerusalem einzunehmen, und endet mit der Wiederkunft Jesu, der die Welt rettet. Die Handlung ist schnörkellos: Jesus kehrt in Seiner zweiten Sichtbarwerdung als der Messias auf die Erde zurück und vernichtet alle Nichtchristen des Planeten. In einer Szene, die der Vorstellung von ethnischen Säuberungen eine neue Dimension verleiht, »platzen auf ein bloßes Wort von Jesus hin die Körper der Feinde auf. Die Christen müssen dann vorsichtig fahren, um nicht mit den verrenkten und filetierten Leibern von Männern und Frauen und Pferden zu kollidieren.«

Für den Präsidenten der Vereinigten Staaten ist das ein vertrautes Thema.

George W. Bush sagte 1993 einem jüdischen Journalisten vom *Austin American Statesman,* dass nach seiner Überzeugung »alle, die nicht an Christus glauben, zur Hölle fahren, darunter die Juden eingeschlossen«. Dummerweise wurde Bushs Aussage von der jüdischen Presse aufgegriffen, und als er 1994 zum ersten Mal für das Gouverneursamt von Texas kandidierte, präsentierte seine Gegenspielerin, die demokratische Amtsinhaberin Ann Richards, Anzeigen aus jüdischen Zeitungen mit dem bewussten Zitat. Die daraufhin notwendige Umdeutung und Neuinterpretation des Bush-Kommentars wurde von Marvin Olasky konzipiert, einem wiedergeborenen Christen, der Bush bei seinem Wahlkampf unter dem Motto »compassionate conservatism« (»mitfühlender Konservatismus«) als Berater diente. Dieser Slogan sollte die Verbindung von Religion (d. h. Mitgefühl) und wirtschaftlichem, gesellschaftlichem und politischem Konservatismus suggerieren. Olasky, ein christlicher Gelehrter, verfasste *The Tragedy of American Compas-*

sion, nach dessen Lektüre Bush seinem politischen Strategen Karl Rove auftrug, Olasky zu einem Gespräch zu bitten. Diese Zusammenkunft verhalf Gouverneur Bush zu seiner Vision vom »mitfühlenden Konservatismus«. Gleich nach Beginn der Polemik um die Frage, wer in den Himmel komme, trat Olasky zu Bushs Verteidigung an. »Es ist doch so«, sagte Olasky, »man muss an Christus glauben, um in den Himmel zu kommen. Die Juden glauben nicht an Christus, folglich kommen die Juden nicht in den Himmel ... und das Gegenteil von Himmel ist Hölle. Nach meiner Ansicht hat Gouverneur Bush persönlich nichts gegen die Juden sagen wollen. Er hat nur der allgemeinen Überzeugung Ausdruck gegeben, wer in den Himmel kommt.«

Wie außerordentlich kompliziert das Verhältnis zwischen Juden und evangelikalen Christen ist, zeigte sich besonders deutlich anlässlich des weltweiten Erfolgs von Mel Gibsons Film *Die Passion Christi*[6], der in beiden Lagern eine wütende Auseinandersetzung über die jüdische Schuld an Verrat und Tod Jesu Christi hervorrief. Bisher stand die amerikanische jüdische Gemeinde in den USA politisch immer links und hat konsequent Kandidaten der Demokraten gewählt. In ihrer Gesamtheit hat sie sich auch gegen all die moralischen Imperative gewehrt, die die fundamentalistischen Christen der amerikanischen Gesellschaft unbedingt aufzwingen wollen. Und doch haben, trotz Gibsons filmischen Beitrags zu einer langen Reihe von Missverständnissen und Feindseligkeiten, die Mehrheit der jüdischen Gemeinde in den USA und eine Mehrheit der Israelis ihre innenpolitischen Agenden und Emotionen auf Eis gelegt und eine inoffizielle Allianz mit den Evangelikalen gebildet, als Dank für die kompromisslose christliche Unterstützung Israels zu einem Zeitpunkt, da die Volkswirtschaft des Judenstaates schwächelt und das Land nur wenige Freunde in der internationalen Gemeinschaft hat. Für die Evangelikalen handelt es sich dabei um ein Bündnis im Sinne biblischer Geschichte. Für die jüdische Bevölkerung war es angesichts der Einstellung des US-Präsidenten zum Islam, seiner Verurteilung der Selbstmordattentate in Israel und seiner fortgesetzten Unterstützung des jüdischen Staates eine Frage des Überlebens. Nach Ansicht mancher wurde diese Allianz im Himmel geschmiedet, nach Ansicht anderer in der Hölle. Wie auch immer: Die jüdischen Wählerstimmen verhalfen Bush 2004 zum Sieg, wenn auch aus ganz anderen Gründen, als dies bei der Unterstützung der Evangelikalen für den alten neuen Präsidenten der Fall war.

Schon Monate vor der Präsidentenwahl 2004 hatte Karl Rove, Bushs politischer Chefberater, keinerlei Zweifel an der potenziellen Bedeutung, welche die der evangelikalen Gemeinde lieb und teuren moralischen Werte für einen Sieg Bushs hatten. So war es auch kein Zufall, dass Rove in jenen Monaten durchs Weiße Haus spazierte und dabei »Onward, Christian Soldiers« (»Vorwärts, christliche Soldaten«) summte. In einem Gespräch über das hohe Ausmaß an Unterstützung für ein Verbot der Homosexuellenehe sagte Rove: »Ich glaube tatsächlich, dass sich der gegenüber früher höhere Stellenwert, den moralische Werte in diesem Jahr haben, dadurch erklären lässt, dass sie Teil eines breiter angelegten Konzepts sind.«[7] In einer NBC-Umfrage gaben 22 Prozent der Wähler an, moralische Werte seien bei der Wahl das Hauptargument für sie gewesen. Die evangelikale Gemeinde hat George W. Bush eindeutig als »einen der ihren« vereinnahmt, weshalb ihm eine zweite Amtszeit im Weißen Haus so gut wie sicher war. Seit seiner Wiederwahl im November 2004 ist es sogar zu globalen Umbrüchen in der Infrastruktur der Medien gekommen, die großen und wachsenden Einfluss auf die Kultur insgesamt ausüben, besonders im Hinblick auf die US-Militäraktion im Irak. Es ist eine tragische Ironie, dass ausgerechnet die christlichen Medien, die unermüdlich gegen Pornographie in Musik und Film zu Felde ziehen, sich so bemüht haben, um die Amerikaner davon zu überzeugen, dass sie sich auf einem Kreuzzug gegen den satanischen Terror befinden. Und während Bush von Gottes »Geschenk der Freiheit für jeden Menschen auf der Welt«[8] redete, produzierten US-Soldaten im Irak riesige Mengen sadistischer Pornographie als Beitrag zu Amerikas Kreuzzug für Demokratie.

Wie wir noch sehen werden, haben sich die Medien bei der Kriegsberichterstattung entschlossen, im Gleichschritt mit der Bush-Doktrin zu marschieren, die Staat und Kirche miteinander verknüpft. Für die internationale Gemeinschaft stellt der gegenwärtige Trend zum Religiösen in den Vereinigten Staaten eine Gefahr und ein unerklärliches Phänomen dar. Für die Amerikaner scheinen George W. Bushs Referenzen als Wiedergeborener oft mehr mit seinen politischen Ambitionen zu tun zu haben.

Wenn es etwas gibt, das Evangelikale oder wiedergeborene Christen von Nichtgläubigen unterscheidet oder woran sie sich gegenseitig schnell erkennen, dann ist das die Bereitwilligkeit, mit der sie ihre besondere Beziehung zu Jesus in einer Wortwahl und einem Tonfall kundtun, die ihren Glauben sofort offenkundig machen. Beispielsweise bedeutet für einen Evangelikalen die Formulierung »unter Freunden sein«, dass man mit Menschen gleicher religiöser Überzeugung zusammen ist, denen als ebenfalls Auserwählten jene Drangsal am Ende aller Zeiten erspart bleibt, in der die, die Jesus Christus nicht in ihr Leben eingelassen haben, in der letzten großen Schlacht von Armageddon grauenvoll umkommen. Um nicht von Politikern hinters Licht geführt zu werden, denen es nur um die Beförderung der eigenen Karriere durch Stimmenfang bei christlichen Wählern geht, haben sich evangelikale religiöse Oberhäupter bestimmte Fragen ausgedacht, mit deren Hilfe sie »die wahren Gläubigen von cleveren Scheingläubigen unterscheiden«

können.

Eine von George W. Bushs am meisten praktizierten Gaben war schon immer seine Fähigkeit, die gesamte evangelikale Gemeinde mit nur wenigen Worten zu erreichen, aber mit Worten von höchstem Symbolwert. Obwohl man Präsident Bush immer wieder vorwirft, sich schlecht auszudrücken oder gar unfähig zu sein, einen sinnvollen englischen Satz zu bilden, oder Wörter zu verwenden, die entweder die falsche Bedeutung haben oder schlicht gar nicht existieren, so ist er doch im Sprachgebrauch der evangelikalen Christen außerordentlich bewandert. Bei Zusammenkünften mit wiedergeborenen Christen hat Bush all die richtigen Antworten auf ihre Fragen parat und auch all die korrekten Fragen, die ihre Wertschätzung seiner Person untermauern. Reverend Jerry Falwell, ein populärer evangelikaler Prediger von beeindruckender politischer Schlagkraft, sagt über den Präsidenten: »Wir erkennen sofort an der Art, wie er spricht, dass er einer von uns ist.«[9]

Jerry Falwell erklärt, die geläufigste Frage, die er jedem Präsidentschaftskandidaten stelle, sei die, wie dieser den Herrn davon überzeugen wolle, ihm Aufnahme in den Himmel zu gewähren. Diese Frage wurde George Bush senior, Angehöriger der Episkopalkirche, während des Präsidentschaftswahlkampfs 1988 von einer Gruppe evangelikaler Christen gestellt, und er beantwortete sie so: »Ich würde dem Herrn einfach sagen, dass ich während meines Lebens auf Erden ein guter Mensch gewesen bin und mich nach Kräften bemüht habe, gemäß seiner Lehre zu handeln.« Für Evangelikale ist dies die falsche Antwort.

Als George Bush junior 2004 während seines zweiten Wahlkampfs um die Präsidentschaft die gleiche Frage von einer anderen Gruppe evangelikaler Christen vorgelegt bekam, führte seine Antwort zu begeisterten Pfiffen, Hallelujas, Amens, Jubelrufen und einer stehenden Ovation. »Ich weiß, dass wir alle Sünder sind«, sagte Bush junior, »aber ich habe Jesus Christus als meinen persönlichen Erlöser angenommen. Ich weiß, was Geborgenheit in Gott heißt.«

Was genau soll das heißen, »Geborgenheit in Gott«? Wer sind diese rechtgläubigen Christen, ob sie nun im Weißen Haus in Washington wohnen oder in einer modernen Ranch im Herzland Amerikas, die überall in den Vereinigten Staaten so sichtbar und hörbar geworden sind? Vielleicht ist die Frage nach dem, was sie glauben, sogar noch wichtiger als die, wer sie sind, trotz ihrer enormen Anzahl. Will man evangelikale Christen nach ihren Glaubensinhalten einordnen, muss man sich die Unterschiede zwischen ihnen und der Masse der Protestanten oder Katholiken in den USA bewusst machen, muss man erkennen, wie kompromisslos sie in ihren Dogmen sind und wie entschlossen, diese in ganz Amerika und in der ganzen Welt durchzusetzen.

2. Gottes auserwählte Nation

»Der Feind hat ein Gesicht. Er heißt Satan. Er wohnt in Falludscha.«

(Oberstleutnant Gareth Brandl von den US-Marines in einem BBC-Interview am 7. November 2004)

Als ich mit dem Projekt begann, ein Buch über fundamentalistische Christen in den Vereinigten Staaten zu schreiben, wollte ich zunächst eigentlich nur herausfinden, wie sie es in weniger als drei Jahrzehnten geschafft hatten, zu einem Machtfaktor auf der innenpolitischen Bühne zu werden. Nach und nach wurde aber deutlich, dass die christliche Rechte nicht nur Politiker massiv unterstützt, die sich anscheinend mit ihrer ständigen Sorge um das moralische Wohlergehen der Nation identifizieren, sondern dass sie außerdem einen immer stärkeren Einfluss auf die Außenpolitik nimmt, insbesondere hinsichtlich Israel/Palästina, dem Heiligen Land der Bibel.

Einen Monat nachdem Theodor Herzl, der Begründer des modernen Zionismus, 1896 sein Buch *Der Judenstaat* veröffentlicht hatte, erhielt er Besuch von Reverend William H. Hechler, dem Botschaftsgeistlichen der Britischen Botschaft in Wien. Herzls Plan eines jüdischen Heimatlands in Palästina stellte für den christlichen Kaplan den greifbaren Beweis dafür dar, dass die biblische Prophezeiung der Rückkehr der Juden ins Heilige Land schließlich zur Wiederkunft Christi führen würde. Zu Beginn ihrer Bekanntschaft war Herzl misstrauisch gegenüber Hechler, da dieser wiederholt versuchte, Herzl zu bekehren oder doch zumindest Gott in dessen Entwurf eines jüdischen Staates einzubringen. Herzl freilich blieb seiner zionistischen Sache treu ergeben, deren Grundlagen sozialistischer Natur waren. Schließlich entwickelte sich jedoch eine tiefe Freundschaft zwischen beiden Männern. Als Herzl im viel zu frühen Alter von nur vierundvierzig Jahren im Sterben lag, rief er Hechler an sein Bett und flüsterte: »Tragen Sie die Fackel des Zionismus in die christliche Welt.« Wie sich herausstellen sollte, betätigten sich Hechler und seine Mitchristen nicht nur als Fackelträger des Zionismus, sondern ihre Nachfolger bringen auch heute noch fortwährend biblische Bezüge dort ein, wo es um das politische Schicksal des Judenstaates geht.

Zwischen den USA und Israel besteht schon seit langem eine enge strategische Allianz. Während des Kalten Krieges war Israel, wie die Türkei, ein nützliches Gegengewicht zu den nationalistischen arabischen Regimen in Ägypten und Syrien sowie zur fundamentalistischen Bewegung, die nach der Revolution im Iran 1979 an Stärke gewann. Die israelischen Siege von 1967 und 1973 wurden in den USA weithin begrüßt und führten zu dieser engen strategischen Allianz. Doch für die christliche Rechte war Unterstützung für Israel mehr als nur eine Angelegenheit von politischem Taktieren und Machtkalkül während des Kalten Krieges. Von Anbeginn an hatten sich die amerikanischen Evangelikalen stark mit der Nation Israel identifiziert.

Als eine UN-Resolution vom 29. November 1947 den Juden einen eigenen Staat zusprach, musste das Verhältnis zwischen der jüdischen Bestimmung und der Kirche neu definiert werden. Der verstorbene I. Nelson Bell – ehemaliger Missionsarzt, damals in leitender Position in der evangelikalen Bewegung tätig, dessen Tochter Reverend Billy Graham heiratete – schrieb in seiner Zeitschrift *Christianity Today:* »Nunmehr ist Jerusalem zum ersten Mal seit über 2000 Jahren vollständig in jüdischer Hand. Jeder Bibelkundige verspürt einen freudigen Schauer und ein gestärktes Vertrauen in die Richtigkeit und Gültigkeit des Bibeltextes.«[1] Doch selbst in diesem triumphalen Augenblick kam es zu Verdächtigungen und Meinungsverschiedenheiten bei den Evangelikalen. Deren Theologe Billy Graham brachte, trotz seiner immensen Bewunderung für seinen Schwiegervater, seine Enttäuschung darüber zum Ausdruck, dass die Gründer des zionistischen Staates es vorgezogen hatten, Gottes alttestamentarische Zusagen gegenüber dem jüdischen Volk zu ignorieren. Für die Evangelikalen hatte die Rückkehr der Juden nichts mit Politik, sondern ausschließlich mit Gott zu tun, insbesondere mit seiner Wiederkunft. Nur Wochen nach der Gründung Israels wurde Billy Graham in der *New York Times* mit den Worten zitiert: »... die neue Nation Israel ist ein unmoralisches Phänomen, denn in diesem politischen Machwerk ist der Gott Israels nicht vertreten.«[2] Gary Burge, ein weiterer prominenter evangelikaler Christ, datiert die Anfänge seines Antizionismus auf jenen Augenblick im Jahr 1948, an dem das britische Mandat endete und Israel offiziell als Staat proklamiert wurde. »Wenn dies tatsächlich eine Nation wäre, die sich in irgendeiner Hinsicht auf die Tradition ihres biblischen Erbes beruft, dann wäre doch gewiss eine Bezugnahme auf Gott angebracht.«[3] In seinem Buch *Israel in Prophecy* schrieb John Walvoord 1962: »... die Nation Israel ist nun geschaffen worden, sie ähnelt in allem jeder anderen Nation der Erde, sie hat eine Regierung, sie hat ihr Post-, Münz- und Bankwesen, aber es gibt keinen Gott. Sie haben sich als Nation von Israeliten zusammengetan, ohne den Gott Israels.«

Nach und nach erkannte die Gemeinde der evangelikalen Christen, dass trotz des ursprünglichen zionistischen Konzepts, welches Gott und Religion auszuschließen schien, alle israelischen Regierungen nur über Zugeständnisse an die religiösen Parteien zustande kamen. Das führte dazu, dass religiöse Gesetze den israelischen Alltag zu bestimmen begannen. So verwundert es nicht, dass sich immer mehr amerikanische Evangelikale von israelischen Partei- und Religionsführern fasziniert zeigten, weil diese es fertig brachten, die Religion zu einem deutlich sichtbaren Bestandteil der Gesellschaft zu machen. Zwar wehrten sich weltlich gesinnte Israelis gegen die Einbeziehung der Religion in den Alltag, doch konnten sich die religiösen Autoritäten durchsetzen, wenn es beispielsweise darum ging, den Kinos die Vorführung von Filmen zu verbieten, von denen man glaubte, sie könnten die religiösen Empfindungen der Christen verletzen. Noch erfreuter zeigte sich die Gemeinde der Wiedergeborenen, als sie erkannte, dass der Judaismus nicht die einzige Religion war, die eine wichtige Rolle in der Gesellschaft spielte. Die Regierung richtete nämlich ein Religionsministerium ein mit jeweils einem eigenen Referat für Moslems, Christen und Drusen.

Viele führende Evangelikale in den USA studierten von da an die israelische Politik genauer, weil sie in ihr ein Modell für die Ausübung religiösen Einflusses in den Vereinigten Staaten sahen. In Israel bestimmten religiöse Programme nicht nur die Diskussion religiöser Themen, sondern wirkten auch in die Bereiche der Finanz-, Schul-, Siedlungs- und Einwanderungspolitik hinein. Die stramm rechten orthodoxen Juden schafften es sogar, sowohl die Talmudschulen (»Jeschiwas«) als auch den Religionsunterricht im säkularen Schulsystem staatlich subventionieren zu lassen.

Nach dem Krieg von 1967, in dem Israel Jerusalem einnahm und andere Gebiete des »biblischen Landes Israel« besetzte, wurde dies von den Evangelikalen als ein prophetisches Zeichen, ja gar als »das Superzeichen« interpretiert, das darauf hinwies, dass das Ende aller Tage und damit Jesu Wiederkunft näher rückten.

Als Erklärung für ihr leidenschaftliches Interesse an Israel zitieren die Evangelikalen den in der Genesis beschriebenen Bund Gottes mit Abraham, mit dem Gott das gesamte Land Israel dem jüdischen Volk vermachte. Des Weiteren bestehen die Evangelikalen darauf, dass nicht nur das Buch Genesis, sondern die gesamte Heilige Schrift in jedem Detail wissenschaftlich exakt und wörtlich und ohne Interpretation zu akzeptieren sei.

In der Substanz ist der Bund Gottes mit Abraham eine Zusammenfassung aller Zusagen, die Gott Abraham gegeben hat. Er besteht aus drei Hauptteilen mit mehreren Nebenaussagen. Das eigentliche Versprechen Gottes, wie in Genesis 12,1 und 12,2 nachzulesen, ist im Kern ein Liegenschaftsvertrag. »Zieh ... in das Land, das ich dir zeigen werde, und ich werde dich zu einem großen Volk machen.« In Genesis 13,15 verspricht Gott, Abraham das Land zu schenken: »Das ganze Land nämlich ... will ich dir und deinen Nachkommen für immer geben.« Der volle Umfang dieses Versprechens wird in Genesis 15,18 präzisiert: »Deinen Nachkommen gebe ich dieses Land vom Strom Ägyptens [= der Nil] bis zum großen Strom, dem Euphrat.«

Ed McAteer starb 2004 im Alter von sechsundsiebzig Jahren. Bis zu seinem Tod hatte er sich der ungebrochenen Wertschätzung durch die evangelikale Gemeinde erfreut. Ehemals im Management von Procter & Gamble, galt er als »der Pate« der christlichen Rechten. Nicht nur, dass er zusammen mit Jerry Falwell die »Moralische Mehrheit« ins Leben gerufen hatte; eine weitere seiner politischen Leistungen bestand darin, dass er die evangelikale Bewegung organisierte und zur mächtigsten Komponente der republikanischen

Parteibasis machte. Außerdem leitete er bis zu seinem Tod die »Religiöse Tafelrunde«, die er ebenfalls gegründet hatte, eine gemeinnützige Organisation, die auch weiterhin maßgeblich Form und Inhalt evangelikaler Themen bestimmt, innen- und außenpolitisch.

Er war eine joviale, gutmütige und gesellige Persönlichkeit; sein Fundus an Anekdoten und sein unfehlbares Gedächtnis für Namen und Schicksale machten ihn auf Anhieb zu einem liebenswerten Menschen. Obgleich er in einem der letzten Interviews mit mir gestand, dass man ihn »noch nie der Bescheidenheit bezichtigt« habe, beeilte er sich doch festzustellen, dass er tiefste Demut empfinde, wenn es um den Glauben an die Heilige Schrift gehe, die seine Antriebskraft sei[4]. In einem Gespräch im November 2003 beschrieb er sich mir gegenüber als einen »unverhohlenen wiedergeborenen bibelgläubigen Christen, den man in eine Methodistenkirche geschickt hat, als er erst vierzehn war, damit er sich das Evangelium von einem Mann verkünden ließ, der als Säufer starb«.

»Ich hatte ein Erlebnis«, sagte McAteer, »wie es der Apostel Paulus auf dem Weg nach Damaskus hatte, und ich war nur ein Teenager, aber ich wurde von Jesus gerettet, der der Herr und Meister meines Lebens wurde.«

Im Zweiten Weltkrieg wurde McAteer noch einmal gerettet, als er einer der wenigen Überlebenden der »USS St. Low« war, dem ersten von Kamikaze-Piloten bei den Philippinen im Pazifik versenkten Schiff. »Jesus sagte, die Weltkinder werden alle ihr Wiedergeburtserlebnis haben«, fuhr McAteer fort, »obgleich die Kinder dieser Welt sich oft für klüger halten als die Kinder Gottes. Nachdem ich den Krieg überlebt hatte, studierte ich eine Zeit lang Jura, ging dann aber gleich in den Verkauf, wo ich bei Procter & Gamble Jahr für Jahr die Auszeichnung als bester Verkäufer erhielt. Zum Schluss war ich Ausbilder und habe oft den Leuten Augen und Herzen für den Herrn geöffnet.«

In einem Interview erklärte Ed McAteer, dass sich das genealogische Erbe der Araber bis auf Ismael zurückverfolgen lasse, Abrahams Sohn mit seiner Magd Hagar, den er weniger liebte als Isaak, seinen Sohn mit Sara. »Ganz eindeutig wusste Gott genau, was Er tat, als Er den Bund mit Abraham schloss«, sagte er. »Er wusste schon lange im Voraus, dass Abraham der Stammvater des jüdischen Volkes werden sollte.«

In den Nebensätzen des Bundes (Genesis 15,13-16) finden sich detaillierte Verheißungen, die den Status des Landes und den Schutz vor antisemitischen Aktivitäten zum Inhalt haben. Eine der wichtigsten Klauseln betrifft allerdings den Messias, und dieser Teil des Bundes erklärt die bedingungslose Unterstützung der Evangelikalen, wenn es um Israel geht und um die Grundfesten ihrer Verbundenheit mit dem jüdischen Volk.

Die Evangelikalen glauben, dass Jesus als Messias nicht eher wiederkehren wird, als bis das ganze Land Israel unter jüdischer Herrschaft ist. Die Bedingung für die Ankunft des Messias war, dass Abraham seinen erstgeborenen Sohn opfern sollte. Abraham stimmte dem Opfer zu, das aber dann von Gott nicht angenommen wurde, wie in Genesis 22,16 nachzulesen: »... weil du das getan hast und Mir deinen einzigen Sohn nicht vorenthalten hast. ... Segnen sollen sich mit deinen Nachkommen alle Völker der Erde, weil du auf Meine Stimme gehört hast.«

Die religiöse Bedeutung des Bundes für christliche Fundamentalisten wie für orthodoxe Juden, die die Bibel ebenfalls wörtlich nehmen, besteht darin, dass niemand, kein israelischer Politiker, erst recht kein europäischer, kein amerikanischer und kein arabischer Staatsmann, das Recht zu Verhandlungen über die Grenzen Israels hat, wie sie in jenem unfehlbaren Text der Bibel niedergelegt sind. »Ein menschliches Nein kann niemals ein göttliches Ja aufheben«, lautet einer der Lieblingssätze der Evangelikalen. In geopolitischer Hinsicht bedeutet der Bund für sie, dass es niemals einen palästinensischen Staat auf dem Land geben kann, das Gott den Juden schenkte.

Doch auch hier wird die Argumentation wieder doppelschichtig: Nach evangelikalem Dogma kann nur eine Wiedergeburt oder eine »neue Geburt« auf Grund eines persönlichen Christuserlebnisses die individuelle Erlösung bewirken. Weil das jüdische Volk Jesus Christus nicht angenommen hat, betrachten die evangelikalen Christen den Judaismus als eine »unvollkommene« Religion trotz aller Beteuerungen, wie sehr sie die Religion, das Land und das Alte Testament verehren würden. Da Jesus erst dann auf die Erde zurückkehren wird, wenn die gesamte Menschheit Ihn als ihren Erlöser ansieht, und da diejenigen, die das nicht tun, in der letzten Schlacht zwischen Gott und Satan bei dem nordisraelischen Ort Megiddo, dem biblischen Armageddon, grausam umkommen werden, wird unter denen, die grausam umkommen, auch das jüdische Volk sein. Folglich könnte man die Bedeutung des jüdischen Volkes ausschließlich darin sehen, dass es in dem Augenblick, da Jesus auf die Erde zurückkehrt, Mittel zum triumphalen Zweck wird. Bestenfalls lässt sich hier die philosophische Diskussion weiterführen, ob der Glaube an den Bund des Alten Testaments und die hingebungsvolle Identifikation der Evangelikalen mit dem jüdischen Volk den eigenen Interessen dienen oder uneigennützig sind.

Die Wirklichkeit in den USA sieht heute so aus, dass die starke evangelikale Unterstützung für Israel inzwischen Teil eines viel umfassenderen Programms geworden ist. Seien es die sozialen und sexuellen Kontroversen der »Kulturkämpfe« zwischen Weltlichen und Fundamentalisten im eigenen Land oder der Krieg gegen den Terrorismus, sei es der arabisch-israelische Konflikt oder die globale Reaktion auf die Aidsepidemie: Evangelikale Politiker und die mit ihnen sympathisierenden Gemeinden bedienen sich zunehmend einer »glaubensgestützten« Sprache, um die Welt zu beschreiben, und suchen mehr und mehr nach »glaubensgestützten« Lösungen für deren Probleme. Wie wir noch sehen werden, wird die Religion sehr oft aus ehrenwerten Motiven ins politische Leben hineingetragen. Teilweise haben wir es allerdings mit einer gezielten Manipulation der Öffentlichkeit durch elitäre Gruppen zu tun.

Unmittelbar nach den Ereignissen vom 11. September war das in den USA vorherrschende Gefühl bestimmt von Schock, Wut und Trauer, bevor es dann rasch in einen biblischen Patriotismus umschlug, den sich die religiöse Rechte genauso geschickt zunutze machte wie damals, als der »gottlose« Kommunismus der Feind der christlichen Zivilisation war. Ihre Botschaft war simpel und in sich folgerichtig: Die Liebe zum Vaterland geht einher mit der Liebe zu Gott, und all das Böse, mit dem sich die Menschheit hier auf Erden konfrontiert sieht, ist das natürliche Ergebnis der Prophezeiungen, wie sie in der Bibel niedergeschrieben sind. Erneut erhielt Israel einen Spitzenplatz auf der evangelikalen Agenda. Die christliche Rechte behauptete, die Lage im Nahen Osten, die von Selbstmordattentaten gegen Israelis und terroristischen Angriffen gegen US-Einrichtungen und US-Bürger im Ausland gekennzeichnet war, mache es nötig, viele biblische Bezüge neu zu überdenken und auszulegen und daraus neue Schlüsse zu ziehen. Die christliche Rechte hielt die Zeit für gekommen, den Bund Gottes mit Abraham in die Tat umzusetzen. Die Kriegserklärung radikaler Islamisten gegenüber den Vereinigten Staaten war für die christlichen Fundamentalisten genau das historische Ereignis, für das der Bund konzipiert worden war. Und für keine andere Gruppe von Menschen auf der Erde konnte er verfasst worden sein als für die wiedergeborenen Christen, die Seine Gnade am allermeisten verdienten und die glaubten, es sei ihre Berufung und ihre persönliche Mission, im Namen der jüdisch-christlichen Welt zur Tat zu schreiten.

In den Tagen unmittelbar nach den Terroranschlägen von New York und Washington begannen prominente US-Politiker, sich einer stark religiös angereicherten Sprache zu bedienen, um die neuen Gefahren zu beschreiben, denen sich die USA gegenübersahen. Am 20. September 2001 hielt der damalige Justizminister John Ashcroft, ein frommer Anhänger der Pfingstkirche, eine Rede vor der »Nationalen Vereinigung Religiöser Rundfunkanstalten«, in der er feststellte, dass die »Angriffe gegen Amerika lediglich beweisen, dass die USA die von Gott auserwählte Nation sind und sich in einem gerechten Kampf gegen das Böse befinden«.

»Es steht geschrieben in der Offenbarung des Johannes«, sagte Ashcroft, »dass die Schmerzen, die wir jetzt erdulden, Teil jener Geburtswehen sind, die die Ankunft des Messias begleiten.«[5]

Die Vorstellung, die USA befänden sich in einem tausendjährigen Krieg mit »Bösewichtern«, fand Resonanz bei Millionen von amerikanischen Evangelikalen, die schon seit langem ein Politikverständnis nach den Kategorien »gut« oder »böse« pflegten. Meinungsverschiedenheiten über öffentliche Belange verwandelten sich in Konfrontationen mit den Mächten der Finsternis, und die Vereinigten Staaten, Heimat eines großen Teils der evangelikalen Weltbevölkerung, wurden zu einer vom Satan persönlich bedrohten Zitadelle. In den Augen vieler Amerikaner wurde Bin Laden zur dämonischen Figur und der Islam eine offene Kampfansage an Gottes Heilsplan für die Erde. Damit wurde der Krieg gegen den Terrorismus zum Feldzug in einem viel älteren Krieg gegen die Gottlosen, bei dem es um die Seelen der Bürger der Vereinigten Staaten geht.

In einem späteren Interview schlich sich ein eher unheilschwangerer Ton in Ed McAteers Aussagen. »Gleichgültig, wie sehr der Araber vom Glück begünstigt sein mag«, sagte er zu mir, »so wird er doch niemals seinen Seelenfrieden finden. Nehmen wir mal einen Araber an, groß gewachsen, gut aussehend, reich und mit allen Mitteln für ein schönes Leben für sich und seine Familie gesegnet. Nehmen wir weiter an, er hat jede erdenkliche Chance, um glücklich und erfolgreich zu werden. Es wird immer etwas geben, das es ihm verwehrt, jenes höchste Glück zu erfahren. Und dieses Etwas ist die Tatsache, dass dieser Araber ein Moslem ist und eine tief verwurzelte Abneigung gegen das jüdische Volk und die Christenwelt in seinem Herzen und in seinem Kopf trägt. Das Endergebnis ist also ein Mensch, der alles Mögliche auf der Welt besitzt, aber nichts dringlicher will als dieses eine Stückchen Land, das dem jüdischen Volk gehört, weshalb er mit seinem ganzen Leben unzufrieden ist. Seine Obsession mit dem jüdischen Staat ist so groß, dass, trotz all der glücklichen Fügungen in seinem Leben, jegliches Glücksgefühl dahinschwindet, sieht er einen Juden auch nur vorbeispazieren. Die brennen innerlich darauf, zu töten und zu vernichten, egal ob Juden oder Christen.«[6]

In den Tagen und Wochen nach den Anschlägen vom 11. September hat sich Präsident Bush bei allen Auftritten vor der internationalen Presse stets auf Gott, Religion und den Kampf zwischen Gut und Böse bezogen. »Entweder ihr seid mit uns oder gegen uns in unserem Kampf des Guten gegen das Böse«, verkündete George Bush in einer für die europäischen Verbündeten der USA bestimmten Rede[7]. In einer anderen Rede an die Nation nach dem 11. September erklärte er dem amerikanischen Volk, dass man der im ganzen Land überhand nehmenden Angst und Paranoia begegnen könne, indem man Trost in der Religion suche. In weiteren Reden stellte der Präsident immer wieder fest, dass die Vereinigten Staaten »sich so lange nicht vor Terroristen sicher fühlen können, bis wir begreifen, dass unser gesegnetes Land Gottes Willen ausführen und die von Ihm gewollte Freiheit auch für andere Länder durchsetzen muss, wenn nötig mit Gewalt«.

In einer Rede, in der er den denkwürdigsten Begriff seiner ersten vier Jahre im Weißen Haus prägte, nannte Präsident Bush den Irak, Nordkorea und den Iran eine »Achse des Bösen«[8]. Gleich danach begann er eine kompromisslose Außenpolitik, die er in unverblümte Formulierungen kleidete und die das Verhalten amerikafeindlicher Staatsführer auf der ganzen Welt veränderte: Sie wurden aggressiver wie im Falle Nordkoreas oder kooperativer wie im Falle Libyens. So konnte Condoleezza Rice, George Bushs Sicherheitsberaterin während seiner ersten Amtszeit, feststellen: »Mr. Bush ... hat mit seiner Äußerung von der Achse des Bösen die Landschaft verändert.«[9]

Nachdem der Präsident die religiöse Tonart für das ganze Land vorgegeben hatte, wurde es nahezu unmöglich, zwischen Politikern und ihren Reden an die Nation und gewissen Oberhäuptern religiöser Gruppen zu unterscheiden, die sich ebenfalls der Funkmedien bedienten, um das Ausmaß der Gewalt zu erklären, die das Land dermaßen entsetzte. Der Glaube war keine Privatangelegenheit mehr zwischen einem politischen Kandidaten und seinem Gott, seit jede(r) politische Aspirant(in) seine beziehungsweise ihre geistige Erweckung mit dem amerikanischen Volk zu teilen begann. Die Evangelikalen reagierten entsprechend ihrer Angst, ein Mangel an Spiritualität sowie fehlende Familienwerte würden letztlich zum Untergang der Demokratie und zum Auftreten des Teufels in persona führen. Im weltlichen Teil der USA hat der Normalbürger Religion und Politik bislang als Garanten dafür genommen, dass das Land nicht nur wegen der ihm eigenen Macht und Reichtümer sicher ist, sondern auch, weil Gott auf seiner Seite steht.

Der evangelikale Prediger Franklin Graham, Erbe seines Vaters, des berühmten Billy Graham, behauptete, die Anschläge vom 11. September seien eine »Warnung«[10].

»Dies war ein Weckruf«, sagte er, »weil der Materialismus zum Gott Amerikas geworden ist. Gott ließ sie geschehen, so wie er Juda und die Israeliten gefangen nahm und die Babylonier gegen sie schickte, so wie er den Holocaust zuließ, damit Israel aus der Asche zu seiner heutigen Existenz gelangen konnte. Die Angelegenheiten, um die sich der Herr am meisten sorgt, kosten oftmals Menschenleben.«

Jerry Falwell und Pat Robertson, zwei weitere prominente Vertreter der christlichen Rechten, sahen die Ursache für die Anschläge ebenfalls in der »Schlechtigkeit der Menschheit« und in der »Weigerung« der Menschen, »sich Jesus als ihrem Erlöser anzuvertrauen«[11]. Sie verglichen sogar die vier terroristischen Anschläge und die Aidsepidemie mit den Seuchen, die im Mittelalter in Europa gewütet hatten. Allerdings dauerte es bis zum 10. November 2002, ehe Ed McAteer dem »Bösen«, das die USA angegriffen hatte, endlich einen Namen gab und Mohammed, den Gründer des Islam, als »Terroristen« bezeichnete. Damit war nicht nur das Böse identifiziert, sondern die Bezwingung des Islam und des in seinem Namen verübten Terrorismus diente fürderhin als Rechtfertigung für alle nachfolgenden militärischen Aktionen. Präsident George W. Bush nahm das Stichwort seiner evangelikalen Freunde auf und hielt am 16. Dezember 2002 auf dem Gelände des ehemaligen World Trade Center eine Rede. Da Ed McAteer Mohammed bereits als »Terroristen« bezeichnet hatte, gestattete es sich der Präsident, dem Krieg, den die USA führten, ein Etikett zu verleihen. »Wir haben es hier mit einer neuen Art des Bösen zu tun«, sagte Bush, »und inzwischen verstehen immer mehr Amerikaner, dass dieser *Kreuzzug*, dieser Krieg gegen den Terrorismus noch einige Zeit andauern wird.«[12]

George Bushs Gebrauch des Wortes »Kreuzzug« übermittelte eine sehr spezifische Botschaft an seine Freunde und Sympathisanten. Die arabische Welt hingegen fühlte sich an die blutrünstigen Kreuzzüge des Mittelalters erinnert, als die abendländischen Christen ins Herzland des Islam einfielen.

Nach dem Angriff auf Afghanistan, der das Taliban-Regime stürzen und jene vor Gericht bringen sollte, die den Angriff auf die USA organisiert hatten, und nach der anschließenden Invasion des Irak stellten Präsident Bush und hochrangige Mitglieder seines Kabinetts im Verein mit evangelikalen Oberhäuptern unisono fest, es sei der Wille Gottes gewesen, der das amerikanische Militär mobilisiert habe, um die Feinde von Christentum und Demokratie auszumerzen. In einer Rede vor den Religiösen Rundfunkanstalten in Nashville, Tennessee, sagte George Bush im Februar 2004: »Die Opfer, die wir für die Freiheit von Fremden brachten, waren nicht das Geschenk Amerikas an die Welt, sondern das Geschenk Gottes an die Menschheit. Freiheit ist ein Geschenk Gottes an jeden einzelnen Menschen in der Welt, und an Amerika erging der Ruf, die Welt zum Frieden zu führen.«

Wie sich herausstellte, war George Bush naiv gewesen, als er gegenüber den Verbündeten der USA verkündete: »Entweder ihr seid mit uns oder gegen uns in unserem Kampf gegen den Terrorismus.«[13] Drei Jahre nach den Anschlägen in den USA griff Al Kaida am 11. März 2004 den Hauptbahnhof von Madrid an. Sofort danach schickten die Terroristen eine Botschaft an die internationalen Medien, in der sie die ultimative Gegenposition formulierten: »Ihr liebt das Leben, und wir lieben den Tod.«

Die von islamistischen Terroristen verübten Bombenanschläge in Madrid einige Tage vor den Parlamentswahlen führten zum Sieg der Sozialisten und bewirkten damit den Abzug spanischer Truppen aus dem Irak, der das Ziel der Terroristen gewesen war.

Die Ereignisse des Jahres 2001 veränderten nicht nur die Mentalität der Amerikaner, sie verursachten auch einen Riss quer durchs ganze Land, wie es ihn seit Jahrzehnten nicht mehr gegeben hat und der über die politischen Parteien hinausgeht. Es ist die tiefe Kluft zwischen jenen, die glauben, der Kampf zwischen Gut und Böse sei ein letzter Kreuzzug zur Aufrechterhaltung der moralischen und religiösen Werte der Christenheit, und denen, die daran festhalten, dass Gott und Religion keinen Platz in der Innen- und Außenpolitik haben. Zwar wird Gewaltanwendung immer subjektiv gerechtfertigt, doch die Vorstellung, dass die Vereinigten Staaten von Amerika auf Befehl von Jesus Christus oder irgendeinem anderen Gott in den Krieg ziehen, dürfte wohl der Prämisse widersprechen, unter der die Vereinigten Staaten gegründet wurden: der Trennung von Kirche und Staat.

Letztlich wurde dem Rest der Welt vor Augen geführt, dass eine religiöse Mehrheit in den USA eine potenzielle globale Bedrohung für jene darstellt, die ihre Vorstellungen nicht teilen. Es ist nicht anders als beim islamischen Fundamentalismus: Wenn das Extreme das Normale wird, dann ist das allen Bürgern der Welt zustehende Recht auf eine abweichende Meinung bedroht, und zwar unter dem Banner von Gott, Moral und Religion.

3. Ein Werkzeug für weltliche Politik

Erhebe Dich, Herr, damit nicht der Mensch triumphiert, damit die Völker gerichtet werden vor Deinem Angesicht. (Psalm 9,19)

Die demonstrative Religiosität eines großen Teils der US-Machtelite des 20. Jahrhunderts steht im schroffen Gegensatz zum freigeistigen Denken und puren Atheismus vieler führender Persönlichkeiten während des Freiheits- und Unabhängigkeitskrieges. In den zweihundertneunundzwanzig Jahren, seit es die Vereinigten Staaten von Amerika gibt, sind deren Bürger immer stolz auf ihre Entschlossenheit und Fähigkeit gewesen, Kirche und Staat konsequent voneinander zu trennen. Ausgehend von den Vorstellungen der Gründerväter, die wiederum von der europäischen Aufklärung beeinflusst waren und 1791 in einem Verfassungszusatz ebenjene Trennung verankerten, haben sich die Amerikaner bemüht, ein wachsames Auge auf jeden religiösen Einfluss hinsichtlich der Politik des Landes zu haben. Gleichzeitig hat auch die Mehrheit des Volkes ihre Lebensprinzipien stets in dem gottgegebenen Recht auf Leben, Freiheit und dem Streben nach Glück verwurzelt gesehen und daran geglaubt, dass Gott in ihrem Leben eine Schlüsselrolle zukommt.

Im Großen und Ganzen sind die Amerikaner ein religiöses Volk und glauben an Gott. Der Einfluss der Religion auf die Regierung lässt sich bis zu George Washington, Thomas Jefferson, Abraham Lincoln und vielen anderen US-Präsidenten zurückverfolgen. Der Widerstreit der Meinungen bezüglich des Verhältnisses zwischen Kirche und Staat gehört unabdingbar zum amerikanischen Alltag.

Bei der Geburt der Nation 1776 sprach Thomas Jefferson von einer Trennmauer zwischen Religion und Regierung: »... die Seele eines jeden Menschen gehört ihm allein ... das Übel beginnt dann, wenn ein Mensch gezwungen wird, die Sorge um sein Seelenheil einem anderen zu überlassen. Kein Mensch hat die Macht, einem anderen seine Religion vorzuschreiben.«[1]

Als Jefferson am 20. Januar 1804 Präsident der USA wurde, bestellte er zwei Exemplare der King-James-Ausgabe des Neuen Testaments. Obwohl Jefferson kein religiöser Mensch war, bewunderte er dennoch Jesus als Philosophen und Weisen, lehnte aber gleichzeitig das mystische Beiwerk um dessen Lebenslauf ab. Jefferson durchforschte den gesamten Text der Bibel und schnitt alle Stellen heraus, die sich auf Jungfrauengeburt, Auferstehung, Menschwerdung und Sonstiges bezogen, das ans übernatürliche grenzte. Die Abschnitte, die Jeffersons Bearbeitung überstanden hatten, wurden dann unter dem Titel *The Philosophy of Jesus of Nazareth* herausgegeben, worin Jesus als der Philosoph porträtiert wurde, als den Jefferson ihn immer gesehen hatte. Auf diese Weise schuf sich Jefferson einen Jesus nach seinen Bedürfnissen, nämlich einen Mann, dessen Lehren für Seine Mitmenschen zu Seinen Lebzeiten weitaus bedeutsamer waren als die Geschichte Seines Sühnetodes für die Sünden der Menschheit.

Im 19. Jahrhundert wurde Jeffersons Glaube an den Mann Jesus für Religionsführer interessant. Besonders baptistische und methodistische Wanderprediger machten sich Jeffersons Sichtweise zu Eigen, zogen von Stadt zu Stadt, verkündeten das Evangelium und stellten Jesus als jemanden dar, der menschlich, zugänglich und in der Lage war, Trost für den Alltag zu spenden, wenn man ihn akzeptierte.

Ein anderer Gründervater, James Madison, befasste sich in seiner Schrift *Memorial and Remonstrance (»Denk- und Beschwerdeschrift«)* von 1785 mit dem Verhältnis von Kirche und Staat und verurteilte darin den Einsatz »der Religion als Werkzeug für weltliche Politik«. Die Entstaatlichung der Religion degradiere diese nicht, sondern schütze sie vielmehr vor der Ausbeutung durch die Politik, vor »einer profanen Pervertierung ihrer Funktion als Heilsbringerin«.

Jefferson, Madison und Kollegen hätten ohne weiteres das Christentum zur offiziellen Religion der Vereinigten Staaten erklären können, was sie aber mit voller Absicht nicht taten. Die Gründer der amerikanischen Republik wollten die Institutionen Kirche und Staat trennen und die Einsetzung einer Staatsreligion verbieten. Indem sie die Verfassung auch als Fundament für religiösen Pluralismus gestalteten, bekräftigten sie damit gleichzeitig das Konzept religiöser Toleranz. Laut Gesetz darf keine Religion einen Sonderstatus erhalten oder zur Staatsreligion erklärt werden, und alle Glaubensrichtungen in den USA dürfen um die Herzen und Köpfe der Bevölkerung wetteifern. Ein einziges Mal in der Geschichte gab es eine öffentliche Diskussion über dieses spezielle Problem, als Patrick Henry und Thomas Jefferson, beide überzeugte Verfechter amerikanischer Unabhängigkeit, krasse Meinungsverschiedenheiten darüber hatten, ob die anglikanische Kirche in beider Heimatstaat Virginia zur Staatskirche erklärt werden sollte. Henry wollte für die Kirche einen Sonderstatus im Old Dominion, wohingegen Jefferson sich gegen jede Art von »Staatsreligion« wehrte. Jefferson setzte sich durch und betrachtete seine Urheberschaft beim *Virginia Statute of Religious Freedom* als eine seiner größten Leistungen.

Trotz Jeffersons Entschlossenheit, Jesus anders zu definieren, hat das Thema Religion so gut wie alle großen politischen Debatten in den Vereinigten Staaten beherrscht. Religion und der Glaube an Gott sind denn auch für die Amerikaner immer dann ein Trost gewesen, wenn sie Zeiten außergewöhnlicher politischer oder militärischer Spannungen durchmachen mussten. So drängte zum Beispiel das Publikumsblatt *New York Globe* 1847 auf die Annexion Mexikos mit der Begründung, es habe fast den Anschein, dass Mexikos Bürger »sich die Rache des Allmächtigen zugezogen haben und dass unsereiner dazu auserkoren wurde, sie in die Knie zu zwingen und als unabhängige und eigenständige Nation ein für alle Mal zu vernichten«. Während des Ersten Weltkriegs behauptete Präsident Woodrow Wilson, der Krieg »zeigt, wie Amerika Höhen erklimmt, auf denen es nichts gibt als das reine Licht göttlicher Gerechtigkeit, das ein Widerschein jenes Lichtschimmers vom Kalvarienberg ist, jener ersten Morgenröte, die das christliche Zeitalter ankündigte«[2]. Während des Kalten Krieges nannte Präsident Harry S. Truman den Kommunismus so oft »gottlos«, dass die Wendung vom »gottlosen Kommunismus« schließlich zum Schlagwort wurde.

Abraham Lincoln begann seine politische Laufbahn 1832, als er für einen Sitz im Parlament von Illinois kandidierte. Sein Gegenkandidat war Peter Cartwright, ein evangelikaler Zirkusartist, der überall herumerzählte, Lincoln sei Atheist, was in keiner Weise der Wahrheit entsprach. Während seines Wahlkampfes um die Präsidentschaft stellte Lincoln 1860 in Trenton, New Jersey, fest: »Die Amerikaner sind das auserwählte Volk, und ich hoffe, der untertänige Diener des Allmächtigen und Seines auserwählten Volkes sein zu dürfen.«[3]

Abraham Lincoln war nicht nur ein religiöser Mensch, sondern auch der Sohn eines Baptistenpredigers, der darauf bestanden hatte, dass sein Sohn jeden Tag in der Bibel las. Folglich konnte Lincoln ausführlich aus dem Buch der Bücher zitieren. In der Ansprache zu seiner zweiten Amtseinführung sagte er im März 1865: »Die im Norden und die im Süden unseres Landes lesen die gleiche Bibel, beten zum gleichen Gott, und jeder erfleht Seinen Beistand gegen den anderen. Es mag befremdlich erscheinen, dass es Menschen überhaupt wagen können, die Hilfe eines gerechten Gottes dafür zu erbitten, dass sie ihr Brot im Schweiße des Angesichts anderer Menschen verdienen. Doch lasst uns nicht richten, auf dass wir nicht selbst gerichtet werden. Es war unmöglich, die Gebete beider Seiten gleichzeitig zu erhören, und bis jetzt ist weder das der einen noch das der anderen Seite vollständig erhört worden. Der Allmächtige verfolgt eben Seine eigenen Ziele.«

Für Lincoln waren die Amerikaner nicht nur »das auserwählte Volk«, sondern Amerika war für ihn »das Land Gottes«. Dies wurde nie deutlicher als im Verlauf einer Unterhaltung, die Lincoln mit dem evangelikalen Geistlichen Angus Lephardt führte, der aus einer Großstadt im Norden kam. Lephardt sagte zu Lincoln, er »hoffe, dass der Herr auf unserer Seite ist«, worauf Lincoln antwortete: »Darüber mache ich mir überhaupt keine Gedanken ... aber mein ganzes Streben und Beten geht unablässig darum, dass ich und diese Nation auf der Seite des Herrn sind.« (Nach seiner Kür zum Präsidentschaftskandidaten der Demokraten auf deren Parteitag im Juli 2004 zitierte John Kerry in seiner Dankesrede diesen Satz aus dem Gespräch Lincolns mit Lephardt.) Während des Bürgerkriegs, als Abraham Lincoln im Weißen Haus residierte, wurde »The Battle Hymn of the Republic« komponiert, in der sich Metaphern aus Jesaja (63,3) und der Offenbarung (14,20) wiederfinden: »Er zertritt die Kelter, worin die Früchte des Zorns gelagert.«

Nach dem Bürgerkrieg fiel die Aufgabe der Vermenschlichung Jesu liberalen protestantischen Geistlichen zu, die die Gesellschaft positiv verändern wollten und Jesus »mehr als Moralisten denn als Wunderwirker« vereinnahmten, als eine Gestalt, die nicht über die Erde wandelte, um gegenüber einem zornigen Vater eine Schuld zu begleichen, »sondern um den Menschen den liebenden Charakter Gottes zu offenbaren und sie dazu zu bringen, den gleichen Charakter in sich selbst zu entwickeln«. In neuerer Zeit begannen die »Jesus People« – Hippies und Aussteiger, die aus Haight-Ashbury (San Francisco) und Hollywood stammten – Jesus als die bessere Methode zu entdecken, um »high« zu werden, wozu sie zuvor Haschisch und LSD benötigt hatten. Sie predigten an Straßenecken, verkauften Anstecker mit dem Slogan »The Messiah is the Message«, inspirierten Rockmusicals wie »Jesus Christ Superstar« und versuchten so die Gegenkultur zu bekehren, auf dass sie eher zu Gott als zu Drogen Zuflucht nahm.

Evangelikale Elemente sind in den christlichen Kirchen des Westens schon immer von Bedeutung gewesen. Der Frühkirche ging es ganz besonders darum, die »frohe Botschaft« von Christi Geburt, Tod und Auferstehung zu verbreiten. Das Anliegen, eine persönliche Beziehung zu Christus aufzubauen und Gottes Willen durch das Studium der Quellen erster Hand, nämlich der Bibel, zu verstehen, ist der Hauptgrund, warum die Lutheraner den Anspruch der katholischen Kirche ablehnen, als Mittler zwischen Mensch und Gott aufzutreten. Die moderne evangelikale Bewegung in den USA, samt ihrer Schwesterkirchen in Afrika und Lateinamerika, ist selbst ein Beispiel dafür, wie mehrere religiöse Entwicklungsstränge zusammenfließen.

Zu Beginn des 19. Jahrhunderts engagierten sich amerikanische Christen, denen die Verbreitung weltlichen Gedankenguts im Zusammenhang mit der Aufklärung und der kurz zuvor so erfolgreichen Rebellion gegen Großbritannien nicht geheuer war, in einem groß angelegten Projekt religiöser Erweckung. Diese Bewegung konzentrierte sich auf die Missionsarbeit in den Städten und an den Grenzen der Bundesstaaten und entwickelte eine neue Form religiöser Versammlung, um die weit verstreuten Präriebewohner zu erreichen: das »camp meeting«. Hier trafen sich die Siedler zu mehrtägigen, oft inbrünstigen Gottesdiensten im Freien. Am meisten profitierten Baptisten und Methodisten von dieser Form der Religionsausübung. Im Osten der USA führte die Erweckungsgesinnung 1816 zur Gründung der Temperenzlerbewegung.

Rein formal verdankt das moderne evangelikale Christentum sehr viel den methodistischen und baptistischen Kirchen, doch die erbitterte Entsagung der Welt und Zurückweisung ihrer Schlechtigkeit stammt zum großen Teil von John Nelson Darby (1800-1882). Dieser war ein britischer Gottesmann, Gründer der Plymouth-Brüder, der zwischen 1859 und 1877 sechsmal auf Tournee durch die USA ging. In England als Prediger erfolglos, ließ sich Darby in den Vereinigten Staaten nieder, wo er eine weitaus aufgeschlossenere Pfarrgemeinde vorfand als in seinem Heimatland.

Im 19. Jahrhundert wurden die USA von den radikalen Christen, die Darby mit offenen Armen aufnahmen, als jene »große Hure Babylon« bezeichnet, die im Neuen Testament im Buch der Offenbarung erwähnt wird. Die Menschen bedienten sich biblischer oder apokalyptischer Formulierungen, um das zu beschreiben, was sie für die Grundübel der Gesellschaft hielten: sexuelle Zügellosigkeit, Sinnenlust, Gottlosigkeit oder ganz allgemein rebellisches Aufbegehren.

Jene Evangelikalen, die glauben, was in der Offenbarung des Johannes (9,13 ff) steht (wonach vier Engel, die am großen Strom, dem Euphrat, gefesselt sind und auf Jahr und Monat, auf Tag und Stunde bereitstehen, um dann losgebunden zu werden und ein Drittel der Menschheit zu töten), sind die theologischen Nachkommen von John Nelson Darby, der den Glauben populär machte, dass Christus bald wieder auf die Erde zurückkehren, in der Schlacht von Armageddon den Antichristen besiegen und das verheißene tausendjährige Reich Gottes errichten werde.

Während des 18. Jahrhunderts glaubten bereits viele Christen, dass der Mensch für seine Taten selbst verantwortlich sei und auch für die Errichtung des Reiches Gottes. Christus würde erst nach Vollendung des tausendjährigen Reiches wiederkehren, eine Vorstellung, die man »Postmillenarismus« nannte. Darby predigte eine neue Theorie, die er als »Prämillenarismus« bezeichnete. Seiner Überzeugung nach war die Menschheit inzwischen so verkommen, dass Gottes Eingreifen und die Bestrafung der ganzen menschlichen Rasse unmittelbar bevorstanden. Darbys Anhänger fanden Trost in dem Glauben, Christus werde *vor* der Errichtung Seines tausendjährigen Reiches auf die Erde zurückkehren, was die Wartezeit erträglicher machte. Weil Darbys Anhängerschaft zumeist in Armut und Elend lebte, begrüßte sie ein Szenario, das den Menschen gerechten Lohn nicht in Form von finanziellem Reichtum oder Erfolg verhieß, sondern auf der Grundlage von etwas anderem: eines beharrlichen und bedingungslosen Glaubens an Jesus Christus und Sein geoffenbartes Wort.

Darby, der auch als »Vater der Dispensationstheorie« bekannt ist, glaubte, dass sich die Heilsgeschichte als Abfolge von durch Gott genau vorherbestimmte Zeitalter oder »Dispensationen« entfalte. *[Anm. d. Ü.: Schlüsselbegriff des »Dispensationalismus« ist »die Verwaltung der Gnade« (griech. »oikonomia«, vgl. Eph. 1,1-11). Jede Zeitspanne der Heilsgeschichte wird durch charakteristische geistliche Zielsetzungen bestimmt, die es nur in dieser Epoche gibt. Darby nennt sieben »Dispensationen«: Unschuld (im Garten Eden), Gewissen (bis zur Sintflut), menschliche Regierung, Verheißung (an Israel), (Israel gegebenes) Gesetz, Gnade (Menschwerdung Jesu), Millenium.]* Er verhieß seiner Gefolgschaft, dass nur jene Christen dem Inferno des Weltuntergangs und den Qualen der Ungläubigen bei Armageddon entgehen, die die Heilige Schrift wörtlich nehmen. Darby war für die Massen attraktiv, weil er jegliche Interpretation biblischer Texte ablehnte, die für sie ohnehin zu kompliziert und zeitraubend war. Stattdessen predigte er, die Propheten und die Verfasser des Buchs der Offenbarung seien in ihren Weissagungen sehr präzise, und alles werde genau so eintreten, wie es im Text der Bibel niedergelegt sei, der die Geschichte in sieben separate Dispensationen aufteile. Diese beiden unterschiedlichen Schulen – die »Dispensationalisten« und die »regulären Christen« – waren von da an und für immer durch einen tiefen Graben voneinander getrennt: auf der einen Seite die reguläre Mehrheit der Protestanten, auf der anderen Evangelikale oder wiedergeborene Christen.

Nach Darby hatte die Welt bereits sechs von sieben Dispensationen überstanden, darunter den Sündenfall, die Sintflut und die Kreuzigung Christi. Nach seiner Lehre stand der Menschheit nun die siebte Dispensation bevor, und sie würde die schrecklichste und entsetzlichste von allen sein. Er rief seine Anhänger zur Wachsamkeit auf, weil Satan auf die Erde komme und den Menschen vorgaukle, er sei Gott, sie damit vom rechten Weg abbringe und unsäglich verwerfliche Taten begehen lasse. Nach siebenjähriger und totaler Herrschaft des Bösen werde schließlich Christus erscheinen und in der Ebene von Armageddon vor Jerusalem in die Schlacht gegen Satan ziehen. Erst nach dem Sieg über das Böse werde Christus die siebte Dispensation einleiten. Danach werde es die nächsten tausend Jahre Frieden und Harmonie auf Erden geben, bevor am Tag des Jüngsten Gerichts die Geschichte der Welt zu Ende gehe. In Kapitel 16 der Offenbarung findet sich eine Bestätigung, wie diese Schlacht verlaufen wird: Die Austrocknung des Euphrat wird den Weg für die Armeen des Antichristen nach

Israel öffnen, wo beim heutigen Megiddo die letzte Schlacht geschlagen wird.

Aus diesem apokalyptischen Glauben, dass wir bereits in der »Endzeit« leben, bezieht die moderne evangelikale Bewegung viel von ihrer Dynamik und Eindringlichkeit. In ihm spiegeln sich Schwärmereien der Frühkirche und Ängste wider, die vom Ende des ersten Millenniums herrühren und vom schwarzen Tod und dem Dreißigjährigen Krieg im zweiten. Warum die »Endzeit«-Stimmung im ausgehenden 19. Jahrhundert so populär wurde, lässt sich unschwer nachvollziehen. Die rasante und zügellose Industrialisierung hatte riesige soziale und politische Umwälzungen zur Folge. So wie sich Sozialismus und Anarchismus als diesseitige Heilsbringer gegenüber den Übeln kapitalistischer Ausbeutung anpriesen, so verhießen dispensationalistische Prediger Errettung vor der Unmoral, die das Stadtleben kennzeichnete. Christi Wiederkunft stehe so unmittelbar bevor wie das Feuer, das alle Arten von Sündern ihrer gerechten Strafe zuführen werde.

Wenn man John Nelson Darby erwähnt, weil er den Begriff »Prämillenarismus« für eine neue christliche Theorie eingeführt hat, sollte man die Brüder Lyman und Milton Stewart nicht vergessen, zwei Ölbarone, die das »Bible College« in Los Angeles gründeten, denn sie prägten den Begriff »Fundamentalismus«. Im Jahr 1910 gaben sie ein zwölfbändiges Werk mit dem Titel *The Fundamentals* heraus, das neunzig von verschiedenen protestantischen Theologen verfasste Artikel enthielt. Die Botschaft in diesen Büchern, die an drei Millionen Pastoren und Prediger in den USA verteilt wurden, war nicht nur ein Aufruf zur Verkündigung des Evangeliums, sondern auch die Aufforderung an die Christen, beim Studieren und Auslegen der Bibel zum Grundtext, zum Fundamentalen zurückzukehren. Die Reaktion religiöser Hirten und ihrer Herden war außergewöhnlich positiv, vor allem deswegen, weil die Gebrüder Stewart zugleich jeglichen Modernismus ablehnten, der damals Teil einer intellektuellen Strömung um Darwins Evolutionstheorie und Sigmund Freuds Arbeiten zum Unbewussten war.

Dem Außenstehenden mögen die religiösen Überzeugungen der Evangelikalen oftmals übersteigert vorkommen, und wenn sie für sich in Anspruch nehmen, dem Herrn begegnet zu sein und mit ihm gesprochen zu haben, so ist das schwer nachvollziehbar. Obgleich schwärmerische Religionsausübung ein Kennzeichen der Erweckungsbewegung war und historisch auch im katholischen und im protestantischen Glauben eine wichtige Rolle spielte, gibt es deren einflussreichste moderne Variante, die pfingstkirchliche oder charismatische Bewegung, erst seit dem frühen 20. Jahrhundert.

Die Pfingstbewegung nahm ihren Anfang 1901 in Topeka, Kansas, in einer von Charles Fox Parham geleiteten Bibelschule. Fünf Jahre später erlangte die Bewegung landesweite Bekanntheit anlässlich einer inzwischen berühmten Erweckungsversammlung in der »Azusa Street«-Missionskirche in Los Angeles, die von dem schwarzen Evangelisten William J. Seymour geleitet wurde. Seymour war ein im Bürgerkrieg befreiter Sklave und suchte nach einem alternativen Glauben, der sich von dem des traditionellen weißen protestantischen Establishments unterschied. Am 9. April 1906, während einer Andacht in seinem Haus in Los Angeles, wurde einem Mr. Edward Lee bewusst, dass er gerade den Heiligen Geist empfing. Andere folgten nach, und am 18. April landete die Geschichte auf der ersten Seite der *Los Angeles Times*. Die Pfingstkirche war geboren.[4]

Obschon die Bewegung anfänglich von gemischtrassischen Gottesdiensten gekennzeichnet war, erwies sich der Anblick von in Ekstase vereinten Schwarzen und Weißen dann doch als nicht vermittelbar. Die Bewegung spaltete sich 1924 und fand erst 1998 wieder zusammen. Zunächst fühlten sich weiße Amerikaner von der Azusa-Street-Kirche durchaus angezogen; die von christlichen Missionaren bekehrten Afrikaner hatten einen fröhlichen Stil für ihre Gottesdienste entwickelt. Als dann aber die Rassenintegration zum Problem wurde, wehrten sich überall im Süden die gleichen weißen Pfingstchristen, die ohne Gewissensbisse zusammen mit Schwarzen den Gottesdienst feierten, gegen Schulen, Hotels, Restaurants und Toiletten ohne Rassentrennung.

Viele Weiße, die sich der Bewegung anschlossen, glaubten, sie sei der beste Weg für eine direkte Beziehung zu Gott; außerdem verlieh ihnen ihre Mitgliedschaft einen gewissen Status. Am spektakulärsten ist bei den »Pfingstlern« jener ekstatische Moment, den die Gläubigen als physische Inbesitznahme durch den Heiligen Geist deuten, wodurch sie die Fähigkeit erhalten, »in fremden Zungen« zu reden. Man bezeichnete sie früher als »Holy Rollers«, weil sie in ihren Gottesdiensten ihren Gefühlen ungehemmt freien Lauf lassen, unverständliches Kauderwelsch reden, die Körper verrenken und sich am Boden wälzen. Was die Fähigkeit, »in fremden Zungen zu reden oder zu beten«, angeht, so gibt es Augenzeugenberichte von Pfingstlern, wonach es eher selten vorkam, dass jemand, der die »Geisttaufe« erfahren hatte, in fremden Zungen redete. Viele der frühen Anhänger waren, zu ihrer großen Bestürzung, dazu nicht in der Lage. Barton W. Stone, ein christlicher Historiker, beschreibt ein Beispiel: »Die körperlichen Qualen, die die Vorstufe zum Reden in Zungen bildeten, äußerten sich in durchdringendem Kreischen, schrillen Schreien der Verzweiflung und leblosem Liegenbleiben, oft über eine Stunde lang. Häufig wurde der Kopf ruckartig vor- und zurückgeworfen, während die vom Heiligen Geist ergriffene Person mit zur Unkenntlichkeit entstellten Gesichtszügen zu Boden fiel.« Andere fingen an zu »bellen oder heiser zu lachen, oder sie verloren jegliche Angst oder begannen vor Freude zu singen«. Ursprünglich glaubten die Pfingstler, das »Reden in fremden Zungen« würde die Wiederkehr Jesu auf die Erde beschleunigen, doch als dies nicht geschah, änderten sie ihre Lehrmeinung. Die Zungenrede galt nun als der direktere Weg, um Gott im Gebet zu erreichen.

Die ersten Mitglieder der Pfingstbewegung waren zum größten Teil Mittellose und der übrigen Gesellschaft Entfremdete, Menschen fast ohne jede Schulbildung aus sozialen Randgruppen, Ausgestoßene, die einen Fluchtweg aus ihrem Elend suchten. Die religiösen Oberhäupter hingegen kamen aus dem aufstiegsorientierten Segment der Mittelschicht. Am Anfang fühlte sich die pentekostale Bewegung durchaus zu evangelikalen Dogmen hingezogen; seit einigen Jahren jedoch bleiben die Mitglieder der Pfingstkirche lieber ihrer eigenen Gemeinde treu, als auszutreten und eine eigene zu gründen. Diese Tendenz führte zu einer erheblichen Stärkung der Verbindung von evangelikaler Theologie und charismatischem Andachtsstil.

Gottesdienste der Pfingstkirche werden heutzutage sowohl in riesigen »Megakirchen« in den Vorstädten als auch in zu Andachtsräumen umfunktionierten Läden von Innenstädten abgehalten. Wenn man die mitgliederstarken christlichen Bewegungen der Einheimischen in Afrika, Asien und Lateinamerika hinzuzählt, umfassen Pfingstkirche und charismatische Christen mehr als zweihundertfünfzig Millionen Gläubige weltweit. Damit sind sie die größte christliche Formation nach der römisch-katholischen Kirche und auch die am schnellsten wachsende. Einige der mächtigsten, reichsten und kultiviertesten Menschen der Welt gehören ihr an. Ein frommer pentekostaler Christ ist John Ashcroft, der George W. Bush in den ersten vier Jahren seiner Präsidentschaft als Generalstaatsanwalt und Justizminister diente. Ashcroft ist nur einer von vier Millionen Gläubigen der Pfingstkirche unter den achtzig Millionen evangelikalen Christen, die eine kürzliche Gallup-Umfrage in den USA gezählt hat. Mehr als jedem anderen Mitglied der Bush-Regierung gelang es John Ashcroft, über die Leitung seines Ministeriums die Stimmung innerhalb der Justiz ebenso zu verändern wie das zivile und kulturelle Klima in den Vereinigten Staaten. Zwar war John Ashcroft nicht das erste Mitglied der pfingstkirchlichen »Assemblies of God« in einer amerikanischen Regierung – James Watt diente als Innenminister unter Reagan –, aber er nahm weitaus mehr Einfluss auf die Innenpolitik als seinerzeit Minister Watt. Allerdings ist Watt als derjenige in Erinnerung, der vor dem Plenum des US-Kongresses verkündete, ein Schutz der natürlichen Ressourcen sei angesichts der unmittelbar bevorstehenden Wiederkunft Jesu Christi unwichtig. Vor aller Öffentlichkeit sagte er: »Sobald der letzte Baum gefällt ist, wird Christus wiederkehren.«[5] Was Ashcroft angeht, so hat er sich bei zahlreichen Gelegenheiten auf Gottes Willen berufen, um Maßnahmen zu rechtfertigen, mit denen er wiederholt versuchte, zivilrechtliche Gesetze auszuhebeln: Er führe ja nur den Willen des Herrn aus. Im Dezember 2003 musste Ashcroft die Zurechtweisung eines Bundesbezirksrichters einstecken, weil er sich wiederholt bemüht hatte, Ärzte im Staat Oregon zu kriminalisieren, die entsprechend einem dortigen und schon zweimal von den Wählern dieses Staates bestätigten Gesetz ärztliche Beihilfe zur Selbsttötung leisteten.

Der ehemalige Justizminister war während seiner gesamten Amtszeit in der Bush-Regierung der Auffassung, regieren bedeute, moralische Grundsätze per Gesetz festzuschreiben, obwohl er zugab, dass man religiöses Bewusstsein nicht per Gesetz verordnen könne. John Ashcroft nahm mit einer großen Anzahl von Senatoren, Kongressabgeordneten und hochrangigen Militärs an wöchentlichen Gebetsfrühstücken teil, die es auch heute noch gibt. Außerdem hielt er tägliche Gebetsrunden in seinem Büro im Justizministerium ab. Eine Quelle aus seinem Büro wusste zu berichten, dass drei Viertel seines Personals ebenfalls der Pfingstbewegung angehörten und sich jeden Morgen unter seiner Führung zu einer Andacht zusammenfanden, bevor die Amtsgeschäfte aufgenommen wurden. Während seiner Amtszeit als Generalstaatsanwalt rückte Ashcroft nicht von seiner Überzeugung ab, dass »in fremder Zunge« gesprochene Gebete geradewegs zu Gott gelangen, vorbei am Teufel, der auf der zweiten Ebene des Himmels darauf lauert, die Gebete guter Christen abzufangen, damit sie Gott nicht erreichen, der auf der dritten Himmelsebene wohnt.

Bei diesen Gebetsrunden kommunizierten Ashcroft und seine Mannschaft in einer unverständlichen Sprache direkt mit Jesus. Ein Mitarbeiter, der nicht der Pfingstbewegung angehört, bestätigte, dass »kein Druck« ausgeübt wurde, um sich diesen Gebetsrunden anzuschließen; man sei ohnehin davon ausgegangen, dass ein »Außenseiter« nicht in der Lage wäre, in fremden Zungen zu beten. Andererseits sei aber auch subtil angedeutet worden, dass jeder, »ohne Rücksicht auf seine Religion«, sich jeden Tag die Zeit zu nehmen hatte, um zu »versuchen, mit Gott Kontakt aufzunehmen«. Dieselbe Quelle wusste auch, dass das Einzige, was John Ashcroft noch mehr zuwider war als ein Atheist, ein nichtevangelikaler oder nichtwiedergeborener Christ war. Es passt zu dieser Geisteshaltung, dass sich Ashcroft bei Vorstellungsgesprächen mit potenziellen neuen Mitarbeitern nicht so sehr für deren juristische Kenntnisse interessierte. Sein Hauptinteresse galt vielmehr ihrer Einstellung zu gewissen umstrittenen Themen, um so die Moralischen von den Unmoralischen, die Guten von den Schlechten trennen zu können. Laut Aussagen eines Bewerbers wurde er von Ashcroft mit folgenden Fragen empfangen: »Welche Rechte hat ein Fötus?« Und: »Was in der Verfassung garantiert die Rechte der Homosexuellen?« Zwar unternahm Ashcroft in seiner Funktion als Generalstaatsanwalt den halbherzigen Versuch, seine Wortwahl bei Feststellungen zu den unumstößlichen Bindungen zwischen Kirche und Staat zu mäßigen, sobald er über die Massenmedien zur Nation oder zur Weltöffentlichkeit sprach. Wandte er sich aber an jene, die seinen Glauben teilten, spiegelten seine Formulierungen ungefiltert religiöse Emotionen wider. Ein von mir interviewter evangelikaler Kongressabgeordneter bestätigte, dass Gott schon des Öfteren John Ashcroft während der täglichen Andachten in den Stand gesetzt habe, Auswege aus »politischen Dilemmas« zu finden, wozu nach seiner Ansicht ein Nichtgläubiger niemals in der Lage gewesen wäre, jedenfalls nicht rechtzeitig genug, um das Land vor neuen schrecklichen Terrorakten zu bewahren.

Zur Verteidigung seiner religiösen Praktiken und Überzeugungen behauptete der ehemalige Generalstaatsanwalt und Justizminister, als Gospelsänger, Laienprediger und populärer Redner bei christlichen Diskussionsforen verlasse er sich auf seinen Glauben, der »sein Kompass und Anker« sei, sobald es um politische Entscheidungen gehe. Wenn er sich gegen weitere Anschuldigungen wehrte, er habe sich oft über weltliche Gesetze hinweggesetzt, nahm er für sich in Anspruch, nur »Gottes Willen auszuführen«. »Wir sind als Nation zur Verteidigung der Freiheit aufgerufen«, so seine Feststellung, »einer Freiheit, die nicht das Geschenk irgendeiner Regierung oder Urkunde ist, sondern eine Gottesgabe.«[6]

Ashcroft ist eine beeindruckende Persönlichkeit, intelligent, sprachgewandt und oft charmant, ein Mann, der so ehrgeizig wie tiefreligiös ist, und diese Disposition ermöglicht es ihm zu glauben, die mit seinen Leistungen einhergehenden politischen Statussymbole und Machtinsignien seien ein Geschenk direkt von Gott. In seiner 1998 erschienenen Autobiographie *Lessons from a Fa-*

ther to His Son beschreibt er die Siege und Niederlagen in den Wahlkämpfen seines Heimatstaats Missouri als »Auferstehungen und Kreuzigungen« und vergleicht seine berufliche Laufbahn mit dem Leidensweg Jesu Christi. Er befolgt zudem strikt die Vorschriften seines Glaubens, zu denen Enthaltsamkeit in Bezug auf Rauchen, Trinken, Sex vor der Ehe und Tanzen gehört; Letzteres hält er für sexuell erregend. Außerdem benutzt er am Sabbat weder Auto noch elektronische Geräte. Seine tiefe Gläubigkeit stellte Ashcroft durch die Anordnung unter Beweis, der Marmorstatue einer entblößten Justitia ein blaues Tuch umzubinden, um ihre nackten Brüste zu bedecken. Eigenartigerweise ist die Statue auch nach Ashcrofts Ausscheiden aus dem Justizministerium noch immer verhüllt.

Nach Ashcrofts Auffassung müssen diejenigen, die sich Gottes Geboten verweigern, auch die von Ihm verhängten Konsequenzen tragen und sie als gottgegeben ansehen. So hat er beispielsweise immer geglaubt, wer sich mit Aids infizierte, daran erkrankte und starb, werde vom lieben Gott persönlich wegen eigener »Verfehlungen« bestraft. Diese Ansichten gelangten während Ashcrofts Amtszeit als Gouverneur von Missouri an die Öffentlichkeit, als Senator Harry Wiggins, Sprecher einer unpolitischen Gruppe, die sich um staatliche Mittel für das Hospiz »The Good Samaritan Home« für Aidspatienten in Kansas City bemühte, bei Ashcroft vorstellig wurde, um ihn zu einer Änderung seiner Auffassung zu bewegen. Der Gouverneur hatte nämlich schon zweimal sein Veto gegen einen staatlichen Zuschuss von 900 000 Dollar für das Hospiz eingelegt. Nachdem Wiggins sein Anliegen vorgetragen und erklärt hatte, ohne den Zuschuss müssten mittellose Aidspatienten auf der Straße sterben, erwiderte Ashcroft: »Für mich heißt das, es ist am billigsten, wenn sie auf der Straße sterben, aber sie sind in dieser Situation auf Grund eigener Verfehlungen.« Ashcrofts

Standpunkt lautete, der Staat Missouri sei finanziell nicht für Bürger verantwortlich, die Gottes Weisungen nicht befolgt und sich durch ihr unmoralisches Handeln das zugezogen hätten, was in seinen Augen »Seine gerechte Strafe für ihre Sünden« war.

Wann immer sich John Ashcroft als Politiker gegen Homosexualität oder Abtreibung oder gegen irgendein Gesetz aussprach, das er und seine evangelikalen Glaubensgenossen ablehnten, sicherte er seine Argumente stets durch Verweise auf die Bibel und die Unfehlbarkeit der Heiligen Schrift ab. Während seiner gesamten politischen Laufbahn im Senat, als Justizminister von Missouri und späterer Gouverneur und auch als Generalstaatsanwalt unter Präsident George W. Bush war er stets ein erbitterter Gegner von Rechten für Homosexuelle gewesen. Als loyales Mitglied der »National Rifle Association« bekennt er sich zu deren Kredo, wonach der Zweite Verfassungszusatz, welcher dem Bürger das Recht zum Waffentragen im Rahmen bürgerlicher Milizen gewährt, eine Ablehnung jeglichen Verbots des Verkaufs von Schnellfeuerwaffen rechtfertige. Unmittelbar nach den Ereignissen vom 11. September 2001 sprach er sich für weitere zehn Zusätze zur Verfassung aus, darunter für einen, der es einfacher machen soll, das gesamte Dokument zu ändern.

Die Konsequenz, mit der Ashcroft Gott und Religion in seine politische Karriere mit einbezog, war nicht ungewöhnlich, da die Pfingstkirche jedes Mitglied zugleich als Prediger oder Missionar betrachtet, das die Aufgabe hat, neue Seelen zu bekehren. Weil er die Dogmen seiner Religion ernst nahm, hat er seine privaten theologischen Überzeugungen konsequent in Gesetzesinitiativen umgesetzt und neue Gesetze durchgeboxt, statt sich an die Verfassung und die bestehenden Gesetze des Staates zu halten und sie anzuwenden. Als einer der maßgeblichen Architekten des »Patriot Act« (»Gesetz zum Schutz des Vaterlands«), der es dem Justizminister erlaubt, mutmaßliche Terroristen festzunehmen und ohne Anklage, ohne Rechtsbeistand und zeitlich unbegrenzt in Haft zu halten, gab er folgende Erklärung ab: »Es gibt eine höhere Berufung als den Dienst an der Allgemeinheit, nämlich den Dienst für Gott.«

4. Vision einer neuen Weltordnung

Alle Welt fürchte den Herrn; vor Ihm sollen alle beben, die den Erdkreis bewohnen. (Psalm 33,8)

Vor Beginn der 1970er Jahre waren die Evangelikalen in der Politik weniger aktiv, als es ihre auffällige Präsenz von heute vermuten ließe. Damals betonten sie die individuelle Erlösung und moralische Rehabilitierung durch Christus, und weil noch die Desillusionierung durch die moderne gottlose Gesellschaft hinzukam, hielten sich viele aus weltlicher Politik vollständig heraus. Außerdem waren die Evangelikalen nur eine kleine Fraktion innerhalb der Protestanten, wenn auch eine schnell wachsende. Die Zeit vor dem Zweiten Weltkrieg liefert allerdings einige wichtige Indizien für ihr Potenzial an zukünftigem Einfluss und ihre späteren politischen Loyalitäten, denn in den 1920er Jahren drückten evangelikale Begeisterung und politische Religion dem Leben der Republik ihren Stempel auf.

Schon immer in der Geschichte haben sich die Menschen ihren Jesus so zurechtgelegt, wie er ihren sozialen und kulturellen Bedürfnissen entsprach. Und genauso umstandslos haben in der US-Geschichte Politiker die meisten großen Konfliktthemen der Nation religiös unterfüttert, angefangen bei der Sklaverei und dann weiter über Bürger- und Menschenrechte, Vietnamkrieg, Umweltschutz, Homosexuellen- und Frauenrechte, Schusswaffenkontrolle, Todesstrafe und Abtreibung bis hin zur Auseinandersetzung um Evolutionstheorie vs. Schöpfungsbericht. Ein wichtiges Ereignis, das dem Wortschatz der amerikanischen Öffentlichkeit den Begriff »Fundamentalismus« hinzufügte, war auch der Scopes-»Affen«-Prozess, der 1925 in Tennessee stattfand.

John T. Scopes unterrichtete Biologie in einer Grundschule in Dayton, Tennessee, in einem Bundesstaat also, in dem jede Bezugnahme auf Darwins Evolutionstheorie per Gesetz verboten war. Scopes verstieß mit voller Absicht gegen das Gesetz und berief sich auf sein verfassungsmäßiges Recht der Redefreiheit. Ihm wurde der Prozess gemacht, der sich zu einem Medienspektakel zwischen der »intellektuellen Elite« und den christlichen Fundamentalisten auswuchs. Scopes wurde von Clarence Darrow vertreten und der Staat Tennessee durch Staatsanwalt William Jennings Bryan. Letzterer war als republikanischer Präsidentschaftskandidat im Jahr 1900 erfolglos gegen William McKinley angetreten. In diesem Gerichtsverfahren ging er so weit, dass er Charles Darwin die Schuld an den Gräueltaten des Ersten Weltkriegs zuschob. Bryan stellte fest: »Deutsche Offiziere sagten aus, sie hätten nach der Lektüre Darwins beschlossen, den Krieg zu erklären und so lange zu kämpfen, bis nur die Starken überlebten, was Darwins Theorie vom Überleben der Tüchtigsten entspricht.«

Obwohl Bryan den Prozess gewann, zwang Darrow ihn, gewisse Fakten anzuerkennen, die dazu beitrugen, die im Verfahren vorgetragenen Überzeugungen des Staatsanwalts ins Lächerliche zu ziehen. Der berühmte Verteidiger rief ihn in den Zeugenstand und brachte ihn dazu zuzugeben, dass die Welt älter als sechstausend Jahre war und dass Gott sie nicht in sechs Tagen erschaffen hatte, wie es die Schöpfungsgeschichte erzählt. Da über das Verfahren täglich überall in den USA in der Presse berichtet wurde, erkannte die intellektuelle Elite immer klarer, dass eine neue religiöse Welle über das Land hereinbrach und dass fundamentalistisches Denken die Antithese zum natürlichen Fortschritt von Kultur und Naturwissenschaft darstellte. So prangerte beispielsweise H. L. Mencken die Fundamentalisten als ärgste »Geißel der Nation« an und als Feind »wissenschaftlicher und intellektueller Freiheit«[1]. Die Diskussion dauert heute noch an, wobei das Thema angesichts der erzielten Fortschritte bei Naturwissenschaften, Medizin und Technik komplexer geworden ist. Als Präsident George W. Bush nach seiner Meinung zur Theorie Darwins befragt wurde, antwortete er: »Das Urteil dazu ist noch gültig.«[2]

Errettung aus Alkoholmissbrauch und seinen verheerenden Wirkungen gehört zu den allerwichtigsten Heilsgeschichten, die die Evangelikalen seit Jahrhunderten auswerten. Da sie schon immer Brandreden gegen das Laster des Trinkens gehalten haben, ist es kein Wunder, dass sie George W. Bushs erfolgreichen Kampf gegen den Alkohol als Beweis dafür benutzen, dass Gott dem Sünder nicht nur vergibt, sondern ihn auch noch mit besonderen Gaben belohnt. Bushs Aufstieg vom Alkoholiker und gescheiterten Geschäftsmann zum Präsidenten der Vereinigten Staaten ist schließlich kein belangloses Beispiel für die Macht des Herrn.

Jahrzehnte vor Gründung der Anonymen Alkoholiker hatten evangelikale Prediger mittellosen Abhängigen geholfen, sich mit Hilfe des Heiligen Geistes selbst zu entwöhnen. Bis zum Ende des Ersten Weltkriegs war es amerikanischen Reformern bereits gelungen, Rauschmittel an den Rand der Legalität zu drängen. Nun schaffte es ein Bündnis aus Fortschrittlichen, Sozialisten und Evangelikalen, den Verkauf von Alkohol durch einen Verfassungszusatz zu verbieten, und der im Oktober 1919 verabschiedete »Volstead Act« untersagte den Verkauf von Getränken mit einem Alkoholgehalt von mehr als 0,5 Volumenprozent vom Januar des Folgejahres an. Die Prohibition war keineswegs eine rein evangelikale Errungenschaft. Sie erfreute sich breiter Unterstützung quer durchs politische Spektrum. Aber es war das erste Mal, dass sich evangelikale Begeisterung für die Konfrontation mit dem Bösen und für dessen anschließende Ausrottung durch Gesetzesänderung eindrucksvoll auf der nationalen Bühne der USA inszenieren konnte. Im Alkohol hatten sie einen klaren Feind, und eine Zeit lang muss es so ausgesehen haben, als wäre die Prohibition ein sensationeller Sieg der Kräfte der Rechtschaffenheit. Doch obwohl die juristische Basis der Prohibition so imposant wie repressiv war, erwies sich der menschliche Durst nach Berauschung letztlich als stärker. Das Verbot des Verkaufs von Alkohol hielt nur bis 1933, doch seine Auswirkungen auf die Vereinigten Staaten waren nachhaltig. Sowohl das organisierte Verbrechen als auch die Bundesregierung gewannen durch die Entstehung eines schwarzen Marktes für Alkohol an Macht und Prestige. Die unbeabsichtigte Rolle, die privater religiöser Enthusiasmus bei der Begünstigung öffentlicher Unmoral spielte, hat jedoch auch spätere Verfechter einer moralischen Erneuerung nicht davon abgehalten, das Unvermeidliche verbieten zu wollen. Der populäre Wunsch, diverse Laster auszutreiben, sollte auch weiterhin gewissen wirtschaftlichen und politischen Eliten verlockende Chancen für Profit und Machtzuwachs bieten.

Im April 1935 scharte der norwegische Einwanderer Abraham Vereide, der seinen Lebensunterhalt als Wanderprediger verdiente, eine Gruppe gottesfürchtiger evangelikaler Christen um sich, die sich »The Family« nannte[3]. Es handelte sich um eine im Verborgenen agierende Organisation, die sich zum Ziel gesetzt hatte, Männer von Macht und Einfluss zu Jesus zu führen und Diplomatie hinter den Kulissen zu betreiben. Wie die Prohibitionisten hatte »The Family«, die vielleicht einflussreichste evangelikale Organisation aller Zeiten, eine Anziehungskraft über die Parteigrenzen hinweg, und die hat sie auch heute noch. »The Family« war einer der wichtigsten Förderer der im Untergeschoss des Justizministeriums abgehaltenen Gebetsfrühstücke des damaligen Generalstaatsanwalts Ashcroft. Die einzigen öffentlichen Zusammenkünfte von »The Family« finden im Rahmen der Nationalen Gebetsfrühstücke statt, die 1953 von Ed McAteer und Reverend Mike Evans eingeführt wurden. Letzterer ist in leitender Position bei der »Mission-to-the-Jews«-Bewegung tätig, einer evangelikalen Unternehmung zur Bekehrung von Juden zu Jesus. (Evans wollte stets als Nahostexperte gelten.) Diese Gebetsfrühstücke begannen zunächst anlässlich der Jahreshauptversammlung der Nationalen Religiösen Rundfunkanstalten, hatten dann aber bereits bei der Präsidentenwahl 1980 einen enormen politischen Einfluss. Sie finden bis heute jeweils im Februar in Washington, D. C., statt, werden vom Kongress gesponsert und von »The Family« unterstützt. Alljährlich bezahlen 3000 Delegierte aus Dutzenden von Ländern jeweils 425 Dollar, um beim Frühstück dabei sein zu dürfen, das von »The Family« als günstige Gelegenheit genutzt wird, um Reiche und Mächtige zu rekrutieren und sie aufzufordern, »an Gebetsrunden im kleineren Rahmen und mit größerer Regelmäßigkeit teilzunehmen, wo sie besser auf ihre politischen Ziele hinarbeiten können, weil sie damit rechnen dürfen, dass Jesus ein persönliches Interesse an ihren Angelegenheiten hat«.

»Eines Nachts, als er im Bett lag und sich Sorgen um Sozialisten, Gewerkschaftler und einen schwedischen Kommunisten machte, von dem er mit Gewissheit annahm, dass er Seattle unter die Kontrolle Moskaus bringen wollte, hatte Abraham Vereide eine Vision: eine Stimme und ein Licht in der Finsternis, strahlend hell und blendend. Am nächsten Tag traf er sich mit einem Freund, einem reichen Geschäftsmann und Major a. D., und die beiden entwickelten ein geistliches Projekt. Sie gewannen neunzehn Führungskräfte aus der Wirtschaft für ein allwöchentliches gemeinsames Frühstück, bei dem sie zusammen beteten, denn nach ihrer Überzeugung konnte nur noch Jesus die Stadt Seattle retten und die radikalen Gewerkschaften zermalmen. Um Jesus ein irdisches Sprachrohr zu geben, baten sie Gott, aus ihrer Mitte einen Führer zu ernennen. Daraufhin erhob sich der Stadtrat Arthur Langlie und sagte: ›Ich stehe Gott zur Verfügung.‹ Langlie wurde zuerst zum Bürgermeister von Seattle gewählt und danach zum Gouverneur des Staates Washington. Beide Male hatten seine Freunde vom Gebetsfrühstück, deren Zahl rapide gewachsen war, den Wahlkampf finanziert. Vereide und seine neuen Brüder ließen sich durch den ganzen Nordwesten der USA chauffieren. (Bei einer Missionierungskampagne seien die Brüder in einem 20 000-Dollar-Dusenburg gefahren worden, brüstete sich Vereide.) ›Die Männer waren dadurch schneller‹, schrieb Vereide. Frühstücksandachten wurden in Dutzenden von Städten, von San Francisco bis Philadelphia, gegründet. Vereide hatte entschieden, es gebe bereits genügend Männer, die sich um die ›down-and-out‹ (die Heruntergekommenen) kümmerten; er wollte bei Männern missionieren, die die Mittel hatten, um die Welt für Gott einzunehmen. Vereide nannte seine potenzielle Herde der Reichen und Mächtigen, die nur des ›wahren‹ Jesus bedurften, die ›up-and-in‹.«

Am 6. September 1941 kam Vereide nach Washington, D. C. Ein, zwei Tage später hatte er seine erste Gebetsrunde auf dem Kapitol organisiert, an der mehr als hundert Kongressabgeordnete teilnahmen. Bis Kriegsende 1945 hatte ein Drittel aller Senatoren bei seinen Wochengebeten mitgebetet, entschlossen, Vereide bei seiner Vision einer »neuen Weltordnung« zu unterstützen. Im selben Jahr hatte er schon begonnen, informative Gebetsrunden auch für Delegierte der Vereinten Nationen abzuhalten, über die er ein internationales Publikum erreichte für das, was er als »Gottes Plan für einen Wiederaufbau aus den Trümmern des Krieges« beschrieb.

Im Jahr 1946 ging Vereide auf Welttournee; bei sich trug er Empfehlungsschreiben von einem halben Dutzend amerikanischer Senatoren und Kongressabgeordneter und auch eines von Paul G. Hoffman, dem Direktor des Marshall-Plans. Außerdem hatte er eine Liste des Generals und Ministerialdirektors John Hildring im Gepäck, auf der die Namen von »guten« Deutschen der »berechenbaren Sorte« vermerkt waren, von denen Vereide annahm, dass sie »bei der gigantischen Aufgabe des Wiederaufbaus von Nutzen« sein könnten. Er stellte eine einzige Bedingung für ihre Haftentlassung: Jene ehemaligen Nazis oder Randfiguren des Dritten Reichs mussten schwören, »Jesus die gleiche gläubige Verehrung entgegenzubringen, die sie Hitler entgegengebracht hatten«.

Senator Frank Carlson, ein enger Berater von Präsident Dwight D. Eisenhower und ein Freund Vereides, organisierte 1955 eine Zusammenkunft, bei der er als Auftrag von »The Family« definierte, »weltweit als spirituelle Offensive« zu wirken, und zwar mit dem Ziel, die Sowjetunion zu besiegen, zu zerschlagen und zu entwaffnen. Als John F. Kennedy 1960 zum Präsidenten der Vereinigten Staaten gewählt wurde, war die »spirituelle Offensive« von »The Family« auf jedem Kontinent vertreten, die Antarktis ausgenommen. Dort ging sie 1980 an Land und eröffnete ein Büro.

Gegen Ende der 1960er Jahre hatten Vereides Reden bei den Gebetsrunden überall in den USA ein gewisses öffentliches Aufsehen erregt, und die Mitglieder von »The Family«, die im Auftrag Jesu Christi die ganze Welt bereisten, begannen die Aufmerksamkeit der Medien auf sich zu ziehen. Zwei Jahre vor seinem Tod schrieb Vereide 1966 in einem Brief, jetzt sei der Zeitpunkt gekommen, »das bisher gepflegte Image von ›The Family‹ zu begraben«.

»Von nun an wird ›The Family‹ öffentlich keine einflussreichen Persönlichkeiten mehr anwerben«, schrieb er, »noch werden wir so viele wie bisher anwerben. Stattdessen wird es, wie stets in der Geschichte der Welt, einen Mann oder einen kleinen Kern von Männern geben, die verstanden haben, was die Vision für ihr Land und was ›Führerschaft unter Anleitung Gottes‹ spirituell für die Nation und für die Welt bedeuten können. ... Diese Männer sind es, die im Verbund miteinander die Vision gestalten können, die mir Gott vor Jahren hat zuteil werden lassen.« Nach Vereides Tod beschlossen die aktivsten Politiker innerhalb der Organisation – Dwight D. Eisenhower, John F. Kennedy und George H. W. Bush –, dass »The Family« nach dem von ihnen so genannten Prinzip eines »biblischen Kapitalismus« arbeiten solle, auf dem auch heute noch der finanzielle und politische Einfluss der Gruppe beruht.

In den 1960er Jahren schmiedete »The Family« Bande zwischen der US-Regierung und antikommunistischen, diktatorischen Elementen aus der nachkolonialen Führungsschicht Afrikas. Der brasilianische Diktator General Costa e Silva betreute mit Unterstützung von »The Family« regelmäßig stattfindende Kameradschaftstreffen für lateinamerikanische Spitzenpolitiker, und in Indonesien hatte General Suharto (der mehrere hunderttausend »Kommunisten« umbringen ließ, was ihm den zweifelhaften Ruhm einbrachte, einer der blutrünstigsten Diktatoren des Jahrhunderts gewesen zu sein) den Vorsitz über eine Gruppe von fünfzig Angehörigen der indonesischen Legislative. Die Organisation half 1978 insgeheim der Regierung Carter, einen weltweiten Gebetsaufruf mit Menachem Begin und Anwar As Sadat zu organisieren, und während der Amtszeit von Präsident Reagan trug »The Family« dazu bei, freundschaftliche Beziehungen zwischen der US-Regierung und solchen Männern wie General Carlos Eugenios Vides Casanova von El Salvador herzustellen, der von einer Jury in Florida schuldig befunden wurde, Tausende gefoltert zu haben, oder wie General Gustavo Alvarez Martinez aus Honduras, der selbst evangelikaler Prediger war und Beziehungen zur CIA hatte. In neuerer Zeit brachte sie 2001 die Führer der sich bekriegenden Staaten von Kongo-Kinshasa und Ruanda zu einem geheimen Treffen zusammen, das dann im Juli 2002 zu einem Friedensabkommen führte.

Heute sind die Mitglieder zumeist Politiker mit engen Verbindungen zu ausländischen Staatsoberhäuptern und zu Geschäftsleuten in der Öl- und Raumfahrtindustrie. Ein ehemaliges Mitglied von »The Family«, ein bekannter Senator aus dem Mittleren Westen der USA, den ich 2003 in Washington interviewte und der wegen »religiöser Differenzen« mit der Vereinigung gebrochen hatte, ist dennoch voll des Lobes über die Organisation. Er unterstützt deren Ziel, »Beziehungen jenseits des Geschreis von *vox populi«* aufzubauen. Andererseits habe er seine Verbindungen zur Gruppe deshalb gekappt, weil diese verkündete, »Gottes Bund mit den Juden wurde aufgelöst und ›The Family‹ ist der neue und von Gott selbst auserwählte Partner«. »Ich denke einfach, dass sie in diesem Punkt zu weit gegangen sind«, erklärte der Senator. »Ansonsten machen die tolle Sachen zum Wohl der Demokratie, aber ich denke einfach, ihnen ist ihr Erfolg zu Kopf gestiegen und lässt sie jetzt glauben, sie seien heiliger als der Allmächtige und frömmer als das Volk der Juden, [mit dem] Gott den Bund des Alten Testaments geschlossen hat.«

Quellen innerhalb von »The Family« beziffern das Jahresbudget der Organisation auf über 250 Millionen Dollar, stellen aber zugleich fest, dass diese Zahl »nur einen Bruchteil der ›Family‹-Finanzen« ausmache. Das Geld kommt hauptsächlich von »Freunden« der Organisation, aus privaten Spenden reicher Geschäftsleute, von ausländischen Regierungen, von Kirchen oder populären Stiftungen, die »vielleicht gar nichts über die Aktivitäten von

›The Family‹ wissen«. Zu den größten Spendern gehören Michael Timmis, Anwalt aus Detroit und Spendenbeschaffer für die Republikaner, Paul Temple, privater Investor aus Maryland, und Jerome A. Lewis, ehemaliger Generaldirektor der Petro-Lewis Corporation. Vor kurzem hat der Geheimbund die israelische Regierung mit mehr als zehn Millionen Dollar beim Bau des umstrittenen Zauns unterstützt, der Israel und die besetzten Gebiete voneinander trennt. Eine finanzielle Beteiligung gibt es auch beim Abbau israelischer Siedlungen in Gaza und Teilen des Westjordanlandes, von wo sich die israelische Armee zurückziehen will, und für die Neuansiedlung der Vertriebenen in den besetzten Gebieten, die unter israelischer Kontrolle bleiben.

»The Family« führt eine streng gesicherte, computergespeicherte Mitgliederliste, gibt keine Mitgliedsausweise aus, erhebt keine offiziellen Beiträge und fordert von ihren Mitgliedern Stillschweigen über die Organisation und ihre Aktivitäten. Über die Parteigrenzen hinweg gehören diesem Geheimbund u. a. an: die Senatoren Don Nickles (Republikaner aus Oklahoma), Charles Grassley (Republikaner aus Iowa), Pete Domenici (Republikaner aus New Mexico), John Ensign (Republikaner aus Nevada), James Inhoff (Republikaner aus Oklahoma), Bill Nelson (Demokrat aus Florida) und Conrad Burns (Republikaner aus Montana). Aus dem Repräsentantenhaus gehören u. a. dazu: Jim DeMint (Republikaner aus South Carolina), Frank Wolf (Republikaner aus Virginia), Joseph Pitts (Republikaner aus Pennsylvania), Zach Wamp (Republikaner aus Tennessee) und Bart Stupak (Demokrat aus Michigan).

Die Organisation operiert unter vielen Deckmänteln wie z. B. »National Organization for Christian Leadership«, »International Christian Leadership«, »National Leadership Council«, »Fellowship House«, »Fellowship Foundation«, »National Fellowship Council« und »International Foundation«. Die Aufgabe dieser Gruppierungen ist es, die Aufmerksamkeit von »The Family« abzulenken und so zu verhindern, dass die Organisation, nach den Worten eines Mitglieds, »ein Opfer von Missverständnissen« wird.

Während sich Vereide um die Rettung Seattles vor den Sowjets kümmerte, hatte ein anderer religiöser Politiker eine spektakulärere, wenn auch weniger nachhaltige Wirkung auf das öffentliche Leben in den USA. Sein kurzlebiger Erfolg lieferte immerhin die Vorlage für ein Betätigungsfeld, das sich schließlich die Evangelikalen zu Eigen machten. Pater Coughlin war in den 1920er und 1930er Jahren Rundfunksprecher gewesen; seine anfängliche Unterstützung für Roosevelt und dessen New Deal driftete ab in Richtung eines apokalyptischen Antikommunismus und wachsender Sympathie für Mussolini und Hitler und deren scheinbaren Ausweg aus der wirtschaftlichen Depression. Auf dem Höhepunkt seiner Popularität erhielt Coughlin wöchentlich 30 000 Zuschriften und war zu einer Persönlichkeit von beträchtlichem politischen Einfluss geworden. Seine wiederholten Behauptungen, hinter dem Aufstieg des Kommunismus stünden »internationale Bankiers«, verliehen seinen Sendungen einen entschieden antisemitischen Ton und hatten gravierenden Einfluss auf extremistische Randgruppen. Wichtiger noch, wie Donald Warren in *Radio Priest* meint, war Coughlins Bedeutung als Pionier jenes Programmstils, der in den USA von heute so typisch für Radiosendungen ist.[4]

5. Die Verbreitung des Evangeliums

> *Völker versanken in der Grube, die sie selbst gegraben; im Netz, das sie heimlich gelegt, hat ihr Fuß sich verfangen.* (Psalm 9,15)

Als 1934 der »Council of Churches«, das Spitzengremium der mitgliederstärksten protestantischen Glaubensgemeinschaften, eigene Radiostationen ins Leben rief, entdeckten evangelikale Prediger eine Möglichkeit, um Einlass in die Wohnungen von Millionen von Amerikanern zu finden. Die normalen Rundfunkanstalten sträubten sich, christliche Sendungen in ihre Programme aufzunehmen. Folglich wurden eigene religiöse Sender gegründet, die zum ersten Mal das allgemeine Publikum erreichten. Die evangelikale Gemeinde erkannte, dass eine Verbreitung ihrer Botschaft übers Radio dazu führen würde, dass letztlich ihre treue Zuhörerschaft das ganze Unternehmen finanzieren würde. Millionen von Dollar strömten zu diesen neu geschaffenen elektronischen Kanzeln hin, und diejenigen, die im Radio und später im Fernsehen das Evangelium verkündeten, genossen höchste Achtung auf Grund ihres neu erworbenen finanziellen Status. Die Bekehrung von Seelen zu Jesus Christus war zum Multimillionendollarunternehmen geworden.

Zu den ersten und berühmtesten Radiopredigern während der 1930er und 1940er Jahre gehörte Aimee Semple McPherson

(1890-1944); auf jeden Fall war sie die erste Frau, die ihre Glaubensbotschaft über den Äther verbreitete. Sie war ursprünglich als baptistische Geistliche ordiniert, trat dann zur Pfingstkirche über und leistete nicht nur Pionierarbeit bei der Verkündigung des Evangeliums über ein Massenmedium, sondern war auch die Erste ihres Standes, die wegen Ehebruchs angeklagt wurde. Sie war sexy, hübsch, extravertiert, dreimal verheiratet und zweimal geschieden und hatte haufenweise Liebhaber unter den Hollywood-Akteuren. Aimee Semple McPherson wusste genau, wie sie die Medien für ihre eigenen Zwecke einspannen konnte. Im Verlauf ihrer Karriere wurden ihre privaten Mätzchen und Eskapaden genauso legendär wie ihre Glaubenspraxis. Einmal inszenierte sie ihre eigene Entführung. Wochen nach ihrem Verschwinden wurde sie »verwirrt umherirrend« an einem kalifornischen Strand aufgefunden. In Wahrheit war sie keineswegs entführt worden, sondern war untergetaucht und hatte sich eine »private Auszeit« mit einem verheirateten Galan genommen, außerhalb der Sichtweite von Öffentlichkeit und Presse. Sie war aber nicht nur wegen ihrer Theatralik und ihres Sexappeals berühmt, sondern auch dafür, dass sie in ihren Gottesdiensten in der von ihr gegründeten und noch heute existierenden »Foursquare Gospel Church« im Angelus Temple in Los Angeles erfolgreich als Heilerin auftrat. Mit ihren Heilkräften hat die schöne evangelikale Predigerin während ihrer Laufbahn ein viele Millionen Dollar schweres Vermögen angehäuft.

Billy Graham, auch er ein Pionier der Verbreitung der Frohbotschaft über den Äther, hat seit der Wahl von Harry S. Truman 1948 religiösen Einfluss auf bislang jeden US-Präsidenten ausgeübt. Billy Grahams Karriere begann, als er die Aufmerksamkeit des Pressezaren William Randolph Hearst erregte, der daraufhin seine Zeitungen anwies, ausführlich über den jungen Prediger zu berichten. Bereits 1951 war Graham landesweit zur Fernsehberühmtheit geworden, danach auch weltweit. Graham wird nicht nur zugeschrieben, die wichtigsten Massenmedien mit der evangelikalen Religion infiltriert zu haben, indem er das Evangelium über Printmedien, Radio und Fernsehen verbreitete, wodurch es schließlich seinen Weg in die Politik fand, sondern auch George W. Bush geholfen zu haben, das Trinken aufzugeben und zu Jesus zu finden. Graham selbst ist eine faszinierende Persönlichkeit, ein Mann, der Präsident Harry S. Truman dazu veranlasst haben soll, 1948 den Staat Israel anzuerkennen.

Vor der Gründung des Staates Israel hatten die übrigen Nationen die Juden als ein in alle Welt verstreutes Volk abgetan, und die Mehrheit der Christen glaubte, die Heimatlosigkeit des jüdischen Volkes komme daher, dass die Juden Jesus nicht als ihren Messias anerkennen wollten. Präsident Truman, Demokrat und frommer Baptist, lud Reverend Billy Graham zum ersten Mal als Vorbeter eines Gebetsfrühstücks ins Weiße Haus ein. Truman war zweifelsohne nicht nur von seiner eigenen Bibelgläubigkeit beeinflusst, sondern auch von Graham, als er der internationalen Gemeinschaft trotzte und den Staat Israel anerkannte. Seine Tochter Margaret Truman Daniel wusste zu berichten, dass ihr Vater nicht nur eine tiefe christliche Überzeugung besaß, sondern auch sein ganzes Leben hindurch die Bibel gelesen und auswendig gelernt hatte, weshalb Israel für ihn zu einem moralischen Imperativ wurde.

In seinem Buch *Harry S. Truman and The Founding of Israel* schreibt Michael Benson[1], bis zum Alter von vierzehn »hatte Truman die Bibel vier Mal zur Gänze gelesen. Zum Zeitpunkt seiner Bekanntschaft mit Reverend Billy Graham hatte seine Vertrautheit mit der biblischen Geschichte des Nahen Ostens schon eindeutig eine wichtige Rolle bei seinem Versuch gespielt, eine eigenständige präsidiale Politik zu Palästina zu formulieren. ... Er war stark beeinflusst durch eine biblische Erziehung mit jüdisch-christlichen Themen und durch eine baptistische Ausbildung, die eine jüdische Rückkehr nach Zion in den Vordergrund stellte, und so war sein Lieblingspsalm der 137.: ›An den Strömen von Babel, da saßen wir und weinten, wenn wir an Zion dachten.‹«

Benson berichtet außerdem in seinem Buch, wie Truman in einem Gespräch mit Graham kurz nach der amerikanischen Anerkennung des Judenstaates eingestand, dass »das Alte Testament ein entscheidender Faktor in seinem Engagement für das jüdische Volk gewesen sei, damit es eines Tages eine eigene Heimat finden möge«.

Nachdem Israel zur Realität geworden war, widerfuhr Präsident Truman sowohl Lob als auch Kritik von Evangelikalen und Juden. Als Antwort auf Anschuldigungen nichtevangelikaler Christen, er habe Israel nur anerkannt, um sich bei den jüdischen Wählern in den Vereinigten Staaten lieb Kind zu machen, behauptete Truman, er habe sich selbst immer als »der persische König Kyros« gesehen, »der den babylonischen Herrscher Nebukadnezar besiegte und den Juden 538 v. Chr. den Auszug aus der Gefangenschaft und die Rückkehr nach Zion erlaubte« (Benson). Einmal erhielt Truman ein Kompliment eines Sympathisanten wegen der wichtigen Rolle, die er bei der Gründung des Staates Israel gespielt hatte, worauf er antwortete: »Wichtige Rolle, verdammt! Ich bin der amerikanische Kyros!«

Billy Graham ist überdies jemand, der es fertig gebracht hat, starke Bande zwischen evangelikalen Christen und der katholischen Kirche zu schmieden.

Bei all der politischen und finanziellen Macht, die die christliche Rechte in den USA in nun mehr als zwanzig Jahren angesammelt hat, ist es merkwürdig, dass sie sich innenpolitisch hauptsächlich auf Streitfragen konzentriert, bei denen es letztlich um sexuelle Unterdrückung und Einschränkung der Menschenrechte geht. Sogar jene wiedergeborenen Christen, die sich lieber ihrer politischen und finanziellen Schlagkraft bedienen, als auf Gewaltanwendung zurückzugreifen, fixieren sich auf Bereiche, bei denen es um die Reglementierung höchst privater Sensibilitäten und persönlicher Ansichten ihrer Mitmenschen geht: Schulgebet, Pornographie, Ehebruch, Sterbehilfe, embryonale Stammzellenforschung, das alttestamentarische »Auge um Auge« bei der Todesstrafe. Dazu gehört auch jenes allumfassende Thema, das sie mit dem Oberbegriff »Familienwerte« betiteln.

Ein ganz besonderer Aspekt der Glaubenssätze der christlichen Rechten ist ihre Besessenheit, wenn es um Abtreibung geht. In diesem Punkt ist sie sich mit der römisch-katholischen Kirche einig. Obwohl die Fundamentalisten ansonsten heftig gegen katholische theologische Doktrinen wettern, ist das Thema Abtreibung die sichtbarste gemeinsame Basis für vereinte politische Aktionen geworden. Die Fundamentalisten befürworten gewalttätige Bürgeraktionen und drastische politische Maßnahmen zum Schutz des ungeborenen Lebens.

Mindestens seit 1972 trifft sich Billy Graham immer wieder mit zum Katholizismus Konvertierten, die er zur regulären »Nachschulung« an den Vatikan zurückverweist. Grahams Glaubenssätze sind oft römisch-katholische Glaubenssätze. Im Verlauf der Jahre haben die führenden Katholiken gelernt, dass sie von Billy Grahams Missionsfeldzügen nichts zu befürchten haben, und oft benutzen sie diese Feldzüge, um passive Katholiken zurückzugewinnen oder sogar neue Gläubige zu ihrer Religion zu bekehren. Wenn Graham in seinen Massenveranstaltungen sein Publikum dazu aufruft, »Christus zu empfangen« oder »den Schritt des Glaubens zu tun« oder »zu Christus zu kommen«, dann sind diese Vokabeln für katholische Kirchenfürsten hilfreich und werden oft auch von römischen Klerikern aufgegriffen und mit ihrer Lehre von den Sakramenten angereichert. In Zusammenarbeit mit seinen katholischen Freunden sorgt Graham dafür, dass keiner seine missionarischen Massenveranstaltungen verlässt, ohne irgendeine Art von Verpflichtungserklärung für Gott und Religion abzugeben. Wer erst einmal das Reich des Herrn betreten hat, sei er auch Katholik, dem winkt eine exklusive Begegnung mit Jesus, die ihm den Status eines »Wiedergeborenen« verleiht. An der Drehtür zwischen Sünde und Erlösung steht Billy Graham an jedem Ausgang. Der erste Schritt besteht darin, eine gemeinsame Basis zwischen Evangelikalen und Katholiken herzustellen. Der zweite Schritt ist die Benennung jener Themen, die den Herzen und Köpfen der Wiedergeborenen genauso lieb und teuer sind wie dem Vatikan. Mit dem dritten Schritt geht er auf die Katholiken zu, präpariert mit Argumentationshilfen für ihre beiden wichtigsten Themen – Abtreibung und Homosexualität –, um sie dann sanft in Richtung der christlichen Rechten zu stupsen. Die Versuchung ist auch gar zu herrlich, um ihr nicht nachzugeben: eine ganz persönliche Beziehung zu Jesus Christus.

Den Wiedergeborenen kommt das nicht immer zupass. Wilson Ewin schreibt in seinem Buch *The Assimilation of Evangelist Billy Graham Into the Roman Catholic Church*: »Aus irgendeinem unerklärlichen oder gar mysteriösen Grund ist Billy Graham nicht in der Lage, den theologischen, moralischen und spirituellen Kern des römischen Katholizismus zu erfassen. Genauso wenig hat er den historisch gewachsenen Charakter des gesamten vatikanischen Systems begriffen, es sei denn, was noch schlimmer wäre, er ignoriert ihn bewusst. Stattdessen hat er beschlossen, sich vom Heiligen Stuhl faszinieren und beeindrucken zu lassen und ihm schließlich Ehrerbietung und Gefolgschaft anzudienen. Das Ergebnis ist eine tragische Unfähigkeit, den Unterschied zwischen der Wahrheit des Wortes Gottes und dem abgrundtiefen Pessimismus des römischen Katholizismus zu verstehen.«[2]

Grahams persönliche Affinität zum Katholizismus reicht weit bis in die Anfänge seiner Predigerkarriere zurück und ist auch nicht frei von Widersprüchen. In einem Interview in der *New Man*-Ausgabe vom März/April 1997, der Zeitschrift des religiösen Männerbundes »Promise Keepers« (»Die ihr Gelübde erfüllen«), sagte Graham: »Als ich noch jung war, wusste ich nicht viel über die Katholiken. Doch im Verlauf der Jahre habe ich viele Freunde innerhalb der römisch-katholischen Kirche gewonnen. Wenn wir heute in einer Stadt einen Missionsfeldzug durchführen, dann wird dieser von fast allen römisch-katholischen Kirchengemeinden unterstützt. Und als wir [2004] auf Mission nach Minneapolis-St. Paul in Minnesota gingen, erfuhren wir Unterstützung für unsere Kampagne sowohl von St. Paul, das überwiegend katholisch ist, als auch von Minneapolis, das überwiegend lutherisch ist. Vor fünfundzwanzig Jahren wäre das nicht passiert.« Zum Abschluss des Missionsfeldzugs wusste der *Catholic Sentinel (»Katholische Schildwache«)* zu berichten: »Graham appelliert an die Menschen, zu Gott und in ihre Kirchen und Glaubensgemeinschaften zurückzukehren ... Ein besonderes Lob sprach er der katholischen Kirche aus, als er sagte: ›Wir freuen uns sehr darüber, dass die römisch-katholische Kirche jetzt überall mit uns zusammenarbeitet‹ ...«[3]

Als er jedoch 1948 gefragt wurde, was seiner Ansicht nach beim Konklave der Weltkirchenkonferenz im August in Kopenhagen herauskommen werde, nahm er dazu in seiner wöchentlichen Radiosendung wie folgt Stellung: »Ich glaube, sie werden den Antichrist ernennen.« Ebenfalls 1948 nannte Graham die römischen Katholiken »eine der drei ernsthaftesten Bedrohungen für die orthodoxe Christenheit«. Dennoch besuchte er 1961 und 1968 die Weltkirchenkonferenzen in Neu-Delhi und in Uppsala in Schweden. Inzwischen ist Graham einer der größten Bewunderer von Papst Johannes Paul II., was offenkundig wurde, als er 1989 den Einfall hatte, dem Papst den »Prince of Peace«-(»Friedensfürst«-)Preis zu verleihen (was der Papst ablehnte), und ihn den »größten Religionsführer der Welt von heute« nannte und als »Staatsmann, Hirten und Evangelisten« bezeichnete.

Ähnlich wie die Bündnisse, die die Evangelikalen mit dem jüdischen Volk eingehen, werden die mit den Katholiken sowohl mit der Bibel als auch mit politischer Zweckmäßigkeit begründet. Bei den Themen Abtreibung und Homosexualität hat Graham schon 1966 erfahren, wie sehr es von Nutzen war, sich mit der katholischen Kirche gut zu stellen, vor allem als es darum ging, eine Gegenposition zur protestantischen Hauptkirche aufzubauen, die sozial, politisch und kulturell diametral anders eingestellt war als die Gemeinde der wiedergeborenen Christen. »Ich stehe den Katholiken näher als den radikalen Protestanten«, sagte Graham in einem Interview mit *The Philadelphia Evening Bulletin.* »Ich glaube, dass die römisch-katholische Kirche gegenwärtig eine zweite Reformation durchmacht. Ich habe festgestellt, dass meine religiösen Überzeugungen im Wesentlichen denen der orthodoxen Katholiken entsprechen. Wir unterscheiden uns nur bei ein paar Sachen aus der jüngeren Kirchentradition.«[4] Graham fand in der katholischen Kirche auch eine Verbündete, als es darum ging, die Gläubigen Osteuropas in der Blütezeit der Sowjetunion zu schützen.

Ein weiterer einflussreicher Fundamentalist, der zur Verbreitung der evangelikalen Botschaft die Medien benutzt, ist Reverend Pat Robertson. Der Prediger, der 1988 erfolglos gegen George Bush den Älteren für die Präsidentschaftsnominierung der Republikaner kandidierte, ist vor allem durch die Gründung des *Christian Broadcast Network* berühmt geworden, das gegenwärtig 59 Millionen Haushalte in den USA erreicht. Die zugrunde liegende Idee war, spezielle evangelikale Sonntagsgottesdienste für Hunderte von Millionen im ganzen Land zugänglich zu machen. Zu diesem Zweck rief Robertson seinen »700 Club« ins Leben, dem nur diejenigen beitreten durften, die dem Prediger eine Aufnahmegebühr von 700 Dollar überwiesen[5]. Trotz all der Millionen, die Robertson von seiner evangelikalen Zuhörerschaft hereinholte, kam er nicht an die Summen heran, mit denen das spendable Großkapital George H. W. Bushs Griff nach der Präsidentschaft unterstützte.

Während seiner gesamten Karriere hat sich auch Robertson stets als Freund Israels gesehen und wurde im Juli 2002 vom jüdischen Staat mit dem »Freundschaftspreis des Staates Israel« ausgezeichnet. Allerdings gibt es von ihm Aussagen und Texte aus der Vergangenheit, die seiner bekundeten Liebe zum jüdischen Volk sowohl im biblischen Kontext als auch im Alltag widersprechen. So schrieb er beispielsweise in seinem Buch *New World Order*[6], es gebe eine »unsichtbare Schnur«, die sich zu europäischen Bankiers des 19. Jahrhunderts zurückverfolgen lasse, welche, seiner Behauptung nach, die Ermordung Abraham Lincolns in Auftrag gaben. Zu Robertsons Theorie von der »unsichtbaren Schnur« gehören auch die Verbindungen eines gewissen kommunistischen Rabbi zu Karl Marx, zur Trilateralen Kommission *[Anm. d. Ü.: Die »Trilateral Commission« wurde 1973 von John Rockefeller gegründet. Ziel war es, ein Gremium aus mehreren Hundert hochrangigen Entscheidungsträgern aus Europa, Nordamerika und Japan zu bilden, die in der Lage waren, weltweit politischen und wirtschaftlichen Einfluss zu nehmen und letzten Endes die Interessen multinationaler Banken und Unternehmen zu wahren.]*, zur Familie Morgan und britischen Bankiers, die zur Gründung des sowjetischen KGB führten. Laut Robertson funktionierten diese beiden unchristlichen Verbindungslinien konspirativ und kooperierten, um unter der Schirmherrschaft Luzifers die Welt zu beherrschen. Michael Lind, Intellektueller und Autor, besprach Robertsons Bestseller von 1991 in der *New York Review of Books* und schrieb: »Robertson stützt sich massiv auf klassische antisemitische Texte wie zum Beispiel auf die ›Protokolle der Weisen von Zion‹ ... Robertsons Theorien über jüdische Bankiers und jüdische Revolutionäre sind der zentrale Punkt seiner Verschwörungstheorie.«[7] Auch heute noch verkündet Robertson über sein »Christian Broadcast Network«, dass das Weltjudentum am Ende aller Tage entweder vernichtet oder bekehrt werde.

Der Ausbruch des Kalten Krieges bewirkte in den USA die Entstehung einer religiösen Ethik, da die Amerikaner anfingen, den bösen gottlosen Kommunismus gleichzusetzen mit der Sünde der Gottesleugnung und Religionsverweigerung. Die ultrarechte »John Birch Society« wurde gegründet, benannt nach einem baptistischen Missionar und Nachrichtenoffizier der US-Armee während des Zweiten Weltkriegs, der 1945 von chinesischen Kommunisten ermordet worden war. Die erzkonservative Vereinigung der Nationalen Religiösen Rundfunkanstalten begann unter der Leitung von Ben Armstrong religiöse Botschaften mit antikommunistischer Rhetorik zu verbinden, welche für die in der Sowjetunion und in Osteuropa unterdrückten Christen bestimmt waren. Bill Bright, der 1987 in Kanada den »Campus Crusade for Christ« (»Universitäts-Kreuzzug für Christus«) gegründet hatte, gliederte seine Organisation nach dem Vorbild der weltweit getrennt operierenden kommunistischen Zellen. Auf dem Höhepunkt des Kalten Krieges hatte die Nation schon über die im Fernsehen übertragenen Verhöre von Offizieren der US-Armee durch McCarthys »Ausschuss für unamerikanische Umtriebe« erfahren, wie es der Kommunistischen Partei gelungen war, mit Hilfe organisierter revolutionärer Zellen Hollywood zu unterwandern. Bill Bright benutzte die gleiche Methode, um religiöse Zellen zu organisieren, die sich potenzielle Konvertiten vornehmen sollten, und gab »Vier

Spirituelle Gesetze« heraus. Drei von ihnen waren sogar mit einer graphischen Darstellung versehen, die die Beziehung Gott – Mensch, Gott – sündiger Mensch sowie Gott und Mensch zu Jesus veranschaulichte. Zum Schluss hatte Bright Millionen von Seelen bekehrt, indem er ihnen die Wahl zwischen einem »Leben in Eigenregie« und dem »Leben in Christus-Regie« anbot.

Brights »Vier Spirituelle Gesetze« lauten:

Gesetz Nummer eins: Gott »bietet dem Menschen einen wunderbaren Lebensentwurf an«.

Gesetz Nummer zwei: »Der Mensch lebt in Sünde und Gottesferne. Deshalb kann er Gottes Entwurf für sein Leben nicht kennen und Gottes Liebe nicht erfahren.«

Gesetz Nummer drei: »Jesus Christus ist Gottes einziges Gegenmittel gegen die Sünden der Menschen. Durch Ihn kann der Mensch Gottes Entwurf für sein Leben kennen lernen und Gottes Liebe erfahren.«

Gesetz Nummer vier: Die Menschen müssen »Jesus Christus individuell als ihren Heiland und Herrn empfangen; dann lernen sie Gottes Entwurf für ihr Leben kennen und erfahren Gottes Liebe«.[8]

Bright und seine Frau Vonett wurden eines der erfolgreichsten evangelikalen Paare in den USA. Im Jahr 1951 unterzeichneten sie ihren inzwischen berühmten »Vertrag mit Gott«, in dem sie versprachen, »Christi Sklaven« zu sein. Aus diesem Versprechen entwickelte sich dann die Gründung ihres »Campus Crusade for Christ«. Präsident Ronald Reagan hat tatsächlich 1988 mit seiner Unterschrift einen jährlichen »Campus-Kreuzzug-für-Christus-Tag« zum Gesetz gemacht, der nun ein offizielles Datum im US-Kalender ist. Die Organisation ist heute in 191 Ländern aktiv, hat 26 000 Mitarbeiter und ein Jahresbudget von 347 Millionen Dollar. *Money Magazine* hat sie schon mehrmals als die »effizienteste religiöse Gruppe« der Vereinigten Staaten bezeichnet.

Als sich die USA in den 1950er Jahren mit der Sowjetunion im Kalten Krieg befanden, war das für die Evangelikalen ein geräuschloser Krieg, in dem sich der Kampf des Guten gegen das Böse, der gottesfürchtigen Amerikaner gegen die gottlosen Kommunisten widerspiegelte. Die von Präsident Eisenhower während der zehn Jahre, die man die »fabelhaften Fünfziger« taufte, benutzte Rhetorik im Hinblick auf den Kalten Krieg hörte sich so an, dass eine »normale« Familie und eine »wachsame« Mutter die »vorderste Verteidigungslinie« gegen Landesverrat seien. In der berühmten »Küchendebatte« von 1959 mit Nikita Chruschtschow betonte Eisenhowers Vizepräsident Richard Nixon, die Überlegenheit des Kapitalismus gegenüber dem Kommunismus sei »nicht in einer Ideologie oder in militärischer Macht verkörpert, sondern im Komfort einer gutbürgerlichen Wohnung am Stadtrand, die so gebaut ist, dass sie für unsere Frauen das Leben leichter macht«. In den Fünfzigern setzten diejenigen, die sich als das moralische Rückgrat des Landes betrachteten, Kommunismus mit einem nicht normenkonformen Familienleben gleich und aufrührerische Agitation mit pervertiertem Sexualverhalten. Vor fünfzig Jahren definierte man die natürlichen Anlagen der Frau nicht nur aus der Bibel, sondern man betrachtete sie als das naturgegebene Resultat physiologischer, psychologischer und genetischer Eigenschaften und Merkmale. Der Soziologe David Riesman berichtet[9], dass Frauen, die sich in den 1950er Jahren weigerten, Kinder zu bekommen, als absonderlich galten, und wer sich nicht mit einer Hausfrauenrolle abfinden konnte oder wollte, wurde als nicht normal betrachtet und als pervertiert, neurotisch oder schizophren diagnostiziert. Stephanie Coontz beschreibt in ihrem Buch *The Way We Never Were*[10] *(etwa: »Wie wir nie waren«),* wie man in der San Francisco Bay Area in den 1950er Jahren Frauen in geschlossenen psychiatrischen Abteilungen mit Schocktherapien behandelte, um sie mit Gewalt dazu zu bringen, ihre Rolle als Hausfrau und die Vorschriften ihrer Männer zu akzeptieren. Auch für Frauen, die eine Abtreibung wollten, galten Schocktherapien als probates Mittel, weil man annahm, ein nichtvorhandener Kinderwunsch sei ein Indiz für eine gefährliche emotionale Störung. Die Illustrierte *Esquire* nannte in einem Artikel von 1954 berufstätige Ehefrauen eine »Bedrohung«, und im Nachrichtenmagazin *Life* bezeichnete ein Autor Arbeitsverhältnisse verheirateter Frauen als »Krankheit«. Was Männer angeht, so wurden Junggesellen als unreif, infantil, narzisstisch, nicht normal oder gar pathologisch eingestuft. Paul Landis, Fachmann für Familienberatung, argumentierte, dass »mit Ausnahme der Kranken, Verunstalteten, Verkrüppelten, emotional Abartigen und Geistesgestörten nahezu jedermann die Chance und damit auch die klare Pflicht hat zu heiraten«.[11]

Das Amerika der 1950er Jahre, oder doch zumindest das von politischen und religiösen Führern gegebene Beispiel für die typisch amerikanische Familie, war skandalfrei und durchdrungen von einer tiefen Liebe zu Gott und Vaterland. Das damalige Motto für die Familie lautete: »Zusammen beten heißt zusammen bleiben.« Evangelikale, wiedergeborene oder fundamentalistische Christen waren entschlossen, allen Amerikanern für den Alltag eine frische Dosis Moral, die sich aus wörtlichen Auslegungen der Heiligen Schrift zusammensetzte, zu verabreichen. Einer der Führer jener Bewegung war ein einflussreicher und verehrter evangelikaler Prediger, der seit mehr als dreißig Jahren eine beträchtliche politische Macht ausübt: Reverend Jerry Falwell.

6. Auf der Seite des Herrn

Nahe ist der Herr den zerbrochenen Herzen,
er hilft denen auf, die zerknirscht sind.
(Psalm 34,17)

Jerry Falwell fand am 20. Januar 1953 in der »Park Avenue Baptist Church« in Lynchburg, Virginia, zu Jesus Christus, und zwar am selben Abend, an dem auch sein bester Freund Jim Moon konvertierte.[1] Jahre später sollte Moon Falwells pastoraler Mitbruder an der »Thomas Road Baptist Church« werden, die Falwell 1958 gründete. Damals war die Glaubensgemeinschaft in einer aufgelassenen Limonadenfabrik untergebracht und hatte nur wenige Mitglieder. Ein Jahr später hatte sich die Gemeinde verdreifacht, und 1988 zählte sie 18 000 Gläubige und sechzig Geistliche. Heute beläuft sich das Gesamteinkommen von Falwells »Thomas Road Baptist Church« auf über 160 Millionen Dollar pro Jahr, und sein Fernsehgottesdienst »The Old Time Gospel Hour« läuft ohne Unterbrechung am längsten von allen TV-Gottesdiensten und erreicht über 392 Fernseh- und 600 Radiosender allein in den Vereinigten Staaten jeden Sonntag Millionen »verlorener Seelen« in der ganzen Welt. Außerdem kann man die Andachten rund um die Uhr auf Falwells Website abrufen.

Falwells Bekehrung ist in der Tat aufschlussreich. Nach seiner Darstellung hat Gott ihn 1957 wissen lassen, dass seine wahre Berufung darin liege, selbst Pastor zu werden. »Ich brannte darauf, Christus zu dienen«, erläutert Falwell, »also wechselte ich an das Baptist Bible College in Springfield, Missouri, um mich auf das vorzubereiten, was auch immer Gott mit mir vorhaben mochte.« Nach seiner Aussage hat Gott in den Jahren an jenem Bible College sein Leben »buchstäblich umgekrempelt«. »In meinem letzten Studienjahr dort betete ich aufrichtig um die Erkenntnis, was ich mit meinem Leben anfangen sollte, und eines Abends hatte ich eine Offenbarung, während ich wie jedes Wochenende meine zweihundert Meilen zu meinem Praktikum als Jugendpfarrer am Kansas City Baptist Temple fuhr. Es war genau an diesem Wochenende, ein paar Wochen vor der Abschlussfeier im Mai, dass mir der Pastor in Kansas City mitteilte, er könne den nächsten Sonntagsgottesdienst nicht selbst halten, und mich fragte, ob ich nicht Sonntag früh die Verkündigung übernehmen könnte. Ich hatte das noch nie zuvor gemacht und hatte eindeutig Angst davor. Also betete und fastete ich während der Woche und bat Gott, Er solle mir mit dieser Predigt ein Zeichen geben, ob es Sein Wille war, dass ich Pastor werde oder nicht.« An besagtem Sonntag rettete Falwell neunzehn Seelen und bekehrte sie zu Christus. Unter den geretteten Seelen befand sich auch eine ältere Dame, die ihm erzählte, sie sei seit zwanzig Jahren eingetragenes Mitglied dieser Kirchengemeinde, und erst während Falwells Ansprache habe sie erkannt, dass sie eine Wiedergeborene war. »Ich habe das so aufgefasst, dass Gott mir ein Zeichen gegeben hat«, fährt Falwell fort, »dass Pastor zu sein und Seelen zu retten meine wahre Berufung ist.«

Falwells persönlichem Einsatz für seinen Glauben und seinem Einfluss auf andere Evangelikale zum Trotz veränderte sich vieles in den USA. Ab Mitte der 1950er Jahre begannen sich die Menschen nach etwas anderem umzusehen, um sich von den Zwängen der Tradition zu befreien. Es gab eine wahre Explosion von provokanter Literatur mit sexuell expliziten Themen und von bekenntnishafter Kunst. Lyriker wie Robert Lowell veröffentlichten ihre privatesten Gedanken und Gefühle, während Vladimir Nabokov *Lolita* schrieb, die Geschichte der sexuellen Obsession eines erwachsenen Mannes mit seiner frühreifen Stieftochter. Im Jahr 1960 kam die Antibabypille auf den Markt, die eine in Ansätzen bereits vorhandene sexuelle Revolution beschleunigte und Frauen den Männern gleichstellte, weil sie nicht länger gezwungen waren, am Ende für ihre Libido in der Form von Schwangerschaft und Schande den Preis zahlen zu müssen. Die sexuelle Revolution erreichte die Universitäten im ganzen Land, als Frauen ihre Büstenhalter verbrannten und Jungfräulichkeit und den zweitklassigen Status in einer Ehe verspotteten. Geschlechtsspezifische Rollen wurden zu einem vorherrschenden Thema, wozu schließlich auch die Homosexualität zählte, als Kultfiguren wie Allen Ginsberg und Robert Mapplethorpe ihre eigene Homosexualität schriftstellerisch beziehungsweise fotografisch verarbeiteten. In den Sechzigern trat der Kalte Krieg dann in den Hintergrund und wurde durch den unpopulären Krieg in Vietnam ersetzt. Das Ergebnis war ein weiterer Riss durch die Gesellschaft zwischen dem gottesfürchtigen Teil der Bevölkerung, der Religion mit Patriotismus gleichsetzte, und jenen, die gegen das amerikanische Engagement in Vietnam kämpften und die nicht nur als unpatriotisch galten, sondern auch als Sünder in den Augen des Herrn. Die radikale evangelikale Zeitung *Sojourners (»Gäste«, »Verweilende«,* früher *Post-American),* die in den Tagen des Protests gegen den Vietnamkrieg aufgelegt wurde, betrachtete Geschichte als Kampf zwischen Licht und Finsternis.

Ironischerweise war es John F. Kennedy, der erste katholische Präsident, bei dem alle die größten Befürchtungen hinsichtlich der Aufrechterhaltung der Trennung von Kirche und Staat hatten, weil er der mächtigsten Glaubensgemeinschaft in den USA angehörte.

Allerdings machte eine ausufernde Bürokratie die katholische Kirche weitaus weniger wirkungsvoll, als es die kleinen, unabhängigen Unternehmen der evangelikalen Christen waren. Als Letztere sich zusammenschlossen, um Wählerstimmen zu mobilisieren und zu beeinflussen, bewirkten sie tatsächlich einiges. Kennedy selbst hatte ein Gespür für die öffentliche Meinung und achtete sehr darauf, dass der Religion im Weißen Haus kein fester Platz zugewiesen wurde. Hinzu kam, dass sich die Presse gegenüber dem Präsidentenamt respektvoll und diskret verhielt und nur ungern im Privatleben von Personen des öffentlichen Lebens herumstöberte. Wenn Präsident Kennedy Kardinäle und Bischöfe ins Weiße Haus rief, vorgeblich für Kindstaufen oder gesellige Abendessen, dann gab es keine Berichte darüber, ob sie während der Raketenkrise auf Kuba auch mit ihm gemeinsam beteten.

Nach Präsident Kennedys Ermordung drängte sich wieder einmal eine neue Art von Religions- und Glaubensrhetorik in den politischen Sprachgebrauch, als Lyndon B. Johnson das amerikanische Volk dazu aufrief, zu Gott zurückzukehren, damit Er ihm helfe, diesen »finsteren Zeitabschnitt in unserer Geschichte« zu überstehen. Präsident Johnsons religiöse Referenzen waren untadelig. Er gehörte zur »Disciples of Christ Church«, die etwa 800 000 Mitglieder in den USA und in Kanada hat, und glaubte fest an seinen Auftrag, die »frohe Botschaft Jesu Christi« zu verbreiten, in tätiger Liebe zu bezeugen und ihr zu dienen »von unserer Türschwelle bis ans Ende der Welt«. Nach Überzeugung dieser Gemeinde sind alle Mitglieder von Gott dazu aufgerufen, als gläubige, wachsende Kirche echte Gemeinschaft und tiefe christliche Religiosität zu demonstrieren, leidenschaftlich für Gerechtigkeit einzutreten und insbesondere ihren Glauben »nicht in verbalen Bekenntnissen, sondern ausschließlich in Jesus Christus« zu praktizieren.

Im Jahr 1962 sprach Gott erneut zu Jerry Falwell, dieses Mal über die Rettung der Seele Amerikas. Der Oberste Gerichtshof der USA hatte 1962 und 1963 Schulgebet und Bibelstudium aus den staatlichen Schulen verbannt. Zehn Jahre danach, 1973, eröffnete der Prozess »Roe gegen Wade« den Bundesstaaten die Möglichkeit, ihre Abtreibungspolitik selbst zu bestimmen. Für Falwell und andere Evangelikale waren diese Entscheidungen gleichbedeutend damit, dass man Gott aus den Herzen und Köpfen der Amerikaner vertrieben und die Jagd auf das ungeborene Leben eröffnet hatte. Für sie hatten sich die Vereinigten Staaten, seit zweihundert Jahren angeblich »eine Nation unter Gott«, urplötzlich vom Gott der Gründerväter losgesagt.

Die religiöse Rechte zeigte sich gleichermaßen erzürnt darüber, dass Gerichte und einzelne Richter entschlossen waren, alle Religionen in den USA als gleichwertig zu betrachten, also das Christentum auf die gleiche Ebene zu stellen wie Buddhismus, Islam oder Judaismus. Da aus fundamentalistischer Sicht die anderen Religionen falsch waren, bedeutete dies, dass vor dem Gesetz auch das Christentum falsch war. Das Gesetz verbot es sogar den Eltern, ihren Kindern nach Belieben den Hintern zu versohlen, obwohl die Fundamentalisten die Befürwortung körperlicher Züchtigung aus der Bibel herauslasen, wonach es »die Pflicht eines Vaters ist, seine Kinder zu schlagen«. Die Evangelikalen befanden, dass der Staat ins Allerheiligste der Familie eindrang und es mit Beschlag belegte. Nach Auffassung von Jerry Falwell und seiner evangelikalen Gefolgschaft begann das Land seine Seele zu verlieren, als die Schulgebete abgeschafft wurden, Abtreibung legal wurde und die Scheidungsrate auf über fünfzig Prozent stieg; außerdem gab es schätzungsweise eine Million schwangere Teenager, trotz staatlichen Unterrichts in Sexualkunde und Empfängnisverhütung, wo doch nach evangelikaler Überzeugung besser Abstinenz hätte gelehrt werden sollen. Gleichermaßen anstößig waren für Falwell der steigende Konsum von Partydrogen, die Akzeptanz eines schwulen oder lesbischen Lebensstils, Schusswaffenkontrolle und Hollywoods Einfluss bei den zunehmenden Sex- und Gewaltdarstellungen in Film und Fernsehen. Als sich der Verfassungszusatz zur Gleichberechtigung, der die feministische Revolution unterstützte, überall im US-Alltag auszuwirken begann, sah die christliche Rechte dies als einen Angriff auf die biblische Lehre, wonach der Platz einer Frau der häusliche Herd sei. Als dann schließlich noch die Finanzbehörde androhte, den Status der Steuerfreiheit für evangelikale Schulen und Colleges aufzuheben, kam das für die christliche Rechte einer Kriegserklärung gleich. Selbst die Vereinten Nationen wurden zum Mittäter bei einem weltumfassenden Komplott, das rücksichtslos die Einsetzung einer sozialistischen Weltregierung betrieb, die nach Überzeugung der Evangelikalen eine globale Umwertung moralischer Strukturen vornehmen würde.

Obwohl sie 1964 auf den patriotischen Wahlkampfzug aufsprangen und die Angst vor der sowjetischen Bedrohung schürten, scheiterten die Evangelikalen mit ihrem Versuch, die politische Bühne zu betreten, weil der konservative republikanische Präsidentschaftskandidat Barry Goldwater die Wahl verlor. Goldwater war zwar kein evangelikaler Christ, aber diese hatten sich auf ihn festgelegt, weil er ein erbitterter Gegner des Kommunismus war und für moralische Grundsätze eintrat. Laut Falwell hatte der damalige moralische Verfall Amerikas sogar seine guten Seiten. In den 1970er Jahren herrschte bei den Christen Übereinstimmung darüber, dass sich die USA rasch auf das Endzeit-Szenario beziehungsweise auf Armageddon zubewegten; gleichzeitig aber glaubte man, der Zerfall moralischer und biblischer Werte werde die Amerikaner zu einer spirituellen Erweckung führen, die letztendlich einen konkreten politischen Wandel zur Rettung der Welt vor dem Bösen herbeiführen werde. Statt deprimiert zu sein, fühlte sich Falwell ermutigt. »Gott und diejenigen, die Seine loyale Gefolgschaft bilden«, sagte er, »dürfen sich nie um Popularität oder Meinungsumfragen sorgen. Wir müssen uns nur um Gottes Billigung sorgen.«

Als Israel 1973 die arabischen Streitkräfte im Jom-Kippur-Krieg erneut bezwang, standen Falwell und andere evangelikale Oberhäupter nicht nur treu zum jüdischen Staat als der letzten Bastion der Demokratie in einem Meer von mit Sowjetwaffen ausgerüsteten arabischen Nationen, sondern gerieten auch ganz offiziell mit den protestantischen Hauptkirchen aneinander. Damals, Anfang der 1970er, wurde das Bündnis zwischen evangelikalen Christen und dem jüdischen Volk geschmiedet.

Als Reaktion auf die israelischen Siege von 1967 und 1973 begann eine der unversöhnlichsten antiisraelischen Kampagnen nach dem Zweiten Weltkrieg. Während die Evangelikalen an ihrer Überzeugung festhielten, dass ein jüdischer Staat die Voraussetzung für eine Wiederkunft Jesu auf die Erde war, sympathisierten die protestantischen Hauptkirchen mit der Not der Palästinenser als jüngste Opfer von Vertreibung und Unterdrückung durch Israel, das im Westjordanland und im Gazastreifen als Besatzungsmacht angesehen wurde. Die liberale protestantische Kirche, die sich irgendwie der »Befreiungstheologie« verpflichtet fühlte, glaubte, dass Israel im Lauf der letzten Jahre seinen Opferstatus verloren hatte, zumal die Erinnerung an den Holocaust verblasste. Die Mehrheit der protestantischen Kirchen rechtfertigte ihre Position damit, dass protestantische Amerikaner die Nazis besiegt hätten und deshalb keine Schuld an der systematischen Vernichtung des jüdischen Volkes trügen.

Eine UN-Resolution von 1975 setzte zu einem Zeitpunkt, als in Israel der rechte Likud-Block mit Unterstützung eines großen Teils der orthodoxen Juden an der Macht war, Zionismus mit Rassismus gleich. Israel war zwar auf dem Fundament eines säkularen Zionismus gegründet worden; die weltweite Missbilligung israelischen Verhaltens gegenüber den Palästinensern bewirkte aber, aus Gründen des Selbstschutzes, bei den Israelis allmählich eine Tendenz hin zur religiösen und politischen Rechten als eines Rückzugsmittels nach innen. Auf der Suche nach neuen Verbündeten zur Unterstützung Israels geriet die jüdische Gemeinde in den USA ins Gravitationsfeld der evangelikalen Christen, die genau wie die Orthodoxen in Israel politisch rechts standen, sich vor dem Islam fürchteten und dagegen waren, den Palästinensern alttestamentarisches Land zu überlassen. Fundamentalistischer Glaube und politische Übereinstimmung verstärkten in den späten 1970er und frühen 1980er Jahren noch die Bindungen zwischen Evangelikalen und Juden, als stramm antikommunistische evangelikale Christen den Juden in ihrem Kampf halfen, das sowjetische Judentum zu befreien und ihm eine sichere Übersiedlung nach Israel zu garantieren. So kam es zum vielleicht ersten Beispiel dafür, wie die fundamentalistische christliche Gemeinde Gesetze veränderte beziehungsweise Verfassungszusätze durchbrachte: 1974 wurde der »Jackson-Vanik«-Zusatz zur Verfassung verabschiedet, der Beschränkungen des Handels zwischen den USA und der Sowjetunion verlangte, weil Letztere die Auswanderung sowjetischer Juden nach Israel behinderte.

In den Siebzigern registrierten Journalisten und andere politische Auguren in den Vereinigten Staaten das Auftauchen von immer neuen religiösen Aktivisten, die fest entschlossen waren, jüdisch-christliche Werte wieder in der Psyche des amerikanischen Volkes zu verankern. Es war der richtige Zeitpunkt für sie, denn die Amerikaner waren noch nicht ganz über das wilde Jahrzehnt der Sechziger hinweg, als die Menschen Ausschau nach Führern hielten, die als Speerspitze von solchen gesellschaftlichen Anliegen wie freie Liebe, Abtreibung, offene Ehe, Drogen, Pazifismus, Homosexuellen- und Frauenrechte voranmarschierten. Leben in der Kommune, Denken im Kollektiv, sozialistische Ideale, Aufteilung des Wohlstands und Ablehnung aller materialistischen Statussymbole, an die sich Amerika gewöhnt hatte, waren als gesellschaftliche Strömungen zur Zeit des Vietnamkriegs auf dem Höhepunkt angelangt. Mitte der 1970er Jahre wurden die Vereinigten Staaten von finanziellen, politischen und religiösen Turbulenzen durchgeschüttelt. Als Gegenreaktion zu den wilden Sechzigern waren die Menschen jetzt bereit, ihre hohlen »Götzen« durch gottesfürchtige Vorbilder zu ersetzen.

John Nelson Darby war wieder en vogue.

7. Die Politik des Betens

Präsident Carter übernahm ein unmögliches Erbe ... und er und seine Berater machten das Schlechteste daraus. (Gaddis Smith, Historiker)

In den 1970er Jahren waren etliche radikale Theologien in Mode. Bei manchen Christen entsprangen grundsätzliche Fragestellungen ihrem Bedürfnis, traditionelle Glaubensinhalte einer drastischen Neuinterpretation zu unterziehen. Für andere lautete die fundamentale Frage nicht, wie passe ich mich der Modernität an, sondern wie begegne ich den Zwängen der Konformität. Die Menschen suchten nach einer rationalen Definition für einen »christlichen Lebensstil«.

James Earl Carter III. wurde 1976 zum Präsidenten der Vereinigten Staaten gewählt. Einen Monat nach seiner Amtseinführung erklärten die Nachrichtenmagazine *Time* und *Newsweek* das Jahr 1976 zum »Jahr der Evangelikalen«. Carter, der als Erdnussfarmer begonnen hatte und dann Gouverneur von Georgia wurde, war erklärter wiedergeborener Christ und ein Außenseiter des Politikbetriebs von Washington. Seine Schwester Ruth Carter Stapleton war evangelikale Geistliche, die Menschen durch »Handauflegen« kurierte und bekehrte, auch solche, die bekennende Atheisten waren. Eldridge Cleaver beispielsweise, der ehemalige Führer der »Black Panthers«, einer militanten Gruppe, die Rassengleichheit ausschließlich über eine Revolution für erreichbar hielt, behauptete, im Exil in Südfrankreich unter Ruth Carter Stapletons Anleitung zu Gott gefunden zu haben. Larry Flint, König eines berüchtigten Porno-Imperiums, war ein weiterer Konvertit, der aller Welt erzählte, Präsident Carters Schwester habe ihn »geheilt«. Auch Paul Stookey von der in den Sechzigern populären Folk-Gruppe »Peter, Paul and Mary« fand über Ruth Stapleton zu Gott.

Zu Beginn seiner religiösen Karriere hatte sich Jerry Falwell nur mit jenen inländischen Themen befasst, die von allen Evangelikalen gleichermaßen hochgehalten werden. Er begründete dies damit, dass die Welt ohnehin dem Untergang geweiht und es deshalb sinnlos sei, seine Anhänger für Außenpolitik oder auch nur für die bundesweiten Wahlen interessieren zu wollen. Nach einiger Zeit jedoch, als der Einfluss der Liberalen, besonders durch ihre Proteste gegen den Vietnamkrieg, zu wachsen schien, gelangten Falwell und andere evangelikale Oberhäupter zu der Ansicht, dass »diesseitig gesinnte Humanisten die Welt zugrunde richten« und die Christen sich deshalb stärker einmischen müssten, wenn sie nicht mitverantwortlich für den Untergang der Welt sein wollten. »Solange wir Christen nicht energischer für die moralische und religiöse Verteidigung der Welt eintreten«, verkündete Falwell, »sind wir mitschuldig am Tod der Demokratie und am Verschwinden christlicher Werte.« Noch wichtiger als dieser Strategiewechsel war die Tatsache, dass ein wiedergeborener Christ im Weißen Haus residierte, was Jerry Falwell und andere Evangelikale dazu anregte, die Sache der christlichen Rechten noch weiter voranzutreiben.

Als Konsequenz aus diesem Aufruf zu einer bibelorientierten Politik gründete Falwell 1977 die »Liberty University«, eine evangelikale Hochschule, und die für sein Anliegen noch wichtigere Gruppe »Moral Majority«, die das Spektrum fundamentalistischer Themen erweitern und Falwells Anhänger aktiv in die Politik einbinden sollte. Sein Ziel war die Gründung einer spirituellen Armee junger Leute, die gegen Abtreibung (»pro life«), für eine christliche Ethik und proamerikanisch waren. Als Begründung diente ihm das Argument, dass die USA in den Wirren des 20. Jahrhunderts zwei Weltkriege und mehrere kleinere Kriege mitgemacht und dennoch nicht »ihren Charakter oder ihre Seele« verloren hätten.

In seiner Eigenschaft als geachteter religiöser Führer warf er nicht nur die Themen Abtreibung, Schulgebet und Pornographie in die öffentliche Diskussion, sondern forderte auch eine wirksame Gegenstrategie gegen sowjetische Bestrebungen. Dieser Aufruf gab der fundamentalistischen Unterstützung Israels als Vorposten der Demokratie im Nahen Osten Auftrieb.

In den Vereinigten Staaten gruppierte sich die religiöse Rechte um die »Moral Majority« als Gegenbewegung oder Revolte gegen das nach Ansicht vieler Amerikaner radikale Klima, das sich gegen traditionelle religiöse und kulturelle Werte richtete. Zusätzlich zu den engagierten Christen, die Falwells Bewegung begrüßten, sympathisierten Millionen anderer, die zwar nicht sonderlich religiös waren, doch einen Niedergang aller moralischen Werte befürchteten, mit bestimmten Positionen der »Moral Majority«, insbesondere mit deren Hass und Ängsten gegenüber dem Kommunismus. Es handelte sich dabei um die gleichen Menschen, denen während der Umwälzungen der 1960er Jahre ihre Kinder entglitten waren und die nun auf die neue religiöse Rechte blickten, nicht weil sie das Reich der Gerechten war, sondern ein Instrument zur Trendumkehr und Rückbesinnung auf Familienwerte. Nur so konnten sie darauf hoffen, ihre Kinder wieder unter Kontrolle zu bekommen, die ihnen in einem von Drogen und antiamerikanischer Rebellion geprägten Klima abhanden gekommen waren. Diese Eltern sahen sich weniger als »Sturmtruppen« einer rechten Revolution, sondern eher als Teil einer Bewegung zurück zur Tradition.

Als sich jedoch Präsident Carters Amtszeit dem Ende näherte, zeigte sich die christliche Rechte immer desillusionierter von ihm und seinen politischen Standpunkten. Schließlich war es das Friedensabkommen zwischen Anwar As Sadat und Menachem Begin, das Carters politischen Untergang einläutete. Für die Evangelikalen war Carter ein Wiedergeborener im humanistischen Gewand, weniger weil er für Abtreibung und Homosexuellenrechte eintrat und unnachgiebig entschlossen war, die Trennung zwischen Kirche und Staat aufrechtzuerhalten, sondern weil er entscheidend dabei mitwirkte, biblisches Land herzuschenken, von dem es in einem unfehlbaren alttestamentarischen Text hieß, es sei den Juden versprochen.

Üblicherweise sind politische Ansichten, aus welcher Ecke auch immer sie kommen mögen, Ausdruck einer subjektiven Sicht der Welt von heute. In den vergangenen drei Jahrzehnten gab es jedoch zwei Ereignisse von zentraler Bedeutung für die Veränderung des inneren Gefüges der Vereinigten Staaten. Beide geschahen unabhängig voneinander und waren auch mit dafür verantwortlich, dass sich die Evangelikalen in den israelisch-palästinensischen Konflikt einmischten und darüber hinaus immer stärkeren Einfluss auf die US-Außenpolitik nahmen.

Das erste geschah am 4. November 1979, als iranische Fundamentalisten in Teheran amerikanische Geiseln nahmen. Das zweite geschah am 11. September 2001, als islamistische Terroristen New York und Washington angriffen. In beiden Fällen handelte es sich um fremdländische Täter, was nicht nur die religiös motivierte christliche Rechte mobilisierte, sondern auch den patriotisch herausgeforderten Rest des Landes. Außerdem handelte es sich bei beiden Vorfällen um Terroristen, die zudem Moslems waren, was den verbreiteten Glauben stärkte, der Islam sei böse.

Das amerikanische Geiseldrama im Iran ist sowohl in der christlich-evangelikalen Legendenbildung als auch für die politische Renaissance der bibeltreuen Christen von zentraler Bedeutung. Für sie begann mit dem direkten Angriff islamischer Fundamentalisten auf die amerikanische jüdisch-christliche Demokratie ein Heiliger Krieg, der noch heute tobt. Jene unabhängig voneinander verübten Terroranschläge fungierten als Katalysatoren, die evangelikalen Überzeugungen Auftrieb gaben, welche schließlich auch ins Bewusstsein des säkularen Teils des Landes sickerten. Der Anschlag vom November 1979 war der Augenblick in der Geschichte der USA, der allen Amerikanern bewusst machte, dass sie keineswegs von der Gewalt verschont blieben, die den Globus heimsuchte. Die Evangelikalen erfassten auf Grund ihres tiefen Glaubens an die Heilige Schrift sofort die Bedeutung des Ereignisses und erkannten, dass der Terrorismus letztlich die amerikanische Politik gegenüber dem Rest der Welt verändern würde. Durch dieses Gespür für einen potenziellen Politikwechsel und indem sie die angebliche Unvermeidlichkeit des Terrors zum Bestandteil evangelikaler Rhetorik machten, verwandelten sie einen willkürlichen terroristischen Akt in einen unheilvollen Vorboten für Künftiges. Im Gefolge dieser beiden terroristischen Anschläge erlebten die Vereinigten Staaten eine religiöse Wiedergeburt, die das politische, soziale, wirtschaftliche und kulturelle Leben aller seiner Bürger, gleichgültig welcher Glaubensrichtung, beeinflusst hat und dies auch weiterhin tun wird. Noch entscheidender ist, dass dieses Klima religiösen Eiferertums und alles verzehrender Angst die evangelikalen Christen von der Peripherie ins Zentrum amerikanischer Politik gerückt hat.

Als 1979 in der US-Botschaft in Teheran Amerikaner als Geiseln genommen wurden, arbeitete ich gerade für das CBS-Fernsehen in New York. Ich erinnere mich noch genau an den Augenblick: Der 4. November 1979 war ein Sonntag, und im Fernsehen lief das Super-Bowl-Finale um die Football-Meisterschaft. Eine Gruppe von CBS-Kollegen sah sich in meinem Apartment in Manhattan das Spiel an; allerdings verpassten wir den Spielausgang. Das Studio gab uns telefonisch die Nachricht von der Geiselnahme von siebzig US-Bürgern durch, die dann genau 444 Tage andauern sollte.

Über ein Jahr lang berichteten wir ständig, verfolgten die Ereignisse im Iran und warteten auf die Nachricht, dass irgendwelche Verhandlungen begonnen hätten. Wir erfuhren, dass der 4. November ein wichtiges Datum im Iran war, ein zweifacher Feiertag: der Tag der Studenten und der Tag, an dem Ajatollah Khomeini 1964 ins türkische Exil gegangen war. Als Gedenkveranstaltung für beides planten die Studenten einen Demonstrationszug, der an der Universität von Teheran beginnen und auf einer Ost-West-Route durch die Innenstadt führen sollte, an der US-Botschaft vorbei. Die ohnehin schon antiamerikanisch eingestimmten Studenten wurden rasch gewalttätig. Als der Mob vor die Botschaft zog und die US-Flagge sah, eskalierten Wut und Hass so weit, dass die Demonstranten das Tor stürmten und das Gebäude besetzten, womit das Drama seinen Anfang nahm.

Einige Tage nach der Geiselnahme gab es eine Pause in der Berichterstattung, sodass ich endlich dazu kam, an meinem Arbeitsplatz in der Redaktion die Zeitungen durchzublättern, die sich seit Beginn der Krise ungesichtet dort gestapelt hatten. Es waren nicht die üblichen Fotos von Geiseln mit verbundenen Augen, die durch die Straßen Teherans geführt wurden, die mich schockierten. Was mich richtig fassungslos machte, war ein Bild auf der ersten Seite der *New York Times:* Jimmy Carter, umgeben von seinen engsten Beratern, auf den Knien im Oval Office. Die Bildunterschrift lautete: »Präsident Carter und sein Kabinett beten für die Freilassung der amerikanischen Geiseln.«

Der Präsident des mächtigsten Landes der Erde wurde nicht etwa gezeigt, wie er die Marines in Marsch setzte oder mit anderen Staatsoberhäuptern telefonierte, um ein gemeinsames Vorgehen zur Befreiung von siebzig US-Botschaftsangehörigen zu organisieren. Stattdessen nahm er, um die kritische Situation zu bewältigen und den USA ihre Würde und den Familien ihre Lieben zurückzugeben, zu seinem Glauben Zuflucht. Etwas für dieses Land Außergewöhnliches war geschehen. Eine der renommiertesten und am meisten geachteten Zeitungen, die für ihre liberale Grundeinstellung und ihre Unterstützung der Demokratischen Partei bekannt war, hatte ein Foto vom amerikanischen Präsidenten veröffentlicht, wie er Demütigung und Traumatisierung durch Beten zu therapieren suchte. Damit wurde dem amerikanischen Volk signalisiert, dass sein Präsident augenscheinlich glaubte, Gott sei die Antwort auf das, was sich zu einer nationalen Tragödie ausweitete. Noch bedeutsamer aber war, dass es der amerikanische Durchschnittsbürger inzwischen vertretbar fand, politische Krisen durch Gottvertrauen lösen zu wollen. Dies war symptomatisch für den tief greifenden Wandel im amerikanischen Wesen und in der Stimmung im Land. Die erniedrigten und zur Ohnmacht verurteilten Menschen wandten sich Gott und der Religion zu, um ihre Ängste zu lindern und ihre Seelen zu trösten. Es dauerte denn auch nur wenige Tage, bis sich evangelikale Stimmen zu Wort meldeten, die den Islam als böse verteufelten und Bibelstellen zum Heiligen Krieg des Islam gegen das Christentum zitierten.

Die Feindschaft zwischen Christen und Moslems geht bis auf die Kreuzzüge des 11. Jahrhunderts zurück. Jetzt aber begannen evangelikale Gelehrte und Religionsführer sowohl historische als auch aktuelle Ereignisse für ihre Überzeugung anzuführen, dass der Islam alles Böse in sich vereinige. Tief verwurzelt im Unterbewusstsein des christlichen Abendlandes auf Grund seiner Kultur und Literatur, gilt der Islam – seit Byzanz an die Türken gefallen und Spanien von den Arabern erobert worden war – als die einzige Religion, die je den Fortbestand der Christenheit bedroht hatte. Während der Gefangenschaft der Geiseln behaupteten wiedergeborene Christen, die Situation sei typisch für die grundlegenden Unterschiede zwischen der zivilisierten christlichen Welt und den barbarischen Prinzipien des Islam:

Moslems lehnten die christliche Vorstellung eines dreieinigen Gottes (Vater, Sohn und Heiliger Geist) ab;

Moslems lehnten es ab zu glauben, Jesus sei der Sohn Gottes;

Moslems seien gewalttätig, sogar während der alljährlichen Pilgerfahrt nach Mekka, wo Angehörige ihres eigenen Glaubens ihr Leben verlören;

der Freitag, Tag des gemeinsamen Gebets in der Moschee, sei ein Tag des Zorns;

Moslems beteten, um »Punkte zu sammeln«, nicht um mit Gott zu kommunizieren.

In den folgenden Wochen und Monaten, lange nachdem die Super Bowl entschieden war, fiel Carters Popularität in den Meinungsumfragen drastisch ab. Bilder von Amerikanern mit Kapuzen über den Köpfen, die von einem Versteck ins nächste gebracht wurden, beherrschten noch immer die ersten Seiten der Zeitungen, und in den Fernsehnachrichten waren die Geiseln im Iran der Aufmacher. Das vorherrschende Dauerthema der Nachrichtensendungen waren entweder aufgebrachte Mengen von jungen, bärtigen Männern, die mit erhobenen Fäusten »Tod den USA« schrien, oder die gleichen jungen Eiferer, wie sie sich mit Peitschen selbst blutig geißelten, um Allah zu huldigen. Nach einiger Zeit waren es andere Bilder, die bei der US-Öffentlichkeit die gleiche Faszination erzeugten: Die Nachrichten zeigten Fotos vom gebrechlichen, sterbenden Schah und seiner Familie, wie sie sich mit Dutzenden von

Louis-Vuitton-Taschen abschleppte, als der iranische Führer sich auf Dauer in einer Penthouse-Suite im New York Hospital einquartierte, um sich gegen den Krebs behandeln zu lassen, der ihn schließlich umbringen sollte. Für die Amerikaner war dies eine ergreifende Geschichte, wie sie das Leben schrieb, und mit allen Zutaten so recht nach ihrem Geschmack: unfassbarer Reichtum, gefühlvolle Ergriffenheit, Brutalität und Leid. Das unmittelbar bevorstehende Ende des einst allmächtigen Staatsführers verlieh der Story eine zusätzliche Dramatik. Fotos seiner schönen Frau Farah Diba, die plötzlich genauso ungepflegt und erschöpft aussah wie jede beliebige Vorstadthausfrau mit kleinen Kindern und einem sterbenden Mann, wurden kontrastiert mit Bildern von ihr aus besseren Tagen, wo sie mit unbezahlbaren Diamanten behängt war und ihre unselige Krone trug.

Andere amerikanische Journalisten, die sich weniger mit »Geschichten, die das Leben schrieb« befassten, berichteten detailliert über die unmenschlichen Praktiken der SAVAK, des Schah-Geheimdienstes, der Tausende Iraner gefoltert und getötet hatte. Beide Perspektiven des Dramas ließen Carter schwach aussehen. Demzufolge sank seine Popularität weiterhin so rasch, wie sich der fundamentalistische Islam im Iran durchsetzte.

Der normale US-Bürger verstand die Bedeutung der islamischen Revolution im Iran genauso wenig, wie er das Ausmaß begriff, in dem die Vereinigten Staaten als »der Feind« betrachtet wurden. Für die meisten war der Iran bloß ein weiteres Beispiel für einen Verbündeten, der unter die Herrschaft eines Diktators geraten war, des Ajatollah. Dass jemand für Gott zu sterben bereit war, konnte sich der Durchschnittsamerikaner jener Tage kaum vorstellen. Wenn die USA damals arabischem Terrorismus ausgesetzt waren, pflegte der Attentäter nicht mit seinen Opfern zu sterben. Außerdem wurden die religiösen Überzeugungen jener, die den Schah gestürzt hatten, und ihre langfristigen politischen Zielsetzungen nicht als direkte Bedrohung der USA betrachtet. Der Kommunismus blieb das Böse schlechthin, und eine von islamischen Fundamentalisten durchgeführte Revolution war einfach zu weit hergeholt und nicht konkret vorstellbar. Die große Mehrheit sah weiterhin Osteuropa als den zentralen Konfliktherd an. Sogar einige der gebildetsten politischen Experten der USA waren nicht in der Lage, sich die Konsequenzen aus einer islamischen Revolution auf der anderen Seite des Globus auch nur vorzustellen, geschweige denn, sie vorwegzunehmen. Es war eine Ironie, dass die iranische Revolution dadurch, dass sie den fundamentalistischen Islam im eigenen Land an die Macht brachte, im Zuge einer Gegenreaktion das fundamentalistische Christentum in den USA stärkte.

Bedauerlicherweise für Carter und für die Geiseln, ihre Familien und den Rest des Landes trugen die Gebete des Präsidenten weder dazu bei, die Krise zu beenden, noch seine eigene politische Karriere zu fördern. Weil ihre eigenen Gebete und mehrere gescheiterte militärische Operationen nicht zur Befreiung der Geiseln führten, deuteten Falwell und andere einflussreiche evangelikale Christen die Situation als ein Zeichen Gottes, dass der Zeitpunkt gekommen sei, um sich bei der bevorstehenden Präsidentenwahl 1980 persönlich zu engagieren. Wie Jerry Falwell damals sagte: »Präsident Carter ist zwar ein guter Christ, aber er liest die Heilige Schrift nicht sorgfältig genug, um die Schlüsselrolle zu verstehen, die Israel und das jüdische Volk in Gottes Heilsplan spielen, und vor allem ist ihm nicht klar, welche Bedrohung der Islam für die Christenheit darstellt.«[1] In den Monaten des kollektiven Traumas, von dem das ganze Land ergriffen war, betrat die religiöse Rechte offiziell die politische Arena, entschlossen, die USA zu »einem neuen Jerusalem« zu machen.

Einige Wochen vor Beginn des Präsidentschaftswahlkampfs von 1980 hatte eine Gallup-Umfrage ergeben, dass jeder dritte US-Bürger eine religiöse Wiedergeburt erfahren hatte, dass fast 50 Prozent an die absolute Richtigkeit biblischer Texte glaubten und dass über 80 Prozent Jesus als Gottes Sohn ansahen. Außerdem zählte die Umfrage bundesweit 1300 christlich-evangelikale Radio- und Fernsehstationen mit etwa 130 Millionen Zuhörern und Zuschauern; die jährlichen Gewinne der Sender lagen in einer geschätzten Größenordnung von 500 Millionen bis mehreren Milliarden Dollar. Ein führender Fundamentalist, der Gründer und Präsident des »Christian Broadcast Network« Pat Robertson, verkündete über seine Sender: »Wir haben genügend Stimmen, um dieses Land zu regieren!«[2]

Wie sich herausstellte, lag er damit nicht falsch.

Es war eine kuriose Zeit in den USA, ganz besonders für diejenigen, die Carter als einen der religiösesten Führer ansahen, die sich das Land jemals erwählt hatte. Es erschien unbegreiflich, dass die christliche Rechte urplötzlich in Gegnerschaft zu einem der ihren stand. Aber das tat sie, und das Objekt ihrer Zuneigung war Ronald Reagan, ehemaliger Schauspieler und einst populärer Gouverneur von Kalifornien, der mehr an Astrologie als an die Bibel glaubte. Doch Reagan war umgänglich, flexibel und ehrgeizig – Eigenschaften, die ihn, gepaart mit seinen schauspielerischen Fähigkeiten, in die Lage versetzten, stets die richtigen Worte zu finden, die eine wachsende Wählerschaft hören wollte.[3]

Ed McAteer war nicht nur gegen Jimmy Carter und für Ronald Reagan, sondern er hintertrieb gezielt mehr als jeder andere führende Evangelikale eine Wiederwahl Carters. In einem von mehreren Interviews sagte mir Ed kurz vor seinem Tod: »Ich wusste einfach von Anfang an, dass das Präsidentenamt Carters Fähigkeiten überstieg. Der Job war zu groß für ihn. Er hat nie verstanden, wie man ein Land wie Amerika regieren muss, und er hat nie verstanden, dass jedes politische Mandat ein von Gott gegebenes und erleuchtetes ist.«[4]

Es war Ed McAteer, der Ronald Reagan als Präsidentschaftskandidaten für die Wahl 1980 aufbaute und ihm deshalb 1979 Jerry Falwell vorstellte. Nach McAteers Aussage waren seine persönliche Beziehung zu Reagan und seine Fähigkeit, diesen »so zu lenken, bis er perfektes präsidiales Material abgab«, der Grund dafür, dass Falwell seine »Moral Majority« für McAteers Kandidaten ins Gefecht warf, womit Reagans Sieg gegen Jimmy Carter gesichert war. Hätte Carter die Annäherungsversuche seiner wiedergeborenen Wählerschaft nicht zurückgewiesen, wäre es für McAteer tatsächlich schwerer gewesen, sein Ziel zu erreichen. Reagan lernte schnell dazu. Schon Tage nachdem McAteer und Falwell mit ihm Kontakt aufgenommen hatten, begann Reagan aus der Bibel abgeleitete Stellungnahmen zugunsten Israels zu formulieren. »›Erlösung‹ bedeutet nicht nur die Erlösung Israels«, sagte der künftige Präsident, »sondern die Erlösung der ganzen Welt, denn die Erlösung der Welt hängt von der Erlösung Israels ab.«[5]

McAteer zufolge ereignete sich der Moment, der seine Beziehung zu Reagan am entscheidendsten prägte, bei einer von Mc Ateer arrangierten Wahlveranstaltung im Coliseum von Dallas, Texas. Da seine Organisation, die »Religiöse Tafelrunde«, den Status der Gemeinnützigkeit besitzt und deshalb von Rechts wegen eigentlich keinen politischen Kandidaten unterstützen darf, war McAteer gezwungen, beide Bewerber um das Präsidentenamt zu einem Auftritt vor seinen Mitgliedern einzuladen. Für jeden Kandidaten, der die evangelikale Gemeinde davon überzeugen musste, nur er sei die beste Wahl für das Amt des Präsidenten der Vereinigten Staaten, war diese Veranstaltung von entscheidender

Wichtigkeit. Die Versammlung bestand ausschließlich aus evangelikalen Christen; zu einem guten Teil Mitglieder der »Dixiekraten«, aber auch viele vom rechten Flügel der Republikaner, die bei den innenpolitischen Themen gegen Abtreibung, Homosexuellen- und Frauenrechte, Schusswaffenkontrolle und für Schulgebete und die Ablehnung des ersten Verfassungszusatzes waren, soweit er die Trennung von Kirche und Staat betraf. Noch bedeutsamer waren der tief greifende Patriotismus der Gruppe und die bei ihr stärker als beim Großteil der Bevölkerung ausgeprägte Erkenntnis, wie groß Carters Anteil an der Geiselaffäre war, dem Ereignis, das sie als die »größte Demütigung Amerikas aller Zeiten« betrachtete.

Im selben Interview erinnerte sich McAteer an die Vorgänge, die zu dem führten, was er »Carters politisches Ableben« nannte: »Carter, ein wiedergeborener Christ, beschloss, nicht an der Veranstaltung teilzunehmen, weil seine Berater ihm sagten, er solle lieber die große Masse der Wähler umwerben, statt ›allzu sehr auf seine wiedergeborenen Mitchristen einzugehen‹ ... Ich erhielt einen Anruf von Carters Beratern, die mir sagten, sie hätten nicht die Absicht, mit der christlichen Rechten ›Ringelreihen‹ zu spielen. Nach mehreren Jahren Carter, der ja von den Evangelikalen in seine erste Amtszeit gewählt worden war, wurde mir klar, dass er mit seiner Weigerung, Maßnahmen gegen die Abtreibung zu unterstützen oder sich gegen die Trennung von Kirche und Staat auszusprechen oder Evangelikale ins Weiße Haus einzuladen, nicht für unsere Sache eintreten würde. Nicht, dass es irgendeinen Hass auf ihn gegeben hätte, bloß die schlichte deprimierende Erkenntnis, dass er nicht wusste, wie man es anstellen musste, um Gott und dieses Land zu schützen.«

Hauptsächlich wegen der Menschenrechtspolitik des Präsidenten und seiner Haltung gegenüber Israel wurde Carter von McAteer und seinen Mitchristen beschuldigt, an der Einsetzung eines der größten »Unterdrückerregime der modernen Geschichte« mitgewirkt zu haben.

»Carter hat den Türöffner für eines der diktatorischsten Regime gespielt, nämlich für das von Khomeini im Iran«, erklärte McAteer, »welches letztlich den weltweiten Terror gegen die USA und Israel finanziert hat, der bis zum heutigen Tag anhält.«

Während Carter Ed McAteers Einladung ablehnte, vor den wichtigsten Persönlichkeiten der evangelikalen Gemeinde in Dallas aufzutreten, nahm Reagan sie an. »Auf mein Drängen hin«, sagte McAteer, »kam Ronald Reagan zu unserer Kundgebung und erwies der Versammlung von über 20 000 bibeltreuen Christen nicht nur seine Anerkennung und Hochachtung, sondern er sagte auch einen Satz, den ich ihm aufgeschrieben hatte und der letztlich seinen Wahlsieg perfekt machte.« Man hatte Reagan vor seinem Auftritt instruiert und das, was er sagen sollte, aufs Genaueste mit ihm einstudiert. Minuten, bevor er auf die Bühne hinaustreten sollte, schlug McAteer ein gemeinsames Gebet vor. »Ich sagte ihm, es wäre eine gute Sache, wenn er den Herrn um Beistand bitten würde, und Mr. Reagan sagte: ›Okay, Ed, dann machen wir das.‹ Also bildeten wir einen Kreis, ich und etwa fünf oder sechs weitere evangelikale Prediger, und wir alle nahmen Reagans Hände und beteten, Gott möge diesen Mann segnen und das gesamte amerikanische Volk die Weisheit erkennen lassen, die in der Wahl dieses Mannes zu unserem Führer lag.«

Ronald Reagan, der sich nie als »wiedergeboren« oder irgendwie besonders evangelikal gesinnt bekannt hatte, verstand nichtsdestoweniger dank seines Freundes und politischen Mentors Ed Mc Ateer, dass die Gruppe, zu der er gleich sprechen sollte, einen der wichtigsten Schlüssel für den Einzug ins Weiße Haus in Händen hielt.

Nachdem das Gebet beendet war, trat Ronald Reagan auf die

Bühne hinaus und wartete, bis der Applaus verklungen war. Als im Publikum Ruhe eingekehrt war, ließ er den Blick über die Menge schweifen und sagte die Worte, die zu sagen Ed McAteer ihm aufgetragen hatte: »Ich weiß, ihr dürft mich wegen eures gemeinnützigen Status öffentlich nicht unterstützen«, sagte der künftige Präsident, »aber ich unterstütze euch und das, was ihr glaubt.«

Laut McAteer brach das Publikum in Jubelrufe und einen Beifallssturm aus. »Das war der Augenblick, in dem ich wusste, dass wir einen potenziell mächtigen Block an Wählerstimmen hatten, zu dem die Dixiekraten und alle Evangelikalen gehörten, die damals in den USA eine Stärke von über 50 Millionen hatten.«

Um die Unterstützung der Christen weiter zu festigen, war Reagan von McAteer geschult und vorbereitet worden, sodass er genau wusste, wie er auf Fragen zu reagieren hatte. Als sich ein evangelikaler Geistlicher zu Wort meldete und Reagan nach seiner Meinung zum Schulgebet fragte, antwortete der spätere Präsident: »Kein Mensch wird mir jemals einreden können, dass irgendetwas daran falsch sein soll, wenn kleine Kinder in einem Schulhaus beten.« Die Menge tobte. Ähnliches geschah, als ein anderer Prediger ihn zu seiner Einstellung zur Abtreibung befragte. Reagan sagte: »Also, die Einzigen, die ich je getroffen habe, die für die Abtreibung waren, sind die, die schon zur Welt gekommen sind.«

Reagans Antworten mag es an intellektuellem Tiefgang gefehlt haben, aber gewiss nicht an Emotionalität. Im Gegenteil: Die Schlichtheit seiner Worte war es, mit der Ronald Reagan überall die Herzen wiedergeborener Christen rührte.

William J. Murray, evangelikaler Christ und Gründer und Vorstand der »Religious Freedom Coalition«, ist ein energiegeladener Mann, dessen Engagement für Israel und die innenpolitische Agenda der christlichen Rechten in den USA ihm Lob und Anerkennung von seinesgleichen eingebracht hat. Während eines Interviews 2004 in Washington teilte mir William Murray seine Eindrücke von Präsident Reagan mit[6]. »Zum ersten Mal traf ich ihn gleich nach seiner Wahl, als ich zu einer Veranstaltung im Rosengarten des Weißen Hauses eingeladen war. Bei der Gelegenheit gab er bekannt, dass seine Regierung versuchen werde, einen Verfassungszusatz durchzubringen, der das Schulgebet erlaubt.« Murray zufolge war Präsident Reagans Unterfangen »von vornherein zum Scheitern verurteilt, weil der Kongress von liberalen Demokraten beherrscht wurde, die völlig abgehoben waren von der Bevölkerung dieses Landes«.

»Eines ist sicher«, fügte Murray hinzu. »Er [Reagan] war der erste echte ›Pro life‹-Präsident, den dieses Land je hatte. Er schrieb sogar ein Buch gegen die Abtreibung, *Abortion and the Conscience of the Nation (Abtreibung und das Gewissen der Nation).«* Mit Interesse nimmt man zur Kenntnis, dass William J. Murray und viele andere evangelikale Christen davon überzeugt sind, dass das Land heute keinen »Pro life«-Präsidenten hätte, hätte Ronald Reagan seinerzeit nicht öffentlich Stellung gegen die Abtreibung bezogen. »Ronald Reagan war es, der sich mit dem damaligen Vizepräsidenten George H. W. Bush vor den Bildschirm gesetzt, diesem ein Video von der Tötung eines Ungeborenen gezeigt und ihn davon überzeugt hat, dass Abtreibung Unrecht ist.« Dies war ein bedeutsamer Augenblick gewesen, nicht nur für die Bewegung der Abtreibungsgegner, sondern auch für George Bush senior, der sich bis dahin die klare Haltung seiner Frau zum Recht auf Abtreibung zu Eigen gemacht hatte. In ihrer Autobiographie schrieb Barbara Bush: »Für mich ist Abtreibung eine private Angelegenheit, und zwar zwischen Mutter, Vater und Arzt. Abtreibung ist keine Sache, mit der sich der Präsident befassen müsste.«[7]

Kurz vor seinem Ausscheiden aus dem Amt 1988 gab Präsident Reagan eine offizielle Erklärung ab, mit der er nicht nur der Welt einen Einblick in seine tiefe Anteilnahme am Schicksal ungeborenen Lebens gab, sondern auch die »Pro life«-Bewegung zum Kern des gesellschaftlichen Konservatismus machte: »Und somit verkünde und erkläre ich, Ronald Reagan, Präsident der Vereinigten Staaten von Amerika, kraft der mir von der Verfassung und den Gesetzen der Vereinigten Staaten übertragenen Vollmacht, dass jeder Amerikaner, vom Augenblick der Empfängnis bis zum natürlichen Tod, eine unveräußerliche Personalität besitzt, und hiermit erkläre und verkünde ich feierlich meine Verpflichtung, dass ich Sorge tragen werde, dass Verfassung und Gesetze der Vereinigten Staaten zum Schutz von Amerikas ungeborenen Kindern treulich erfüllt werden. Mit diesem Beschluss, nach meiner aufrichtigen Überzeugung ein Akt der Gerechtigkeit und von der Verfassung gestützt, stelle ich mich dem geschätzten Urteil der Menschheit und erbitte dafür die wohlwollende Gnade des allmächtigen Gottes. Ich erkläre außerdem Sonntag, den 17. Januar 1988, zum Nationalen Tag der Heiligkeit menschlichen Lebens. Ich rufe alle Bürger dieses gesegneten Landes auf, sich an diesem Tag in ihren Wohnungen und Andachtsstätten zu versammeln und Dank zu sagen für das Geschenk des Lebens, dessen sie sich erfreuen, und um sich aufs Neue zu verpflichten, die Würde jedweden menschlichen Wesens und die Heiligkeit jeglichen menschlichen Lebens zu achten.«

Bis zum heutigen Tag sind christliche Religionsführer unermüdlich dabei, im ganzen Land »Kandidaten vom Typ Reagan« zum Wahlsieg zu verhelfen, Männern und Frauen also, die für weniger Staat, für niedrigere Steuern und für ein Großisrael eintreten. Diejenigen, die Reagan genau beobachtet haben, sind der Ansicht, er sei seit seiner Zeit im Weißen Haus seinen Überzeugungen treu geblieben, und sie verteidigen ihn nachdrücklich gegen Kritik, er sei »denkfaul« gewesen. Nach Meinung jener, die ihn noch immer verehren und in ihm den Prototyp eines konservativen Präsidenten sehen, hatte Reagan drei Ziele: den Kommunismus zu besiegen, die Steuern zu senken und die Wirtschaft wiederzubeleben. Und nach ihrem Urteil war er dreifach erfolgreich.

Die 1979 bei der iranischen Geiselnahme gefangen genommenen US-Bürger wurden am Tag, nachdem Präsident Reagan seinen Amtseid geleistet hatte, freigelassen. Falwell und McAteer fühlten sich dazu aufgerufen, den Amerikanern bewusst zu machen, dass Ronald Reagan Gottes Segen teilhaftig geworden war. Beinahe ein Jahrzehnt später, als während seiner Präsidentschaft die Sowjetunion auseinander fiel – für die Amerikaner ein Grund zum Feiern –, umschmeichelte der Präsident noch immer die evangelikale Gemeinde. Ganz im Jargon der Fundamentalisten sagte Reagan, der Niedergang des Kommunismus sei »ein Sieg Gottes über die Gottlosen«.

8. Ein bündnistreuer Gott

Ich will segnen, die dich segnen, und wer dich verflucht, den will ich verfluchen; und durch dich sollen alle Geschlechter der Erde den Segen erlangen. (Genesis 12,3)

Während Ronald Reagans erster Amtszeit wurden die Amerikaner Zeugen mehrerer bedeutungsvoller Ereignisse im Nahen und Mittleren Osten, die ihr Bewusstsein hinsichtlich des religiösen Fanatismus schärften, falls sie das iranische Geiseldrama schon vergessen hatten. Aus dem Krieg im Libanon kamen Bilder von Selbstmordattentätern, die mit Sprengstoff beladene Fahrzeuge gegen die Unterkünfte der US-Marines, gegen Botschaftsgebäude und Touristenzentren rammten. Missionare, Journalisten und Akademiker wurden von der Hisbollah (»Partei Gottes«) entführt, der radikalislamischen Terrororganisation im Libanon, während der iranisch-irakische Krieg Bilder von iranischen Soldaten lieferte, die für Allah zu sterben gewillt waren und den Schlüssel zum Paradies als Halsschmuck trugen. Langsam, aber sicher wurde religiöser Fanatismus zum Synonym für den extremistischen Islam, dessen Soldaten junge Männer voller Entschlossenheit waren, die westliche Zivilisation zu vernichten, indem sie ihr eigenes Leben für Allah opferten. Parallel zu dieser wachsenden Sensibilisierung gegenüber dem Geschehen in jener Region festigte sich die Beziehung zwischen evangelikalen Christen und der jüdischen Bevölkerung in Israel noch weiter.

Benjamin Netanjahu, der rechtsgerichtete israelische Politiker, war einer der sichtbarsten Katalysatoren beim Zusammenschluss der religiösen Rechten in den USA mit der ideologischen Rechten in Israel und bei der letztlichen Allianz der weltlicheren bürgerlichen Mittelschichten beider Länder. Im Jahr 1983 bezeichnete Netanjahu Jordanien als »Ost«-Palästina und gab damit zu verstehen, dass der eigentliche rechtsgültige Palästinenserstaat nicht das Westjordanland oder Gaza sei, sondern das Haschemiten-Königreich. Zwar war dies eine provokante Feststellung, doch geschah es nicht zum ersten Mal, dass der rechte Flügel in Israel suggerierte, es sei von zwingender Logik, Jordanien mit seiner zu fast neunzig Prozent palästinensischen Bevölkerung als den Heimatstaat für das palästinensische Volk zu betrachten. Netanjahus Popularität stieg gleich darauf sprunghaft an, nicht nur beim rechten israelischen Likud-Block und bei den orthodoxen Zirkeln im gesamten jüdischen Staat, sondern auch bei der christlichen Rechten in den USA. Am effektivsten für den Schulterschluss des eher liberalen jüdischen Teils der US-Bevölkerung mit den Konservativen erwies sich aber Netanjahus Stellungnahme zur weltweiten Bedrohung durch den islamistischen Terrorismus. Der ideologische religiöse rechte Flügel in Israel und die säkulare Rechte hatten ein gemeinsames Interesse mit der Mehrheit der Amerikaner, wenn es um Selbstverteidigung gegen terroristische Anschläge durch militante islamische Gruppen ging. Für die Weltlichen war es eine Frage der Strategie, dass Israel gesicherte Grenzen hatte: um Raum zu haben für die Verteidigung gegen arabische Angriffe. Für die USA bedeutete es eine Garantie, wenn sie Israel militärisch überlegen hielten in einer Region, in der die Sowjetunion arabische Staaten bewaffnete und wirtschaftlich unterstützte. Für die Religiösen ging es einzig um die Gültigkeit des Wortes Gottes, wie es in der Heiligen Schrift niedergelegt war.

Bezeichnend für das zunehmend starke Band zwischen den evangelikalen Christen und dem jüdischen Volk war auch der Einfluss von Jerry Falwell und Ed McAteer auf den israelisch-palästinensischen Konflikt. Kurz nach Reagans Wahl zum Präsidenten 1980 gab Falwell gegenüber der *New York Times* folgenden Kommentar ab: »Die Regierung der Vereinigten Staaten sollte sich nicht daran beteiligen, durch Ausübung von Druck einen Frieden erzwingen zu wollen, der nicht dauerhaft, nicht gerecht und nicht biblisch ist.«[1] Das Schlüsselwort, das direkt an die christliche Rechte gerichtet war, hieß ganz klar »biblisch«.

Weil er von evangelikalen Oberhäuptern beeinflusst wurde und ihnen wegen seines Sieges gegen Carter verpflichtet war, unterstützte Reagan die israelische Regierung unter Menachem Begin, einschließlich der Politik Begins, keinerlei »territoriale Konzessionen« zu machen. In den 1980er Jahren wurden die jüdisch-evangelikalen Beziehungen so eng, dass Premierminister Begin 1981 unmittelbar nach der israelischen Bombardierung des irakischen Atomreaktors am 7. Juni zuerst Jerry Falwell anrief, bevor er mit Präsident Reagan telefonierte. Reverend Falwell zufolge hatte Begin ihn gebeten, sich bei seinem guten Freund Präsident Reagan für ihn zu verwenden und diesem zu erklären, dass es sich bei der möglicherweise als »ungerechtfertigte Aggression« gegenüber dem Irak empfundenen Aktion in Wirklichkeit um einen Präzisionsschlag zur Zerstörung des Atomreaktors gehandelt habe. Im selben Jahr erhielt Jerry Falwell Israels prestigeträchtigen Jabotinsky-Preis als Anerkennung seiner Unterstützung des jüdischen Staates.

Während der ersten Amtszeit Reagans strebte Begins rechter Likud-Block noch engere Bindungen zu den Führern der amerikanischen christlichen Rechten an, die öffentlich die Siedlungspolitik des Likud im Westjordanland und in Gaza befürworteten und sich auch 1982 hinter Israels Invasion im Libanon stellten. Dank seiner guten Kontakte zum Weißen Haus unter Reagan schaffte es Falwell, den damaligen israelischen Außenminister Mosche Arens als Redner zum fünften Jahreskonvent der »Moral Majority« in Jerusalem einzuladen. Bei dieser Gelegenheit nannte Arens den Libanonkrieg »einen großen Sieg, nicht nur für Israel, sondern auch für die freie Welt«. Mit dem Nahen Osten als Brennpunkt war das Verhältnis zwischen evangelikalen Christen und der jüdischen Bevölkerung in Israel fest etabliert. Aus der einstmals abstrakten Verbindung auf der Grundlage biblischer Texte war nun der Wunsch geworden, einmal im Land selbst »auf den Spuren Jesu zu wandeln«.

Ed McAteers selbsterklärte Liebe zu Jesus und seine »rückhaltlose Liebe zum jüdischen Volk und zum Staat Israel« machten ihn zum einflussreichsten »christlichen Zionisten« der USA. In der Reagan-Ära war McAteer weniger nachtragend bei jenen, die moralisch gegen die Heilige Schrift verstoßen hatten, als bei den Christen, die Israel und das jüdische Volk nicht uneingeschränkt unterstützten. »Die besten Freunde, die Israel hat, sind nicht diejenigen, die glauben, dass die Bibel Gottes Wort *enthält*«, sagte mir McAteer in einem Interview, »sondern diejenigen, die glauben, dass sie das Wort Gottes *ist*.«[2]

Die »Anti-Defamation League« in New York gab 1982 ein Buch mit dem Titel *The Real Anti-Semitism in America* heraus, in dem sie sich für eine starke jüdisch-evangelikale Allianz aussprach, weil die antiisraelischen Vorbehalte bei der Masse der Protestanten die größte Bedrohung für das amerikanische Judentum seien. Noch emotionaler war die Anklage, dass die Unterstützung derselben protestantischen Gemeinde für ein unabhängiges palästinensisches Heimatland den jüdischen Staat in seiner Existenz bedrohe. Die Reaktion der Evangelikalen bestand aus einem wachsenden Aufkommen privater Spenden, das es ihnen ermöglichte, Büros in Jerusalem zu eröffnen und zusammen mit der israelischen Regierung bestehende Siedlungen zu unterstützen, die jüdische Emigration zu finanzieren und die gerade flügge werdende israelische Volkswirtschaft zu subventionieren.

David Parsons stammt von den North Carolina vorgelagerten Sandbänken, wo er in einer Baptistenfamilie aufwuchs. Er ist ein gut aussehender Mann von vierundvierzig Jahren, weiß sich klar auszudrücken, hat einen ausgeprägten Sinn für Humor, und die Geschichte seiner Jesusfindung würde sogar die beeindrucken, die nicht an Wunder glauben. Schon als Kind wusste Parsons, dass seine Mutter eine Invalidin war, die sich damit abgefunden hatte, an einer unheilbaren Herz-Kreislauf-Erkrankung zu sterben. Im Alter von elf Jahren kochte er bereits für die ganze Familie und kümmerte sich um seine jüngeren Geschwister. Als seine Mutter bettlägerig wurde, schickte man sie von einem Krankenhaus ins nächste und wieder nach Hause, und ein Arzt nach dem anderen erklärte ihr, man könne nichts mehr für sie tun. »Die haben meiner Mutter, die damals ja erst dreißig Jahre alt war, praktisch gesagt, sie solle heimgehen und friedlich in ihrem eigenen Bett sterben«, erzählt er[3]. Im April 1971 wurde der Familie mitgeteilt, dass die Mutter nur noch einen Monat zu leben habe. Parsons erinnert sich, was sich kurz darauf ereignete. Er lag im Bett in dem Zimmer, das er mit seinen beiden Brüdern teilte. Ohne etwas zu sagen, hatte es ihre Mutter geschafft, in einer evangelikalen Kirche einen Gottesdienst mit Gebetsheilung zu besuchen. »Ich erinnere mich, wir mussten früh ins Bett, weil am nächsten Tag Schule war«, sagt Parsons, »und sie kam ins Zimmer und fing an, aufs Bett zu hüpfen, und weinte und rief, dass Jesus sie geheilt habe.« Seine Mutter behauptete, Jesus habe in ihrem Körper die ganze Krankheit zusammengezogen und sie auf der linken Seite unterhalb ihres Brustkorbs ausgestoßen. »Heute, mit sechzig, ist sie jünger, als sie es mit dreißig war, und reist in der ganzen Welt umher. Das war für mich die Wende. Ich habe meine Mutter noch heute, und das habe ich Jesus zu verdanken.«

Nach seinem Jurastudium trat Parsons in eine renommierte Kanzlei in North Carolina ein und wurde nach ein paar Jahren Juniorpartner mit einer beeindruckenden Liste von Mandanten. Wenn er keine Besprechungen mit Managern hatte oder Unternehmen bei feindlichen Übernahmen beriet, war er auf der firmeneigenen Jacht, fuhr zum Angeln im Golfstrom oder flog mit dem firmeneigenen Flugzeug in den Skiurlaub, stets in Begleitung junger Führungskräfte, die genau wie er glänzende Zukunftsaussichten hatten, und schöner Frauen. Doch trotz allem, was er sich an materiellen Dingen hätte leisten können, trotz all der Anerkennung von seinesgleichen und von Kollegen und trotz der Garantie, schon vor seinem fünfunddreißigsten Geburtstag gleichrangiger Sozius zu werden, war David Parsons noch immer nicht zufrieden. »Ich hatte es sehr gut«, sagt er, »aber irgendwie spürte ich, dass Gott andere Pläne mit mir hatte. Ich wusste, ich würde es für den Rest meines Lebens bereuen, wenn ich nicht nach Israel ziehen würde.« Also begann Parsons, in seinen Ferien nach Israel zu fahren. Während eines Besuchs dort gab es ein Bombenattentat, und als er zum Schauplatz des Anschlags eilte, um den Verletzten zu helfen, stand er plötzlich neben einer holländischen KLM-Stewardess, die ebenfalls auf Grund einer persönlichen Überzeugung nach Israel gekommen war: dass nämlich sie, im Namen aller Christen, für den Holocaust Sühne zu leisten habe. Über die folgenden paar Jahre blieben die beiden in Kontakt und trafen sich alljährlich einmal in Jerusalem. Im Jahr 1990 beschloss David

Parsons, aus der Anwaltskanzlei auszuscheiden, seine Eigentumswohnung zu verkaufen und den Vorhang endgültig über ein Leben fallen zu lassen, um das ihn die meisten Männer beneidet hätten. Er ging nach Washington, D. C., und begann für die »Christian Israel Public Action Campaign« (CIPAC) zu arbeiten, die christlich-evangelikale Lobby für Israel auf dem Capitol Hill. Vom Beginn des Golfkriegs 1991 bis zur Madrider Friedenskonferenz, die dann zum Abkommen von Oslo führte, war Parsons damit beschäftigt, den Widerstand gegen die Friedenskonferenz zu organisieren, weil er glaubte, dass »Israel in Gefahr war, wenn ein weiterer arabischer Staat an einer weiteren seiner Grenzen gegründet wurde«. Parsons glaubte auch, sich auf eine Reise begeben zu haben. »Manche Menschen sind für ein geistliches Amt berufen«, erklärt er, »mich aber hat Gott dazu berufen, am modernen Israel mitzuarbeiten.« Etwa zu der Zeit, als Parsons begann, in Israel Urlaub zu machen, war eine Gruppe charismatischer prämillenarischer Christen (Anhänger von John Nelson Darby) unter Führung von Malcolm Heddings und Timothy King damit beschäftigt, eine Organisation zu gründen, die sie »The International Christian Embassy in Jerusalem« nannten. Der Ansatzpunkt für die Gründung dieser »Botschaft« war ein fundamental-religiöser; andererseits war sie auch ein formeller Protest gegen das Jerusalem Bill von 1980, als Folge dessen mehr als ein Dutzend Staaten ihre Botschaften von Jerusalem nach Tel Aviv verlegt hatten, um die Schaffung eines künftigen Palästinenserstaates mit der Hauptstadt Ostjerusalem zu unterstützen.

Schon 1980 schätzte der im israelischen Handels- und Tourismusministerium für die Förderung des Pilgertourismus zuständige Direktor, dass 100 000 der jährlich 250 000 US-Besucher Israels christliche Touristen waren, die die biblischen Stätten in Judäa und Samaria besuchten, anderweitig auch als Westjordanland oder Westbank bekannt. Während der 1970er und 1980er Jahre schossen in den USA evangelikale Buchläden wie Pilze aus dem Boden, die Bücher des Inhalts führten, dass nur derjenige die Ursprünge des Christentums in vollem Umfang verstehe, der ein auf Sachkenntnis beruhendes Verständnis für die jüdische Religion und das jüdische Volk habe. Eine neue Art von tiefer Verbundenheit und bedingungsloser Liebe für den Judaismus und die Juden durchdrang die evangelikale Gemeinde. Viele wiedergeborene Christen zogen nach Israel und gründeten Einrichtungen, in denen man Hebräisch lernen und die jüdische Religion studieren konnte. Dieses wohlmeinende Interesse am Judaismus und an Israel wuchs während der 1970er und 1980er Jahre weiter an und wurde schließlich noch durch einen neuen Trend verstärkt, nämlich die um sich greifende Endzeit-Literatur. In einem Interview sagte Malcolm Heddings, der amtierende internationale Direktor der »International Christian Embassy«, über die Arbeit seiner Organisation: »Als die ›Botschaft‹ 1980 eingerichtet wurde, waren die Zeiten schwierig wegen der Einstellung der jüdischen Bevölkerung gegenüber den Christen. Sie hatten Angst davor, dass wir eher versuchen würden, sie zu bekehren, als sie zu verstehen. Heute wissen sie, dass wir bloß eine neue Seite von Jesus aufzeigen wollen, die niemanden unter Druck setzt oder einschüchtert. Unser Ziel ist es, ihnen Jesus ganz behutsam nahe zu bringen, damit ihn das jüdische Volk irgendwann einmal freudig bei sich aufnimmt.«[4]

David Parsons nahm schließlich eine Stelle bei der »Internationalen Christlichen Botschaft« in Jerusalem an, wo er als Herausgeber ihrer verschiedenen Publikationen und seit kurzem auch als ihr Sprecher fungiert. Parsons' Arbeit ist es zu verdanken, dass die Organisation nach Europa expandierte und inzwischen über Niederlassungen und Vertretungen in achtzig Ländern verfügt.

Als ich David Parsons in Jerusalem besuchte, fragte ich, ob die Bibel den Juden *carte blanche* im Heiligen Land gebe. Parsons und jeder Einzelne aus der Gruppe von Männern und Frauen, mit denen ich sprach und die in der »Internationalen Christlichen Botschaft« in Jerusalem arbeiten, antwortete: »Wenn König Salomon über die Jahrhunderte hinweg die Christen und ihre neue Rolle und Stellung hier in Israel sehen könnte, würde er sie auffordern, noch beherzter als Mitwirkende der Prophezeiung in Erscheinung zu treten und die Rolle zu Ende zu spielen, die ihnen schon vor so langer Zeit zugewiesen wurde.«[5]

Malcolm Heddings, ein Prediger der »Assemblies of God«-Kirche, beschrieb die Haltung der »Botschaft« zur Bekehrung des jüdischen Volkes zum Christentum so: »Es ist nicht an uns, das jüdische Volk zu bekehren; das ist die Sache Gottes, und sie wird geschehen, weil Jesus das letzte Wort in dieser Angelegenheit ist. Es ist nicht meine Aufgabe, jene zu verurteilen, die nicht an Jesus als den Heiland glauben. Dafür ist der Heilige Geist zuständig, und Er wird sich darum kümmern. Ich muss daran arbeiten, eine immer bessere Beziehung zu Gott zu haben.«

Parsons, Malcolm Heddings und Timothy King sind allesamt eng befreundet mit Präsident Bush, mit dem Abgeordneten Tom DeLay und mit Newt Gingrich. In seiner Eigenschaft als Direktor der »Botschaft« und als Geistlicher der Pfingstkirche reist Heddings durch die Welt und bemüht sich, Regierungen dazu zu bringen, ihre negativen Einstellungen gegenüber israelischen Maßnahmen zur Eindämmung der palästinensischen Rebellion zu ändern. Als eloquenter Redner doziert er vor ausländischen Staatsoberhäuptern über die Bibel als historisches Dokument und darüber, wie wichtig es ist, dass man eine Gefährdung der Sicherheit Israels nicht zulässt angesichts der »Erfahrungen mit den Palästinensern in der Vergangenheit«. »Präsident Bush ist ein aufrichtiger Mann«, sagt Heddings, »und wir sind dankbar, dass er ein Mann ist, der die Bibel liest. Wir beten, dass Bush und andere führende Politiker doch noch begreifen, wie sehr sie die islamischen Absichten unterschätzt haben. Ich versuche dem Präsidenten und anderen führenden Politikern klar zu machen, dass es so lange keinen Frieden auf der Welt geben wird, wie wir nicht das islamische Problem frontal angehen.«

Mein Termin bei Malcolm Heddings in der »Botschaft« in Jerusalem[6] war zufällig am Tag vor seiner geplanten Abreise nach Washington, wo er Tom DeLay treffen wollte. Nach seiner Aussage war der Zweck seiner Reise, die so genannte Road Map »zum Scheitern« zu bringen. Heddings wollte ins Weiße Haus, munitioniert mit mehreren Millionen Unterschriften von evangelikalen Christen und prominenten jüdischen Meinungsführern in den USA, die öffentlich rügten, Präsident Bush wolle ein israelisch-palästinensisches Friedensabkommen »durchpuschen«. Auf dieser Petition befanden sich die Unterschriften der Führer jüdischer Massenorganisationen wie der »Anti-Defamation League«, der AIPAC-Lobby, des Unternehmerverbands und des Amerikanisch-jüdischen Ausschusses, die allesamt um den potenziellen Einfluss wissen, den christliche und jüdische Lobbykräfte auf die US-Außenpolitik ausüben können.

Heddings, Parsons und die für die Aktivitäten der »Botschaft« Verantwortlichen sind davon überzeugt, dass sich unabhängig davon, wer gerade Präsident ist, Gottes Heilsplan »letztlich durchsetzt und die Juden ihren Frieden mit Jesus machen und Frieden innerhalb ihrer Grenzen haben werden«. – »Aber der gegenwärtige Streit um das Land«, erklärte David Parsons, »zieht, wie auch schon im Alten Bund, Streit um die Grenzen nach sich, weil die Juden Jesus noch nicht akzeptiert haben. Wir sehen uns gern als Sendboten des Trostes, um das jüdische Volk in Zeiten der Not zu trösten und an Gottes Verheißungen zu erinnern. Wir wissen, dass es einem bösen und gefährlichen Feind gegenübersteht, und wir wissen, dass die Lösung beim israelischen Volk und seiner Fähigkeit liegt, sich Gott anzuvertrauen und sich nicht auf die Vorstellung zu verlassen, die Vereinigten Staaten seien hier, um einen neuen Holocaust zu verhindern, denn der Einzige, der das verhindern kann, und der Einzige, auf den wir uns verlassen können, ist Gott.«[7]

Bei dem Gebäude, in dem die »Internationale Christliche Botschaft« in Jerusalem untergebracht ist, handelt es sich um ein imposantes Bauwerk aus altem einheimischen Stein mit Stuckarbeiten. Früher wurde es von einer wohlhabenden und einflussreichen palästinensischen Familie bewohnt, danach beherbergte es die Botschaft der Elfenbeinküste und anschließend die Botschaft von Pinochets Chile. Die Männer und Frauen, die dort arbeiten, kommen aus den USA, Skandinavien, England, Australien, Kanada und Südamerika. Ihr Auftreten ist frohgemut, gelegentliche »Halleluja«- und »Lobet den Herrn«-Rufe eingeschlossen. Ihre Pilgerfahrten an den Jordan zu den Taufriten, die Filme und Schriften, die sie zur Indoktrinierung und Unterweisung von Christen einsetzen, damit diese das jüdische Volk als das von Gott »auserwählte« anerkennen und beschützen, werden als »gute Werke« deklariert. Das Prinzip, nach dem sie selbst leben und das sie ihrer Gefolgschaft predigen, lautet, dass es nicht genügt, »sich mit Prophezeiungen anzutörnen«, und dass »es nicht ausreicht, sich hektisch mit prophetischen Diagrammen zu beschäftigen und über Israel zu theologisieren«. Stattdessen befolgen sie Jesaja 40,1: »Tröstet, tröstet mein Volk!«, was für sie ein Aufruf zur Tat ist. Anstelle bloßer Bekundungen der Liebe zum jüdischen Volk oder des Wunsches, das Heilige Land zu besuchen, um auf Jesu Spuren zu wandeln, engagieren sich die Mitarbeiter der »Botschaft« in so konkreten Projekten wie der Erleichterung der Einwanderung für Juden aus allen Teilen der Welt und verteilen ihr 80-Millionen-Dollar-Jahresbudget vollständig als Spenden für soziale und politische Aktivitäten und Programme innerhalb Israels.

David Parsons legte großen Wert auf die Feststellung, dass Liebe und Unterstützung der Evangelikalen für das jüdische Volk nicht gänzlich uneigennützig seien. »Ich möchte erleben, dass sich Gottes Verheißungen für das jüdische Volk und dieses Land erfüllen«, erklärte er, »weil mir das für meinen Glauben wichtig ist. Wenn Gott Seine Versprechen gegenüber Israel und dem jüdischen Volk nicht einlösen kann und Er doch derselbe treu sorgende Gott ist: Wie kann ich dann erwarten, dass Er zu Seinem Bund mit mir als Christ stehen wird?« Parsons beantwortete seine Frage gleich selbst. »Das wäre unmöglich. Gott ist von Natur aus ein bündnistreuer Gott, und auf Grund unserer Anwesenheit hier als Beobachter oder Zeugen oder als betende Sendboten des Trostes werden wir auch miterleben, wie Gott Seine Versprechen gegenüber Israel und dem jüdischen Volk einlöst. Dies ist der positive Teil der Prophezeiung. Viele Christen sind von der dunklen Seite der Prophezeiung besessen, aber da ist etwas an Gottes Versprechen gegenüber Israel, das einem die Gewissheit gibt, dass sich der Glaube erfüllen wird.«

Auf die Frage, ob zu erwarten sei, dass das jüdische Volk Jesus akzeptieren und, als Bedingung für die Wiederkunft des Messias, zum Christentum konvertieren werde, sagt Parsons: »Es geht nicht darum, ob irgendein Jude irgendwohin konvertiert, sondern es geht darum, dass Gott Sein Versprechen einlöst. Ganz einfach. Die Bekehrung ist letztlich Teil von Gottes Heilsplan. Es steht uns nicht zu, irgendjemanden zu bekehren. Gott liebt die Welt, aber Er hat sich Abraham für die Erlösung der Welt ausgesucht, nicht nur für die der Juden. Also unterstützen wir den israelischen Staat und das jüdische Volk auch für unsere eigene Erlösung. Die Juden sind der

Schlüssel zu dieser Erlösung. Es gibt so viele jüdische Weise und Rabbis, denen genauso klar ist wie uns, dass das Land keine Frucht tragen wird, wenn sich das jüdische Volk im Exil befindet. Wenn sie sich fern von diesem Land aufhalten, dann geschieht das, was im Neuen Testament steht, dass sie ›geschlagen werden um Meinetwillen‹. Letztlich will Gott das jüdische Volk rehabilitieren, weil es das auserwählte Volk ist und weil Er Jerusalem für sich als Thron auserkoren hatte und das auch wieder tun wird. Oft kommen israelische Siedler hierher zu uns und versuchen uns dazu zu bringen, etwas gegen die ›Road Map‹ zu unternehmen, und dann sage ich ihnen diese ganzen Dinge über Gott, und dass Er schließlich nicht zulassen wird, dass den Juden etwas Schlechtes widerfährt, solange sie Jesus akzeptieren, und dann gehen sie wieder und kommen ins Grübeln. So sieht die Basis für einen christlichen Zionismus aus.«

Der andere Teil der Gleichung in diesem geschundenen Teil der Welt ist das palästinensische Volk, und die Unterstützung für die Sache der Palästinenser ist der Grund, warum Evangelikale wie David Parsons mit der protestantischen Hauptkirche brachen. »Nach Meinung der Christen sollte Israel Syrien und Jordanien in Besitz nehmen, weil es in der Bibel so verheißen ist. Wir glauben nicht, dass dies vor dem Tausendjährigen Reich geschehen sollte, bevor nicht der Messias hier in Jerusalem herrscht. Vergessen Sie nicht, dass Seine Herrschaft eine des Friedens ist, wenn auch eine mit eiserner Rute, und Er wird sagen, wo es langgeht. Aber in der Zwischenzeit muss Israel nach den Prinzipien leben, die Gott aufgestellt hat, wohl wissend, dass sich Israel am Ende an die Grenzen halten wird, wie sie im Bund mit Abraham festgelegt wurden. Genauso wichtig ist, dass der Herr sagte: ›Wenn ihr zu Mir kommt, werdet ihr belohnt, aber wenn ihr euch von Mir abwendet, dann hat das Konsequenzen.‹ Die Juden müssen ihr Verhältnis zu Jesus in Ordnung bringen.«

Während die amerikanische evangelikale Gemeinde im Heiligen Land eine stabile Präsenz aufbaute, kamen auch immer mehr Gläubige der protestantischen Hauptkirchen aus aller Welt nach Israel. Erst vor kurzem, im April 2002, traten die grundlegenden Unterschiede zwischen beiden Gruppen, besonders hinsichtlich des Nahen Ostens, offen zutage. Die traditionelle protestantische Kirche veröffentlichte gemeinsam mit zwei anderen großen protestantischen Körperschaften über das »Council of Churches Communications Committee« eine Erklärung. Man hatte sich auf einen so genannten »fairen Verfahrenskodex« für die Berichterstattung über den israelisch-palästinensischen Konflikt geeinigt. Die Botschaft war klar: Die Protestanten forderten, man solle die Anschläge islamischer Fundamentalisten auf die USA nicht mit den Selbstmordattentaten von Palästinensern gegen Israelis vergleichen, weil die terroristischen Angriffe innerhalb Israels eine Reaktion auf die Besatzung und deshalb als legitime Akte von Rebellion und Revolution zu betrachten seien. Der »Council of Churches« rief die Journalisten dazu auf, bei der Bildberichterstattung für Fernsehen und Presse »ausgewogen, fair und genau« zu sein, und warnte vor der Verwendung wertender Vokabeln wie »bewaffnete Banditen, Terroristen, islamische Bombenleger und fanatische Moslems« in Texten zu dem Konflikt. Diese von der protestantischen Hauptkirche vertretene Position trug jedoch nur dazu bei, das Verhältnis zwischen den evangelikalen Kirchen und der jüdischen Bevölkerung, sowohl in den USA als auch in Israel, weiter zu festigen.

Politisch hatten die Evangelikalen schon 1980 gefordert, die Palästinenser aus Israel, dem Westjordanland und dem Gazastreifen aus- und nach Jordanien oder in andere arabische Staaten umzusiedeln. Die Philosophie der protestantischen Kirche war hingegen eine der »Verschmelzung« aller Religionen und Kulturen im ganzen Heiligen Land. Führende Protestanten verlangten für die Juden das Recht, in Hebron, Gaza und allen anderen Gebieten des Westjordanlandes zu leben, und für die Palästinenser freies Wohnrecht in Tel Aviv, Jaffa, Ramla und anderen israelischen Städten mit den gleichen Rechten wie die Juden. Diese weltanschauliche Kluft besteht noch heute, und eines der besten Beispiele für die Differenzen zwischen der »Internationalen Christlichen Botschaft« in Jerusalem und ihrem protestantischen Gegenüber ist der Kibbuz Nes Ammim in Galiläa.

Nes Ammim bedeutet im Sinne von Jesaja 11,10 *»Zeichen für die Völker«*. Der Kibbuz wird von dem deutschen protestantischen Pastor Andreas Griffin geleitet; das Gründungsprinzip war wechselseitige Akzeptanz zwischen Juden und Christen ohne Bekehrung. Das Startkapital für Nes Ammim kam von einem multinationalen Unternehmen aus der Schweiz, das auch heute noch als Hauptsponsor fungiert. Weitere finanzielle Beteiligungen kommen vornehmlich von Christen aus Deutschland, Holland und der Schweiz. Dem Projekt lag die Vorstellung zugrunde, dass reformierte Kalvinisten aus Europa eine Zufluchtsstätte schaffen, wo Juden, Beduinen, Moslems, Drusen, Christen und europäische Besucher in Frieden zusammen arbeiten und leben können. Das ursprüngliche Konzept sah vor, dass Christen für einen begrenzten Zeitraum nach Nes Ammim kommen, um etwas über den Judaismus und die christlich-jüdische Geschichte zu lernen. »Nicht nur wegen dem, was in der Bibel steht«, erklärte Pastor Griffin bei meinem Besuch im April 2003, »sondern auch wegen der schmerzvollen Vergangenheit zwischen Christen und Juden, die eigentlich die Geschichte einer zweitausendjährigen Verachtung der Juden durch die Christen ist.«

Zwischen David Parsons und Andreas Griffin gibt es nicht nur theologische Unterschiede, sondern auch ganz eklatante äußere.

Während Parsons beredt ist und schick im Polohemd und mit Gucci-Trotteurs daherkommt, trägt Griffin klobige Ledersandalen und Nylon-T-Shirts und macht einen schwerfälligen, extrem vorsichtigen Eindruck. Sein Bemühen um »politische Korrektheit« ist deutlich zu spüren, sobald es um sein Verhältnis zu den Juden geht. Selbst in der Kibbuz-Kirche findet sich weder ein Kruzifix noch eine Christusstatue. »Unsere Kirche nennen wir ein Haus des Gebets, und sie ist wie ein Gemeindehaus der Quäker gebaut«, erklärt Pastor Griffin. »Die einzigen religiösen Symbole, die wir haben, sind die zwölf Fenster an jeder Seite des Gebäudes und zwölf kleine Kacheln auf der Kanzel, die die zwölf Stämme Israels und die zwölf Apostel symbolisieren.« Der Pastor fügt hinzu, dass Jesus Christus während der Gottesdienste am Sonntag niemals erwähnt werde, in dem Bemühen, die Gefühle »unserer jüdischen Freunde« nicht zu verletzen. »Jesus wohnt fest in unseren Herzen«, sagt er, »und deshalb ist es nicht nötig, unseren Glauben zur Schau zu tragen. Aus Gründen von Schuld und Sühne stellen wir unsere eigenen religiösen Überzeugungen hintan, als Wiedergutmachung gegenüber den Juden, deren Eltern und Großeltern während des Krieges umgebracht wurden.« Anders als die Evangelikalen, die eine Verantwortung für den Holocaust ablehnen, aber glauben, die katholische Kirche und europäische Politiker seien entweder aktiv oder durch Passivität maßgeblich an seinem Zustandekommen beteiligt gewesen, übernehmen Andreas Griffin und die Eigner von Nes Ammim Verantwortung und machen es sich zur Aufgabe, die Juden nicht zu ihrem Glauben bekehren zu wollen. »Wir in Nes Ammim legen den Schwerpunkt aufs Lernen und auf Information über den Holocaust, damit unsere Besucher dieses Wissen mit zurück nach Deutschland und Holland nehmen und dort weitergeben können.« Pastor Griffin sagt, er nehme Besucher aus Deutschland nur auf, wenn sie zwischen fünfundzwanzig und fünfundvierzig

Jahre alt sind, also keine direkte Schuld an der Ermordung von sechs Millionen Juden in Europa trügen. »Für uns ist es unmöglich, die Juden bekehren zu wollen, weil die Christen ihren Glauben an Gott ja von ihnen haben. Gespräche über die Schoah sind ein sehr wichtiger Teil unseres Tuns. Wir haben hier hauptsächlich deutsche oder andere europäische Jugendliche, die in den Ferien herkommen oder um ihren Zivildienst oder Gemeinschaftsdienste zu leisten und etwas über die Juden, Israel und die Schoah erfahren wollen. Sie dürfen aber höchstens sechs Jahre bleiben.« Seit einiger Zeit sei es wegen der überwiegend negativen Berichterstattung über Israel zunehmend schwieriger geworden, europäische Jugendliche für Nes Ammim zu interessieren, räumt Pastor Griffin ein. »Die Europäer ergreifen noch immer Partei für die Palästinenser als dem Underdog«, fährt Pastor Griffin fort, »und es wird schlimmer, weil der Holocaust vor über sechzig Jahren geschah und es folglich nur noch wenige Überlebende gibt. Bald gibt es gar keine mehr.« Griffin staunt immer wieder, wie wenig die jungen Leute, die noch kommen, über das tatsächliche Geschehen während des Krieges wissen. »Ich frage sie immer, ob sie etwas über die Schoah wissen, und sie antworten mir immer mit ja. In Wahrheit wissen sie aber überhaupt nichts aus israelischer oder jüdischer Perspektive, worauf ich mich dann in meinem Unterricht über die Gräueltaten gegen das jüdische Volk konzentriere.«

Pastor Andreas Griffin kennt aus eigener Erfahrung das Widerstreben gewisser Europäer, Nes Ammim zu besuchen, weil nach deren Meinung das palästinensische Volk ungerecht behandelt wird. Er hält diesen Einwand für ein notdürftig verschleiertes Relikt des Antisemitismus, den es noch immer in einer protestantischen Gemeinschaft gebe, die sich mit der »Befreiungstheologie« identifiziere. Die protestantische Behauptung, man sei gegen Israel, weil »Zionismus« nichts anderes sei als Rassismus, Israel eine

»Politik der Apartheid« betreibe und den Gleichheitsgrundsatz aufgegeben habe, dann ist das für Griffin ein Vorwand, um auf akzeptable Weise öffentlich gegen Israel zu sein. Die gleiche Ansicht vertritt er bezüglich der UN-Resolution von 1975, in der Zionismus und Rassismus formal gleichgestellt wurden. Die protestantische Hauptkirche und Nes Ammim haben deshalb Probleme, Touristen und Besucher anzuziehen, weil Israel als Besatzungsmacht betrachtet wird und die Palästinenser als Opfer gelten.

Die evangelikalen Christen in Jerusalem, speziell die »Internationale Christliche Botschaft«, haben keine Schwierigkeiten damit, Gläubige zu Besuch nach Israel zu bringen. Alljährlich im Herbst, während des christlichen Laubhüttenfests, dem Pendant zur jüdischen Sukkoth, spielt die »Botschaft« Gastgeber für Tausende von US-Christen, die ins Heilige Land reisen, um an den Feierlichkeiten teilzunehmen. Die meisten dieser Besucher haben ihre Flugtickets und Hotelunterkünfte über christliche Organisationen in ihren Heimatstaaten gebucht und wollen »auf den Spuren Jesu wandeln« und ihren bereits inbrünstigen Glauben weiter festigen, dass ein Überleben des jüdischen Staates unabdingbar sei. Diese Tatsache allein kennzeichnet den Unterschied zwischen der enormen finanziellen Unterstützung, die die »Christliche Botschaft« noch immer von den evangelikalen Christen in den USA erhält, und den mühsamen Anstrengungen, vor denen sich Nes Ammim jedes Jahr aufs Neue sieht, wenn es darum geht, Geld von seinen Gönnern in Europa zu bekommen.

9. Wandeln auf den Spuren Jesu

> *Er hat mich gesandt, damit ich heile,*
> *die zerbrochenen Herzens sind.* (Jesaja 61,1)

Jan Morrison ist eine freundliche Amerikanerin mit kurzem Haar und Brille; sie ist eine fromme evangelikale Christin, die ihre religiösen Überzeugungen mit konkreten politischen Ansichten verknüpft hat. Sie lächelt während der ganzen Unterhaltung und erzählt, dass sie über sexuelle Belästigung schreibt und für jeden Kandidaten stimmt, der sich deutlich gegen die Schaffung eines Palästinenserstaates ausspricht. »Israel ist für mich wichtig«, sagt sie, »weil dies das einzige Stück Land ist, das Gott jemals einem Volk versprochen hat. Und dieses Land hat Er als Seine Heimat auserkoren, als Geburtsland für Seinen Sohn, der dort leben und sterben sollte. Er hat das jüdische Volk als Sein Volk auserwählt, und daran wird sich niemals etwas ändern, weil es ein ewiger Bund für jetzt und alle Zeiten ist.«[1]

Zwar können fast alle evangelikalen Christen die Bibel Zeile für Zeile hersagen und jede beliebige Textstelle genau zuordnen, aber wenn es um historische Kenntnisse oder die US-Außenpolitik geht, ist ihr Wissen oft konfus, was sie aber nicht daran hindert, munter und ohne Hemmungen draufloszuplappern. Für Morrison war die Reise zum Laubhüttenfest ihr erstes religiöses Erlebnis außerhalb der USA. Nach ihrer Schilderung war der Besuch in Israel der »bewegendste und gefühlvollste Augenblick in meinem Leben«.

»Alles, an das ich je geglaubt habe«, sagte sie, »erschien plötzlich in einem anderen Licht. Über diesem Land liegt ein ungewöhnlicher Friede, den es nirgendwo gibt, wo ich bisher war. Du verlässt das Flugzeug und du stehst vor etwas, auf das du überhaupt nicht gefasst bist. Alles, was du hier erlebst, kriegt eine besondere Bedeutung. So klein Israel ist, so dreht sich die Welt politisch doch um dieses Land, jeder Krieg beginnt und endet hier, und ich finde das erstaunlich. Dies ist der Ort, wo meine Seele zur Ruhe kommt. Und obwohl es hier eine Menge Aufruhr gibt, der erst aufhören wird, wenn der Messias seinen Fuß auf den Ölberg setzt, gibt es hier trotzdem eine Art von Frieden, den du nirgendwo sonst findest.«

Für Jan Morrison und ihresgleichen haben die Ereignisse des 11. September 2001, wiewohl entsetzlich und schockierend, ihren Glauben und ihre Bindung an das jüdische Volk nur weiter gefestigt. Sie haben auch ihr eingefleischtes Misstrauen gegenüber dem Islam bestätigt. »Immer wenn ich nach dem 11. September einen Israeli getroffen habe«, beginnt Morrison, »dann wurde ich gefragt, ob ich Amerikanerin sei, und dann haben die mich ganz spontan beruhigt, ich sei sicher, ich und alle anderen Amerikaner, und natürlich auch das ganze Land. Alle haben sogar immer gesagt, sie würden für uns beten. Aber immer, wenn ich einen Araber traf, dann haben die mir gesagt, wir, die USA, hätten bekommen, was wir verdienten. Der große Unterschied zwischen den Arabern und den Juden ist, dass die Araber ihren Kindern Bomben umschnallen und sie losschicken, um zu sterben und andere umzubringen, während die Juden eine andere Vorstellung vom Leben haben und wie wichtig es ist, Leben zu retten und in Frieden zu leben.«

Seit ihrer Rückkehr aus Israel betätigt sich Jan Morrison als inoffizielle Reisebotschafterin des guten Willens für den jüdischen

Staat in den USA. Sie hat es sich zur Aufgabe gemacht, ihre evangelikalen Mitgläubigen über das zu informieren, was sie als »die Wahrheit« hinter dem israelisch-palästinensischen Konflikt beschreibt. Als wir uns während der Festlichkeiten trafen, konnte sie es nicht erwarten, von ihren Erlebnissen zu berichten, besonders von dem, als sie direkt mit Jesus Christus sprechen konnte. »Und da sagte Jesus zu mir: ›Jan, in Galiläa war es, wo ich mit meinen Jüngern unterwegs war und mit ihnen redete. Dort haben sie mich kennen gelernt und ich sie.‹ Es war unglaublich, aber weißt du, aus einer christlichen Perspektive und wenn man Israel gesehen und mit Jesus direkt gesprochen hat – da musste ich einfach in die Staaten zurück und anfangen, allen, die ich traf, zu sagen, dass sie die Wahrheit über Israel gar nicht kennen. Sie kennen sie wirklich nicht. Wenn hier ein paar Wochen ohne Terroranschlag verstreichen, sagen die Leute, ist ja alles ruhig, aber hier gibt es nie eine echte Ruhe, weil sich die Leute andauernd fragen, wann es den nächsten Anschlag geben wird ... Ich sage den Leuten die Wahrheit und ich fordere sie auf, für die Juden zu beten, weil Gott sagt, wir sollen für den Frieden von Jerusalem beten. Ich persönlich bete für sie, weil ich sie so sehr liebe. Aber ich bete auch immer für die Araber. Manche Christen stellen sich die Frage, ob die Juden nicht irgendwie einen Schleier vor den Augen haben, weil sie Jesus noch nicht akzeptieren, aber die Araber haben eine ganze Bettdecke vor den Augen, weil bei denen ist das ein religiöses Ding, das ihnen sagt, sie müssen töten. Es ist ihre Religion, die ihnen beibringt zu hassen.«

Carlyle Anderson, Buchhalter aus New Hampshire, reist einmal jährlich nach Israel zum Laubhüttenfest. Während er seine Liebe zu Israel schildert, erzählt er von einem persönlichen Zusammentreffen mit Jesus: »Als ich dann Jesus dort beim See Genezareth treffen und auch mit Ihm reden konnte, hat Er mir versichert, es werde alles so kommen, wie es in der Bibel bei Ezechiel steht, dass Er die Menschen zurück zum Herrn bringen und den Menschen hier dabei helfen werde, wenn sie zum Herrn gebracht werden. Aber Jesus hat mich auch darauf aufmerksam gemacht, dass Bush nur Präsident ist. Er ist kein König, und er ist nicht Gott, deswegen kann er nicht perfekt sein und alles vollbringen, was in der Bibel steht.«[2]

Rita Angela, Sekretärin an einer High School in Lexington, Kentucky, ist für die evangelikale Bewegung genauso wichtig wie jene Evangelikalen, die nach Israel reisen. Als eine Gruppe somalischer Austauschschüler für ein Semester an ihre Schule kam, waren diese Neuankömmlinge für sie ein »wahres missionarisches Betätigungsfeld«[3]. Sie stand vor mir auf dem Ölberg mit Tränen in den Augen, während sie auf die Altstadt hinabblickte und von ihrer Reise nach Israel erzählte und davon, wie sie versucht, daheim in den Vereinigten Staaten jedem, den sie trifft, christliche Werte beizubringen. »Ich spürte eine Verpflichtung, diese Kinder vor der ewigen Hölle zu retten«, sagte Angela. »Ich machte mir eine Liste, was zu tun und zu lassen war, um an diese Jugendlichen heranzukommen und sie zu bekehren:

Sprich sie nicht gruppenweise an.

Nimm sie nicht in deine Kirche mit, weil sie das Singen und Händeklatschen als Party missverstehen werden.

Lade sie zum Essen nach Hause ein.

Bring ihnen Schokoplätzchen mit.

Sprich darüber, wie sie Jesus akzeptieren müssen, damit sie gerettet werden.

Unser Job ist es nicht bloß, jemanden zum Christen zu machen. Unser Job ist es, ihnen die Liebe Christi zu zeigen«, erklärt sie mir.

Wie andere Evangelikale, die zum Laubhüttenfest in Jerusalem waren, bestätigt auch Rita Angela eine persönliche Begegnung mit

Jesus. »Ich war in Galiläa, und es war halb vier Uhr morgens, und Gott weckte mich auf und sagte mir, Er wolle mich am Ufer des Sees Genezareth sprechen, und wenn ich Ihm folgte, würde mein Leben nie wieder dasselbe sein«, erzählt Angela. »Also bin ich natürlich aufgestanden und zum Ufer gegangen, und es war ganz klar Jesus, der zu mir sprach. Er hat mir die Hand entgegengestreckt, so, und ich bin hingegangen, und Er hat mir tausend Sachen erzählt über das Land und die Leute, und ich bin gar nicht mehr mitgekommen, so viel war das.«

Am Vorabend des Laubhüttenfests vom 12. Oktober 2003 hielt Premierminister Ariel Scharon eine Begrüßungsansprache für die Tausende von Evangelikalen, die zu den Feierlichkeiten aus den USA nach Israel gekommen waren. Malcolm Heddings, der Direktor der »Internationalen Christlichen Botschaft«, wurde in seiner Rede ziemlich konkret: »Beim Eintreten haben Sie einen blauen Stift und einen Zettel bekommen«, wandte sich Hedding an die Menge. »Wir möchten in Kontakt mit Ihnen bleiben. Wir möchten Ihre Adresse haben, und zwar ganz korrekt. Füllen Sie den Zettel aus und werfen Sie ihn in den Spendeneimer oder geben Sie ihn im Laufe der Woche an uns zurück. Auf dem Zettel gibt es noch eine zweite Rubrik, die sehr wichtig ist. Israel macht gegenwärtig wirtschaftlich eine schwierige Zeit durch. Wir als Christen müssen Israel nicht nur im Gebet beistehen, sondern auch finanziell. Wir müssen bei der Infrastruktur helfen und den Bedürftigen dieses Landes etwas zukommen lassen, so gut wir können. Und es wird eine Menge Geld gebraucht. Wie Sie wissen, ist Israel kein billiges Land für Touristen, aber ich kann Ihnen versichern, es ist auch kein billiges Land, um hier zu leben. Und Israel braucht unsere Hilfe. Also geben Sie uns bitte im zweiten Abschnitt des Formulars ein Versprechen ab. Schreiben Sie hinein, was Sie übers Jahr hinweg tun können. Helfen Sie der ›Internationalen Christlichen Botschaft‹, Israel zu helfen. Wir fordern jeden Einzelnen von Ihnen auf zu beten, nachzudenken und tief in die Tasche zu greifen. Lasst uns nun gemeinsam dem Herrn danken für all das, was er uns so überreich hat zuteil werden lassen in unserem Leben.«

Dies war das Stichwort für die Helfer, mit schwarzen Eimern durch die Menge zu gehen. Freudige Hintergrundmusik schallte durch den Raum, und Männer mit Gebetsmänteln und Käppchen tanzten die traditionelle jüdische Hora, während Schecks, Geldscheine und Münzen in den Eimern landeten.

Gina ist eine evangelikale Christin und lebt in einer landwirtschaftlich geprägten Gegend in New Jersey. Obwohl erst Mitte dreißig, ist ihr Gesicht von Erschöpfung gezeichnet, und ihre Hände sind rot und rissig von harter Arbeit. Ihr Mann ist seit vier Jahren arbeitslos, sie hat acht Kinder, sieben eigene und eines, das sie und ihr Mann vor kurzem adoptierten. Wie eine wachsende Mehrheit wiedergeborener Christen unterrichtet auch Gina ihre Kinder selbst zu Hause. Zusätzlich zum Unterricht in den Pflichtfächern studiert sie mit ihnen sehr konzentriert die Bibel. Sie führt den Haushalt, hält den Ehemann bei Laune, beaufsichtigt Wohlergehen und Erziehung ihrer umfangreichen Nachkommenschaft und hat außerdem noch einen eher miesen Job als Kellnerin im nahe gelegenen Fernfahrerlokal. Trotz der finanziellen Not, unter der sie und ihre Familie seit ein paar Jahren leiden, spendet sie gewissenhaft jeden Monat einen Teil ihres mageren Einkommens für eine Organisation namens »On the Wings of Eagles« (»Auf Adlerschwingen«). Diese wird von Yechiel Eckstein, einem amerikanischen orthodoxen Rabbi, und von Richard Land, einem evangelikalen Christen, geleitet. Sie geben einen Teil ihres 100-Millionen-Dollar-Budgets dafür aus, noch in Russland lebende Juden nach Israel zu bringen. Gina sagt: »Gott hat mir eine Liebe zum jüdischen Volk ins Herz gepflanzt, und ich weiß, dass das die gleiche Liebe ist, die Er selbst für das Volk hat. Es ist mein Herzenswunsch, dass über Ihn diesen Menschen und ihrem Land Gutes widerfährt, weil es Gottes Wunsch ist und seine Verheißung.«[4]

Auch Gina stand an jenem Abend inmitten der Menge. Sie griff in ihre Tasche, als die schwarzen Eimer zu ihr kamen. Auf die Frage nach dem persönlichen Opfer, das ihre monatliche Überweisung zugunsten russischer Juden bedeutet, sagt sie, sie wünschte nur, mehr geben zu können. »Ich spende jeden Monat für die ›Adlerschwingen‹. Erst durch den Vorsteher der Organisation habe ich von den Nöten des jüdischen Volkes erfahren. Fast alles, was ich jeden Monat spende – und das ist nicht viel, weil ich so wenig habe, aber ich spende zumindest regelmäßig –, wird im Land Israel ausgesät.« Gina ist zugegebenermaßen nicht sonderlich politisch, noch ist sie mit den komplexen Facetten des israelisch-palästinensischen Konflikts vertraut. Was sie aber dank ihrer Religiosität weiß und versteht, ist, dass Gott mit dem jüdischen Volk und dem Land Israel einen besonderen Plan verfolgt. »Wahrscheinlich ist das der Plan, die ganze Welt zu erlösen, denn Gott hat sich zuerst den Juden offenbart, und die Juden sind es, die diese Offenbarung den Nichtjuden weitergeben.«

Nach Einsammeln der Spenden wandte sich Ehud Olmert, der damalige Stellvertreter von Premier Ariel Scharon, an die Menge, und seine Worte steigerten noch die religiöse Begeisterung, die in dem Versammlungszentrum ohnehin bereits greifbar war. »Jerusalem *ist* der Tempelberg«, begann Olmert. »Zweimal in unserer Geschichte haben wir den Tempelberg verloren. Er ist das Herz der jüdischen Existenz, und die Vereinigten Staaten wissen, dass Jerusalem als Hauptstadt nur eine vereinte, ungeteilte Hauptstadt sein kann. Auf einer anderen Grundlage ist eine zukünftige politische Entwicklung nicht möglich. Ich glaube nicht, dass der Islam zum Terror aufruft, aber diese Gruppen von Terroristen in der ganzen

Welt legen ihre Religion extrem gewalttätig aus. Zu dieser Schlussfolgerung kommt man unweigerlich. Den Terrorismus muss man ohne große Einschränkungen bekämpfen. Terroristen kann man nicht mit Worten bekämpfen. Man tut, was man tun muss.« Danach unterhielt sich Ehud Olmert vor dem Versammlungsgebäude mit mir über die kontinuierliche Unterstützung großer christlicher Organisationen, sobald es um die Existenz Israels geht. »Sie ist nicht die einzige Basis«, sagte er, »aber sie ist eine sehr wichtige Basis für unsere Existenz, ganz zweifellos. Amerika ist eine christliche Gesellschaft, und die USA sind von allen Ländern der Welt dasjenige, das zur Existenz des Staates Israel am meisten beiträgt.«

10. Der Allmächtige (und der) Dollar

Trotz der Wiederwahl Ronald Reagans 1984 und dem in der gesamten evangelikalen Gemeinde vorhandenen Bewusstsein, dass Israel Gottes auserwählte Nation ist, veränderte sich Ende der 1980er Jahre die Stimmung überall in den USA. Alle politischen Erfolge, die die Evangelikalen weiterhin erzielten, erwiesen sich als kurzlebig. Das Land verfiel in Selbstgefälligkeit und kümmerte sich weniger um moralische Werte als um finanziellen Profit. Der Kommunismus war besiegt, und die Wirtschaft erfreute sich eines einzigartigen Booms. Als Ergebnis dessen wuchs auch in der evangelikalen Gemeinde die Sehnsucht nach etwas Aufregenderem, als es der nüchterne Fundamentalismus und die militante Frömmigkeit waren, die Jerry Falwell und die wiedergeborenen Christenführer predigten. Dieses Bedürfnis, den freudlosen Aspekten des evangelikalen Christentums zu entfliehen, förderte eine neue Gattung charismatischer Prediger zutage wie beispielsweise Jimmy Swaggart, dessen Spezialität die Fernheilung über den Äther war, während er zugleich eine extrem hasserfüllte Position gegen die römisch-katholische Kirche, gegen Homosexuelle und gegen den Obersten Gerichtshof bezog. Noch erfolgreicher dürfte er darin gewesen sein, seinen Zuschauern Ablenkung und Trost für ihren armseligen Alltag anzubieten als Gegenleistung für ihre Gefolgstreue und Spendenbereitschaft gegenüber seiner Fernseh-Mission, die zu ihren besten Zeiten über 150 Millionen Dollar jährlich einsammeln konnte. Seine Andachten kamen deshalb gut an, weil er die Menschen mit seiner Geschichte rührte, wie er selbst Armut und Elend am eigenen Leib erfahren habe und deshalb die persönlichen Enttäuschungen und Leiden seiner Zuschauer nachvollziehen könne. Außerdem predigte er gegen Unzucht und Pornographie an und machte, zumindest am Anfang seiner Karriere, einen ehrlichen Eindruck, vor allem, als er freiwillig Kontoauszüge seiner TV-Mission an die Presse gab. Swaggarts Ende war eine einzige Blamage: Es kam heraus, dass er mehr als nur ein Stelldichein mit Prostituierten in einem schäbigen Motel in Louisiana hatte und sein Leben lang pornographiesüchtig gewesen war. Eine der Prostituierten, deren Dienste Swaggart in Anspruch genommen hatte, posierte dann auch noch für das Magazin *Penthouse* und erzählte ihre Affäre mit dem wiedergeborenen Geistlichen in allen peinlichen Details. Die Medien schossen sich auf der Stelle auf ihn ein, und seine Fernsehgemeinde wandte sich gegen ihn. Er erhielt einen offiziellen Tadel von seinen geistlichen Mitbrüdern, wurde für ein Jahr des Predigeramtes entkleidet, sein Finanzimperium schrumpfte auf 4,5 Millionen Dollar jährlich, und der Schwund bei seinen treuen Zuschauern betrug achtzig Prozent.

Oral Roberts war ein anderer evangelikaler Geistlicher, der Menschen nicht nur live per Fernheilung kurierte, sondern 1965 auch die »Oral Roberts University« in Tulsa, Oklahoma, gründete, nachdem er dazu einen »Befehl von Gott« erhalten hatte. Die Universität bildete künftige Generationen von »Televangelisten« aus, die als Prediger das Christentum der Wiedergeborenen verkünden und neue Seelen zu ihrem Glauben bekehren sollten. Roberts, der nur etwa zwei Jahre auf dem College absolviert und dort die Bibel studiert hatte, berichtete 1980 von einer privaten Vision eines 300 Meter großen Jesus, der ihn aufgefordert habe, Geld für die Errichtung seines später so genannten »City of Faith Medical and Research Center« (»Medizinal- und Forschungszentrum der Stadt des Glaubens«) zu sammeln. Das »Center« öffnete 1981 seine Pforten und litt fortwährend unter finanziellen Problemen, die im März 1986 ihren kritischen Höhepunkt erreichten, weshalb Roberts seiner Fernsehgemeinde verkündete, er habe direkt mit Gott gesprochen, der ihm mitgeteilt habe, er werde »abberufen« (d. h. sterben), sollte es ihm nicht gelingen, bis zum 31. März 1987 die Summe von acht Millionen Dollar aufzubringen. Am 1. April ging Roberts erneut auf Sendung, um seinen treuen Zuschauern Bescheid zu geben, dass die acht Millionen tatsächlich eingegangen seien und Gott sein Leben verschont habe. Kurz darauf, noch immer im Jahr 1987, behauptete Roberts, er habe Tote zum Leben erweckt und werde nach seinem eigenen Tod auf die Erde zurückkehren und an der Seite Jesu herrschen. Roberts' Sohn Richard, der heute Teilhaber der Oral Roberts TV-Mission ist, gab bekannt, er habe mit eigenen Augen gesehen, wie sein Vater ein totes Kind zum Leben erweckt habe. Trotz der nach eigenen Angaben bewirkten Wunder und trotz des Geldes, das Roberts »durch die Gnade Gottes« gesammelt hatte, wurde das »Medical Center« zu kostenträchtig und schließlich 1989 geschlossen. Die sexuellen Eskapaden eines Jimmy Swaggart und die unfasslichen Behauptungen eines Oral Roberts verblassen allerdings im Vergleich zu Jim und Tammy Bakker, denen die Auszeichnung gebührt, die berüchtigtsten aller »Televangelisten« zu sein.

Die Bakkers nannten ihr Verkündigungsunternehmen das »Praise the Lord (PTL)«-Kabelnetzwerk und operierten von Charlotte, North Carolina, aus. PTL war auch der Name ihrer TV-Mission, die sofort Zugang zu den höchsten Rängen der Gesellschaft fand. Industrielle, Schauspieler, Politiker, Persönlichkeiten aus Sport und Medien traten gemeinsam mit den Bakkers in religiösen Sendungen auf. Der erste konservative Politiker, der sich öffentlich positiv zu PTL äußerte und selbst eingestandenermaßen Beziehungen zur fundamentalistischen und neuen christlichen Rechten unterhielt, war Senator Jesse Helms, Südstaaten-Republikaner und besonders bekannt wegen seiner rassistischen Einstellung, auch als die Rassentrennung in den USA schon längst aufgehoben war. Senator Helms benutzte die religiöse Plattform von »Praise the Lord« für seine Kampagnen gegen die Besteuerung von Privatschulen, gegen den Abzug von US-Truppen aus Südkorea und für andere politische und soziale Anliegen, hinter denen die christlichen Fundamentalisten standen. Tammy und Jim Bakkers Anhängerschaft überwies Millionen von Dollar, die zum größten Teil für Tammys lachhaft teure Kleider, Perücken, Schmuckstücke und Kosmetik ausgegeben wurden sowie für die extravaganten Wohnsitze der beiden, die mit Marmor, falschen Versailles-Kristalllüstern und Louis-XIV-Möbelimitaten ausstaffiert waren. Das Verblüffende war, dass ihre Fans und Anhänger vom ausgefallenen Lebensstil der beiden wussten und sie dennoch anbeteten und sich faszinieren ließen vom speziellen Bakker-»Konsum-Evangelismus«, der predigte, dass »Gott diejenigen liebt, die Erfolg haben«. Damit boten sie allen Habenichtsen, Durchschnittsamerikanern und Unterprivilegierten eine Möglichkeit zur Flucht aus den trostlosen Sackgassen ihres Alltags in eine Illusion. Und noch verblüffender war, dass sogar die Armen, die von der Sozialhilfe oder mageren Renten lebten, treu und brav jeden Monat Geld an Tammy und Jim schickten, obwohl das PTL-Netzwerk doch beträchtliche Spenden von den Reichen und Berühmten erhielt. Jim und Tammy Bakker verkörperten nicht nur den Inbegriff der amerikanischen Form von Kapitalismus und freier Marktwirtschaft; sie brachten auch die Massen dazu, an einen Gott zu glauben, der laut Jim und Tammy lehrt, dass der Glaube die beste Möglichkeit zu immer währendem Glück darstellt, das selbstverständlich darin besteht, sich mit jeglichem Luxus zu umgeben, den man für Geld kaufen kann.

Schlussendlich wurde die Bakker-Bewegung als gigantisches Betrugsmanöver entlarvt. Im September 1989 musste Jim Bakker wegen finanzieller Unregelmäßigkeiten und sittenwidrigen Verhaltens vor Gericht. Der Fall war *die* Skandalstory der USA, begleitet von Schadenfreude und Häme. Die Menschen außerhalb der evangelikalen Gemeinde waren schockiert und angewidert von der unglaublichen Vulgarität der Bakkers. Die loyale Gefolgschaft hingegen war zwar entsetzt über den jähen und schmählichen Absturz des Paares, war aber nichtsdestoweniger geschockt, dass ihr Draht zum Allmächtigen mittels von gewöhnlichen Sterblichen gemachter Gesetze gekappt worden war.

Die nationalen und internationalen Medien verfolgten Jims Verhaftung, Tammys Hysterie und den anschließenden Sexskandal, als aufflog, dass Bakker eine wilde Affäre mit einer Sekretärin seiner TV-Kirche gehabt hatte. Was Bakker juristisch zu Fall brachte, war weniger sein pompöser Lebensstil und auch nicht sein Talent, die Millionen Evangelikalen, die treu vor dem Fernseher seine Gottesdienste mitverfolgten, immer wieder aufs Neue dazu zu bringen, ihm Geld zu schicken, damit das Paar sein opulentes Leben weiter führen konnte. Es war vielmehr die Tatsache, dass er, nachdem er mit seiner Sekretärin erwischt worden war, der jungen Frau mit Kirchengeldern den Mund stopfte. Während Jim gesenkten Kopfes und mit tränenüberströmten Wangen in Handschellen und Fußfesseln abgeführt wurde, erhob Tammy Gram und Entrüstung zur Kunstform. Mit ihrem affektierten Getue und einer völlig würdelosen Weinerlichkeit tauchte sie unzählige Male landesweit im Fernsehen auf. Schwarze Mascara von ihren falschen Wimpern lief ihr über die Backen, das wasserstoffblonde Haar war bis zum Gehtnichtmehr toupiert und stand spitz ab, so rief sie von Küste zu

Küste im schrillen Jammerton Jesus an und schwor, ihr Mann würde rehabilitiert werden. Und in einem besonders beschämenden Interview behauptete Mrs. Bakker doch tatsächlich, Jim werde wegen seines Glaubens geopfert, genau wie Christus seinerzeit ans Kreuz geschlagen wurde.

Es endete damit, dass Tammy ihren Schmuck, ihre Autos, Pelze und Häuser verkaufen musste. Das amerikanische Publikum reagierte ähnlich wie bei Jimmy Swaggart, als dieser öffentlich in Ungnade gefallen war: Trotz allem hatte es noch immer ein tiefes Bedürfnis nach der Art von religiöser Erweckung und direktem Kontakt zu Gott, die die Bakkers ihnen Sonntag für Sonntag geboten hatten. Selbst nachdem Jim Bakker von der geistlichen Bühne heruntergeholt und im Innern eines kalifornischen Gefängnisses verschwunden war, strömten weiter Milliarden von Dollars in die Kassen der anderen TV-Kirchen, die noch im Geschäft waren. Dies bewies, dass ein großer Teil der amerikanischen Öffentlichkeit das Bedürfnis hatte, den Behauptungen jener »televangelistischen« Prediger zu glauben, die angeblich Kranke heilen, Tote wieder auferstehen lassen oder ein elendes Leben in Armut in ein zufriedenes voller Reichtümer verwandeln konnten. Die beliebteste Botschaft all dieser evangelikalen Prediger war jedoch, dass Gott die Antwort auf jedermanns wirtschaftliche Probleme sei. Wie Pat Robertson sagte: »Im Reich des Herrn gibt es keine Rezession und keinen Mangel an gar nichts.«[1]

In den nächtlichen Talkshows machten Komiker die blamierten Religionsführer zu Zielscheiben ihres Spotts, und die Skandale sollten letztlich auch Auswirkungen auf die soziale, moralische und politische Agenda von Präsident Reagans Nachfolger haben: George Bush senior.

Ed McAteer war schon immer der Prototyp eines Starverkäufers gewesen. Sein aus- und abschweifender und mit Anekdoten gespickter Vortrag ließ seine Zuhörer augenblicklich erkennen, dass er in seinem Leben schon oft im Zentrum politischer Entscheidungen auf höchster Regierungsebene gestanden hatte. Mit der gleichen Unbefangenheit konnte er seine erstklassigen Beziehungen hervorheben, wenn er erwähnte, dass er zufällig auch einen direkten Draht zum Allmächtigen hatte. Es gibt keinen Zweifel darüber, dass McAteer in Washington ein Insider war, der bei vielen Gehör fand, die für das Wohl des Landes verantwortlich waren und sind. Er war von zwei Präsidenten, Ronald Reagan und George Bush senior, und zwei aussichtsreichen Kandidaten, Jack Kemp und Pat Robertson, gebeten worden, als Ratgeber oder Mitglied der Regierung zu wirken. Trotz lebenslanger Loyalität gegenüber der Republikanischen Partei hatte er immer ein etwas zwiespältiges Verhältnis zur Familie Bush, angefangen beim älteren George Bush.

Ed McAteers erster Kontakt mit George W. Bush kam während des Präsidentschaftswahlkampfs von Bush senior 1988 zustande, als dieser McAteer bat, als Verbindungsmann zwischen der Christengemeinde und der Republikanischen Partei »mit ins Boot zu kommen«. Damals war Doug Wead, ein evangelikaler Angehöriger der Pfingstkirche und der »Assemblies of God«, damit betraut gewesen, im Auftrag von Vater Bush den Sohn als politisches Bindeglied zur Christengemeinde aufzubauen. Obwohl Wead ebenfalls aus der Verkaufsbranche kam, brauchte Bush den König aller Verkaufstechnik, damit dieser ihm half, George W. im Sinne der evangelikalen Gemeinde zu erziehen. Keiner war für die Aufgabe besser geeignet als Ed McAteer. »Gleich nachdem Doug mich angesprochen und ich zugestimmt hatte, mit ihm und mit Bush junior zusammenzuarbeiten«, erzählte mir McAteer[2], »wurde ich von Bush senior gebeten, eine sichtbare und dauerhafte Funktion im Wahlkampf zu übernehmen. Ich lehnte ab, weil ich glaubte, mehr Gutes bewirken zu können, wenn ich unsichtbar und hinter den Kulissen arbeitete, damit alles reibungslos lief. Und als Allererstes flog ich nach Dallas hinunter und traf mich mit W. A. Criswell, einem Prediger von Reverend Billy Graham von der ›First Baptist Church‹ in Dallas. Ich hielt dort vor all diesen Baptisten eine Rede und machte Schleichwerbung für den jungen Bush, machte ihn zum Helden, sodass alle meine christlichen Freunde ihm auch zuhören würden, wenn es schließlich darum ging, sie zur Stimmabgabe für seinen Daddy zu bewegen.«

Kurz danach arrangiert McAteer einen Auftritt des jüngeren Bush vor der einflussreichsten Gruppe von Evangelikalen anlässlich der Tagung der Vereinigung Religiöser Rundfunkanstalten. »Bush und sein Daddy wussten, dass sie den Süden brauchten, wenn sie die Wahl gewinnen wollten«, erklärte McAteer. »Hatten sie erst mal die Vorwahlen in den Südstaaten gewonnen, dann wussten sie, dass sie die Präsidentenwahl gewinnen würden. Und das war dann das Aus für Mr. Dukakis, den demokratischen Gegenkandidaten.«

Nachdem George Bush senior der vierundvierzigste Präsident der USA geworden war, erhielt Ed McAteer einen freundlichen Brief von ihm. »Er hat mehr oder weniger geschrieben, zwar könne ich nicht direkt auf dem Wasser wandeln«, erzählte McAteer, »aber ich würde auch nicht weiter als bis zu den Knöcheln einsinken oder untergehen. Er wollte sich halt herzlich für meine Mithilfe bei seinem großen Sieg bedanken und dafür, dass ich alles so organisiert hatte, dass meine Mitchristen wussten, er würde sich als Präsident gegen Abtreibung stark machen, um diese kleinen Babys zu retten, und gegen die Übel der Homosexualität und für all die anderen Themen, die uns so teuer sind, besonders unser starkes Interesse an Israel und dem jüdischen Volk.«

Am Tag von George Bushs Amtseinführung schaute Ed McAteer voller Stolz zu, wie der gerade gewählte Präsident, mit Frau Barbara an seiner Seite, den Amtseid ablegte. Danach applaudierte McAteer, als der neue Präsident und die First Lady die Parade entlang der Pennsylvania Avenue zum Weißen Haus anführten. »Das Einzige, was mir damals irgendwie auffiel, war, dass Bush junior jeden Blickkontakt mit mir vermied. Er ist mir schlicht jedes Mal ausgewichen, wenn ich auf ihn zuging.«

Als die Feierlichkeiten beendet waren und Bush senior sich im Oval Office eingerichtet hatte, vernahm McAteer aus verschiedenen Quellen, der Präsident habe beschlossen, »sich von der christlichen Rechten bei jenen Themen zu distanzieren, die die eher liberalen Mitglieder beziehungsweise die Masse der Republikanischen Partei vor den Kopf stoßen würden«.

»Ich möchte nur so viel sagen«, führte McAteer aus, »dass es die christliche Rechte war, die dem Präsidenten die Südstaaten geliefert und die Wahl für ihn gewonnen hatte. Und es war die christliche Rechte, die dafür sorgte, dass er beim zweiten Mal die Wahl verlor. Ich hatte aber danach keinen Kontakt mehr zu Bush senior oder zu sonst irgendjemandem im Weißen Haus, bis ich vor zwei Jahren in Dallas zufällig auf der gleichen Rednerliste stand wie der jetzige Präsident George W. Bush. Als die Reden gehalten waren, sah ich, wie der junge George in meine Richtung kam, um ein paar Hände zu schütteln. Ich bin mir noch nicht mal sicher, ob er mich sah, bevor er direkt neben mir stand.« McAteer zufolge stutzte der Präsident und guckte ein wenig verdutzt, ehe er sich zu McAteer beugte und ihn an der Schulter packte. »Wir beide haben schon schöne Sachen erlebt, stimmt's, Ed?«, habe er gesagt und sei dann weitergegangen, um sich der Menge zu widmen.

Im Jahr 1988 begannen die USA einen Dialog mit der Palästinensischen Befreiungsorganisation PLO. Die demütigenden Ereignisse im Iran 1979 schien das amerikanische Volk so gut wie vergessen zu haben, auch wenn Gläubige wie Ed McAteer und andere sich nur allzu gut an sie erinnerten. Ihnen wurde immer klarer, dass im Gegensatz zu dem, was er der christlichen Rechten versprochen hatte, George Bush keineswegs Ethik, Gott und Religion zu den beherrschenden Themen seiner Präsidentschaft machte, weil sie nicht die geistig-seelische Befindlichkeit des Landes dominierten. Um sein Bestreben, den weltlich gesinnten Teil der USA zu umwerben, noch deutlicher zu machen, ernannte Präsident Bush am 2. Oktober 1990 David Hackett Souter zu einem der acht Bundesrichter. Während seiner ganzen Karriere war Souter immer für die verfassungsmäßigen Rechte auf Wahrung der Intimsphäre und auf Eigenverantwortlichkeit eingetreten; somit trug seine Ernennung zur Entfremdung zwischen Präsident und christlicher Rechten bei. Von damals bis heute gilt Souter als einer jener drei ideologisch nicht festgelegten Richter des Obersten Gerichtshofs, die anerkannten, dass die Verfassung das Recht der Frau auf eigenverantwortliche Entscheidung schützt.

Trotz der Schmähungen, mit denen er von der evangelikalen Gemeinde überhäuft wurde, gab es dennoch einen kurzen Augenblick in seiner Amtszeit als Präsident der Vereinigten Staaten, in dem George Bush die Unterstützung der christlichen Rechten teilweise zurückholte. Im Jahr 1991 vertrieben die US-Streitkräfte die Iraker aus Kuwait, was in die allgemeine Stimmung passte, die von Profitstreben, politischem Pragmatismus und Öl beherrscht war. Für die christliche Rechte war der Golfkrieg jedoch ein Symbol für den christlichen Kampf gegen den bösen Islam. Die Ironie war allerdings, dass im Bewusstsein eines großen Teils der Amerikaner die arabische Welt zweigeteilt war: in die, die »für oder gegen uns« waren – ein vertrauter Slogan, der im zweiten Golfkrieg wieder zum Einsatz kam, als Bush junior in den Irak einmarschierte.

Während des ersten Golfkriegs 1991 war ich in Tel Aviv und schrieb an einem Artikel für das Magazin *Elle* über Christiane Amanpour, die kurz zuvor bei CNN angefangen hatte. Jeden Abend heulten unweigerlich die Sirenen und kündigten die nächste Scudrakete an, mit den besten Empfehlungen von Saddam Hussein. Wir reagierten immer rasch. Wir setzten die Gasmasken auf, warfen die Erste-Hilfe-Päckchen über die Schulter, eilten die Betontreppe zum Keller des Hotels hinab und warteten. Meistens wurden die Scuds durch die von den USA gelieferten Patriotraketen abgefangen; dennoch gab es einige todbringende Ausnahmen. Oft hörten wir Explosionen, als ereigneten sie sich nur Zentimeter neben uns, und während wir auf die Entwarnung warteten, untersuchten Spezialtrupps der israelischen Armee die Raketentrümmer, um zu prüfen, ob der Führer des Irak Chemiewaffen losgeschickt hatte, was er nie tat. Und stets hörten wir von israelischen Opfern.

In diesem Krieg war Präsident George Bush eine Koalition mit arabischen Staaten eingegangen, um Kuwait zu befreien. Die Bedingung war, dass Israel nicht aktiv in den Kampf eingriff, auch wenn es direkt von Saddam Hussein angegriffen werden sollte, was ja auch geschah. Für die Dauer des Krieges freundete ich mich in Tel Aviv mit einem evangelikalen Christen an, der mit einer Gruppe wiedergeborener christlicher Pilger nach Israel gekommen war, um für die »Internationale Christliche Botschaft« in Jerusalem zu arbeiten. Bei Kriegsausbruch waren er und seine Gruppe von Jerusalem nach Tel Aviv gekommen und in einer solidarischen Geste gegenüber dem jüdischen Volk dort geblieben.

Immer bevor die Sirenen anfingen zu heulen, was praktisch jeden Abend der Fall war, hatte ich lebhafte Diskussionen mit dem Mann, die sich stets um seine Liebe zu den Juden und zum jüdischen Staat drehten. Irgendwann kam ich schließlich auf die Doppelmoral zu sprechen, die beim Thema Israel stets dann zum Vorschein kam, wenn es um dessen Selbstverteidigung gegen die arabische Aggression ging. Ich wollte wissen, was mein neuer christlicher Bekannter davon hielt, dass der US-Präsident mit der arabischen Koalition einen Deal eingegangen war, der Israel von einer militärischen Antwort auf die nächtlichen Raketenangriffe abhielt. Ich wollte zudem wissen, was er dazu sagte, dass die USA das Leben ihrer Soldaten aufs Spiel setzten, um Kuwait zu befreien, einen arabischen Staat und eingeschworenen Feind Israels. Seine damalige Antwort schien mir nicht von der Meinung der meisten Amerikaner abzuweichen, die aus einem sehr speziellen und pragmatischen Grund für den Krieg waren: wegen des Öls. »Wir müssen tun, was für unser Land gut ist«, sagte er zu mir. »Wir müssen Kuwait befreien, damit Saddam Amerika nicht in die Knie zwingt. Jeder weiß, dass er uns mit steigenden Ölpreisen und einer Verknappung erpressen will, und dann gibt's bei uns wieder Warteschlangen an den Tankstellen, wie wir sie schon mal in den Siebzigern hatten.« Und Israel? »Gott wird sich um das jüdische Volk kümmern«, beruhigte er mich. »So steht's doch in der Heiligen Schrift.«

Ich musste an die langen Schlangen an den Zapfsäulen in den späten Siebzigern denken und daran, wie ich einmal darauf wartete, an die Reihe zu kommen, und wie ich Aufkleber an den Stoßstangen gesehen hatte, auf denen stand: *»Need heat? Burn a Jew« (»Zu kalt? Leg 'nen Juden nach«).*

Trotz der Tatsache, dass dieser eine Evangelikale nach Israel gekommen war, um als Freiwilliger für die »Christliche Botschaft« zu arbeiten, und zum Zeichen seiner Unterstützung des jüdischen Volkes vor Ort geblieben war, beruhte seine Reaktion auf den Krieg auf seinen Empfindungen als amerikanischer Staatsbürger. Nie hat er sich irgendwie hasserfüllt gegenüber den Arabern im Allgemeinen geäußert oder den Islam als Verkörperung des Bösen verteufelt. Stattdessen bot er eine nachvollziehbare Meinung über den irakischen Herrscher an, der mit der Absicht in ein souveränes Land eingefallen sei, sich die Ölfelder anzueignen und die USA »in die Knie« zu zwingen. Der Umstand, dass Israel an einer militärischen Erwiderung auf die irakischen Raketenangriffe gehindert wurde, oder die Tatsache, dass Kuwait ein Feind des jüdischen Staates war, blieben unberücksichtigt. Es war offenkundig, dass sich dieser amerikanische Evangelikale zuallererst als Amerikaner betrachtete und erst dann als wiedergeborener Christ fühlte.

Als Verbeugung gegenüber der christlichen Rechten, die ihm ins Weiße Haus geholfen hatte, hatte Präsident George Bush immerhin Reverend Billy Graham gebeten, öffentlich als Vorbeter der Nation zu agieren. In der Nacht, in der der Golfkrieg begann, war Billy Graham im Weißen Haus zu Gast und erklärte Bush senior, wie wichtig es sei, »sich als gläubiges Volk an Gott zu wenden, sich voller Hoffnung an Ihn zu wenden«. In seinen Worten fand sich keinerlei Abneigung gegen die Araber oder den Islam. Am darauf folgenden Morgen war der Krieg in vollem Gange, und Reverend Graham begab sich nach Fort Myers in New Jersey, wo US-Truppen auf ihren Abtransport nach Übersee warteten, um dort eine Andacht zu halten. Präsident Bush zufolge »hatten wir eine reizende Andacht, in der Dr. Graham unserer Nation in einem wunderbaren Gebet den Weg wies und dabei besonders auf die Truppen in Übersee einging. Wir beteten für einen Sieg über die irakischen Streitkräfte.« Am 31. Januar 1991 sagte George Bush in einer Rede an das amerikanische Volk: »Überall in diesem Land sind die Kirchen, Synagogen und sogar die Moscheen bei den Gottesdiensten so voll wie nie mit Menschen, die für unseren Erfolg beten bei dieser Militäroperation gegen das Böse in Gestalt von Saddam Hussein.« Damals war das Feindbild auf einen brutalen

Diktator begrenzt, der nicht nur sein eigenes Volk gefoltert und gemordet hatte, sondern auch noch in ein Nachbarland eingefallen war. Laut Ed McAteer war der Hauptgrund, warum die Evangelikalen ihre Unterstützung für Bush zurückzogen, vor allem im mangelhaften Beistand des Präsidenten für den jüdischen Staat während des Golfkriegs zu suchen. »Der Präsident hatte der christlichen Rechten den Rücken gekehrt«, sagte mir McAteer 2004.

Die erste palästinensische Intifada begann im Dezember 1987 und dauerte bis September 1993. Der Aufstand forderte viele Opfer unter der israelischen Bevölkerung und löste bei den amerikanischen Juden den Impuls aus, sich mit der Idee »Land für Frieden« und der Gründung eines palästinensischen Staates im Westjordanland und im Gazastreifen anzufreunden. Unter der Schirmherrschaft und mit wohlwollender Unterstützung von Präsident George Bush, nach dessen Einschätzung sich seine Wählerschaft aus dem weltlichen Teil der Bevölkerung rekrutierte, begann 1991 die Friedenskonferenz von Madrid. Israelische und palästinensische Delegationen unternahmen erste Anstrengungen, die Rahmenbedingungen für ein umfassendes Friedensabkommen festzulegen. Zur gleichen Zeit fanden in Oslo Geheimverhandlungen und parallel dazu öffentliche Verhandlungen in Washington statt.

Man kann darüber streiten, ob die Gemeinde der Wiedergeborenen bewusst eine politische Entscheidung fällte, sich auf die Außenpolitik zu konzentrieren, weil es ihr in den USA nicht gelungen war, Gesetze auf der Grundlage der Zehn Gebote sowie die unverzichtbaren religiösen und moralischen Postulate ihrer Weltanschauung durchzusetzen. Unbestritten ist aber, dass Bushs Ernennung von David Hackett Souter zum Bundesrichter eine eindeutige Botschaft an die christliche Rechte darstellte.

Zu Beginn des Wahlkampfs von 1992 hatte George Bush einen überwältigenden Vorsprung in den Meinungsumfragen. Kurzzeitig hegte die religiöse Rechte die Hoffnung, ihr Kandidat Patrick J. Buchanan, einer der wichtigsten Berater unter Nixon und Reagan, habe als Herausforderer des amtierenden Präsidenten eine realistische Chance. Er war ein ehemaliger Fernsehkommentator, der seine lebenslange Bindung an die Republikanische Partei gelöst hatte, um sich als Präsidentschaftskandidat für die Reformpartei nominieren zu lassen, und fungierte nun als Auslöser eines erbitterten Streits zwischen jenen, die loyal zu Ross Perot, dem Gründer der Reformpartei, standen, und Jesse Ventura, dem Gouverneur von Minnesota und ehemaligen Catcher-Star. Bei seinem Eintritt in die Reformpartei wurde Buchanan jedoch von konservativen Republikanern des Antisemitismus beschuldigt; sie zitierten Passagen aus seinem Buch, in dem er die Rolle der USA beim Kampf gegen Adolf Hitler herabwürdigte. Es war insofern eine aufschlussreiche Phase in den Vereinigten Staaten, als Buchanan ja strikt gegen Abtreibung und Homosexuellenrechte und vehement für Todesstrafe, Schulgebet und all die anderen innenpolitischen Anliegen eintrat, die der religiösen Rechten am Herzen lagen. Die zentrale religiöse Bedeutung des jüdischen Staates und der alttestamentarische Bund zwischen Gott und Abraham waren für die evangelikalen Wähler aber entschieden wichtiger als irgendwelche innenpolitischen Positionen der äußersten Rechten. Ross Perot gewann nicht nur die Nominierung der Reformpartei, sondern erzwang auch ein Dreiparteienrennen um die Präsidentschaft in den USA.

Für die Mehrheit der säkularen Amerikaner beruhte George Bushs Popularität auf seiner Rolle als Oberbefehlshaber beim entscheidendsten militärischen Sieg seit dem Zweiten Weltkrieg, dem im Golfkrieg. Deshalb forderten ihn die aussichtsreichsten Kandidaten der Demokraten auch nur zögerlich heraus, als sich das Land für die Wahlen rüstete. Erst nachdem der damalige Gouverneur von Arkansas, ein junger, ehrgeiziger Politiker namens William Jefferson Clinton, der nicht als einer aus dem Washingtoner Klüngel galt, für die Demokraten nominiert worden war, deuteten die Meinungsumfragen eine bevorstehende Niederlage Bushs an. Die USA reagierten auf Clinton nicht nur wegen seiner Jugend, sondern weil er für einen neuen Typus von Politikern stand, der bereit war, sich den Herausforderungen einer neuen Weltordnung zu stellen. Binnen Tagen nach seiner Nominierung war Clinton bei den Umfragen nach oben geschnellt. Noch vernichtender für Bush war der Selfmade-Milliardär Ross Perot, der nur ein einziges Wahlkampfthema hatte, den Abbau des Staatsdefizits. Wegen der lahmenden Konjunktur konzentrierten sich alle drei Kandidaten bei ihren Veranstaltungen auf die wirtschaftlichen Probleme des Landes. Die Ironie der Situation lag darin, dass jener Präsident Bush, der Vizepräsident in der Amtszeit Reagans gewesen war, die immerhin den Niedergang des Sowjetimperiums und das Ende des Kalten Krieges für sich in Anspruch nehmen durfte, urplötzlich als Kandidat Bush wiederaufgebaut wurde und ein Mann war, der rein gar nichts vorzuweisen hatte außer einer gefährlich moribunden Volkswirtschaft. Für den weltlichen Teil der US-Wähler galt, dass sich die Republikaner nicht mehr auf ihr abgegriffenes Klischee stützen konnten, wonach die Demokraten gegenüber den Russen kein Rückgrat hätten. Die Evangelikalen andererseits, die das Potenzial gehabt hätten, die Wahl in ihrem Sinne zu entscheiden, waren von Bush genügend desillusioniert worden, um entweder für Perot zu stimmen oder gar nicht zur Wahl zu gehen. Das Problem bei der Wahl von 1992 war nicht nur, dass Ross Perot dem Amtsinhaber Bush Stimmen wegnahm, sondern dass die religiöse Rechte weder bereit noch geschlossen genug war, um einen republikanischen Sieg zu gewährleisten.

Normalerweise wählen die meisten Amerikaner Politiker, die

ihre religiösen Überzeugungen in jedes Regierungsamt mitnehmen, das sie innehaben. Für Amerikaner ist es eine Selbstverständlichkeit, dass Gott ihnen nicht nur zu militärischer Macht und großer technologischer Überlegenheit verholfen hat, sondern dass Er auch beim Schutz all der Freiheiten mitwirkt, die das Fundament ihres Landes bilden. Folglich war die Gesinnung des Präsidenten schon immer ein guter Gradmesser für die amerikanische Religiosität, und jeder Präsident hat sich für die Dauer seiner Amtszeit den Anschein gegeben, als wäre Gott sein engster Berater und geistiger Führer. Selbst Bill Clinton, der für den frommen Teil des Volkes den Gegenentwurf zu einer religiösen Ethik verkörperte, inszenierte seine Wahlkampfveranstaltungen noch stärker als jeder andere Kandidat der Mitte wie Erweckungstreffen. Von seinem ersten Wahlkampf 1992 an, als er in den Gotteshäusern der Schwarzen den authentischen Prediger gab, und während beider Amtszeiten spickte er alle seine Reden mit Zitaten aus der Bibel, dem einen Buch, das er von vorn bis hinten auswendig kannte. Die Diskrepanz zwischen Anspruch und Wirklichkeit wurde erst gegen Ende seiner Präsidentschaft augenscheinlich. Nicht nur bei seiner Amtseinführung schwor Bill Clinton den Eid als Präsident der Vereinigten Staaten bei Gott, sondern er schwor auch auf die Bibel – »Ich hatte niemals Verkehr mit dieser Frau« –, als er sein Verhältnis zu der im Weißen Haus beschäftigten Praktikantin Monica Lewinsky leugnete. Und als herauskam, dass er gelogen hatte, bemühte er zu seiner Verteidigung wiederum Gott. Clinton beichtete seine »Sünde« und zitierte beim alljährlichen Gebetsfrühstück in Washington sowohl aus dem Neuen Testament als auch aus der Jom-Kippur-Liturgie: »Ich habe mein Leben einer höheren Macht überantwortet und Gott gebeten, mich von meinen Sünden loszusprechen«, sagte der Präsident. »Ich habe gesündigt, weil ich mich verirrt und die Zehn Gebote vergessen hatte.«[3]

Trotz Clintons Bemühungen, der P. T. Barnum *[Anm. d. Ü.: Phineas Taylor Barnum, 1810-1891, war Zirkusunternehmer und galt als »König des Humbugs«]* jeder öffentlichen Glaubensbekundung zu werden, steht fest, dass die christliche Rechte nach George Bushs Niederlage bei der Präsidentenwahl von 1992 an einem Tiefpunkt ihres finanziellen und spirituellen Einflusses auf die amerikanische Öffentlichkeit angelangt war.

11. Die Wiedererstehung der christlichen Rechten

Die Politik gibt den Kerlen so viel Macht, dass sie zu schlechtem Benehmen gegenüber Frauen neigen. Und ich hoffe, dass es mit mir nie so weit kommt. (Bill Clinton als Rhodes-Stipendiat in Oxford zu einer Freundin)

Über den gesamten Zeitraum der Clinton-Jahre im Weißen Haus, von 1992 bis 2000, war den Evangelikalen bei der Durchsetzung ihrer innenpolitischen Programmpunkte nur wenig Erfolg beschieden. Sie hatten auch keinen nennenswerten Einfluss auf die US-Außenpolitik. Eigentlich waren sie während beider Clinton-Amtszeiten der Meinung, Ethik und christliche Werte seien auf einem historischen Tiefpunkt und Israel sei mehr oder weniger von einem Präsidenten aufgegeben worden, der nicht an die im Bund mit Abraham niedergelegten Worte des Herrn glaubte.

Während die überwiegende Mehrheit aus der Generation der Babyboomer den neuen Präsidenten als einen der ihren betrachtete – als einen jungen, ehrgeizigen und lustigen Typen, der die vielseitige, emanzipierte, erfolgreiche, unabhängige und selbständige Hillary zur Frau hatte –, glaubten die Evangelikalen fest daran, der Teufel persönlich habe sich im Weißen Haus einquartiert. Und Mrs. Clinton galt als das Gegenteil dessen, was eine gottesfürchtige

Ehefrau und Mutter hätte sein sollen. Der christlichen Rechten erschien es unmöglich, ihr Ziel zu erreichen und die USA zurück zu den moralischen Maßstäben zu bringen, die nach der iranischen Geiselkrise vom 1979 gesetzt worden waren. Wie Jerry Falwell kurz nach den Terroranschlägen von 2001 sagte: »Diese unglückselige Begebenheit von jemandem wie Clinton im Weißen Haus hatte auch etwas Positives. Sie bewirkte eine spirituelle Erweckung unserer Jugend, die Feuer und Flamme für Gott war und darauf brannte, in Amerika etwas zu bewegen.« Sogar als man ihm Clintons überwältigende Beliebtheit in den Umfragen vorhielt, wusste Falwell eine Antwort darauf. »Jesus Christus hat sich nie um Umfragen oder Beliebtheit gekümmert«, sagte er. »Er hat sich um gar nichts gekümmert außer um Gottes Wohlgefallen, und Bill Clinton hat das Wohlgefallen unseres Herrn nicht!«[1]

Sowohl die Niederlage von Präsident George Bush 1992 als auch die Wahl Izhak Rabins zum israelischen Premierminister auf der Grundlage eines Wahlprogramms, das einen schrittweisen Abzug israelischer Truppen aus dem Westjordanland und Gaza vorsah, signalisierten einen echten Schritt vorwärts in Richtung auf einen autonomen palästinensischen Staat. Im September 1992 begrüßte Präsident Clinton die palästinensische und die israelische Führungsspitze auf dem Rasen vor dem Weißen Haus zur Unterzeichnung des Osloer Friedensabkommens. Die Abwesenheit jeglicher religiöser Oberhäupter bei der Zeremonie war eine ganz bewusste Entscheidung seitens des US-Präsidenten. Der religiöse Aspekt des Konflikts galt als Komplizierung einer ohnehin sensiblen Situation. Dass man das Thema Religion ignorierte, trug jedoch nicht dazu bei, die weiterhin offene Frage zu klären, ob es sich bei dem Konflikt nun um territoriale Meinungsverschiedenheiten handelte oder um eine in religiösen Überzeugungen begründete Blutfehde. Die Unfähigkeit, den israelisch-palästinensischen Konflikt anders als nur politisch oder historisch auszuleuchten, verschärfte den Extremismus innerhalb der drei betroffenen Religionen: Judaismus, Christentum und Islam.

Am 4. November 1995 war der Traum vom Frieden ausgeträumt, als Rabin von einem jüdischen Extremisten der rechten Kachpartei in Tel Aviv ermordet wurde. Nach seiner Wiederwahl 1996 und als Tribut an seinen getöteten Freund war Präsident Clinton jedoch noch fester entschlossen, ein dauerhaftes Friedensabkommen zustande zu bringen. Wie stets enthielt Clintons Agenda das Gegenteil all dessen, woran die christliche Rechte glaubte. Hinzu kam, dass Schimon Peres, einer der Architekten des israelisch-palästinensischen Friedensabkommens, zum Interimspremier bis zu den allgemeinen Wahlen 1996 ernannt wurde. Wie sich herausstellte, war die israelische Bevölkerung genauso wenig auf einen Frieden mit den Palästinensern vorbereitet wie die amerikanische evangelikale Gemeinde, was zur Niederlage von Peres und der Wahl von Benjamin Netanjahu zum neuen israelischen Premierminister führte. Im selben Jahr gründete Jerry Falwell »The National Committee«, eine politische Plattform, mit der er die religiösen Konservativen in den USA wachrütteln, informieren und mobilisieren wollte, um gegen das anzukämpfen, was er den »moralischen und spirituellen Kollaps der Nation« nannte. Die Drohung des jüdischen Staates, das herzugeben, was die christliche Rechte als biblisches Heiliges Land ansah, war eine reale und gegenwärtige Gefahr.

Unter der Schirmherrschaft des »National Committee« reiste Falwell im ganzen Land umher und organisierte patriotische und religiöse »Gott-schütze-Amerika«-Kundgebungen. Er gab die Monatszeitschrift *National Liberty Journal* heraus, die über 250 000 religiöse Leser erreichte. Zielsetzung des *Journal* war es, die religiös-konservative Leserschaft warnend über tendenziöse »liberale Nachrichtenverlautbarungen« zu informieren, die dazu angetan seien, zur Aufgabe solider althergebrachter Wertvorstellungen zu animieren. Falwell predigte christliche Werte und beschwor biblische Vorstellungen, um das Konzept einer Einstaatenlösung in Nahost zu untermauern. Er legte seiner Gefolgschaft nahe, sich mit der Prämisse anzufreunden, dass Jesus der Inbegriff des Guten sei, wohingegen Allah für alles Böse stehe. Zusätzlich rief er kurz nach Netanjahus Sieg den »Israel Christian Advocacy Council« (»Israelisch-christlicher Unterstützungsrat«) ins Leben. Zur Gründungsfeier von Falwells Organisation ließ Netanjahu siebzehn christliche Religionsführer nach Israel einfliegen, die sich schriftlich verpflichteten, dass »Amerika niemals, niemals Israel im Stich lässt«[2].

Als Reaktion auf Netanjahus Initiative erklärte der »Dritte Internationale Christlich-Zionistische Kongress«, dass »Gottes Wahrheiten unantastbar sind und es geschrieben steht, dass das Land, welches Er Seinem Volke versprach, nicht geteilt werden soll ... Es wäre ein weiterer Fehler, sollten andere Nationen einen palästinensischen Staat in irgendeinem Teil von Eretz Israel anerkennen.« Gleich nach der Konferenz veröffentlichte die »Internationale Christliche Botschaft« in Jerusalem eine Statistik, die zeigte, dass die meisten Christen in Israel und in den besetzten Gebieten Maroniten, Katholiken, Assyrer, Kopten, Armenier, Evangelikale Netanjahu wegen seiner antimoslemischen Einstellung unterstützten. Die Statistik besagte, dass 30 000 Christen für Netanjahu gestimmt hatten, was genau der Stimmenzahl entsprach, die die Wahl zu seinen Gunsten entschieden hatte.

Zum gleichen Zeitpunkt wurde in den USA eine mit Spendengeldern reichlich ausgestattete Public-Relations-Kampagne gestartet, tatkräftig unterstützt von einflussreichen Washingtoner Insidern wie dem ehemaligen Stellvertretenden Außenminister Elliot Abrams und dem prominenten orthodoxen Rabbi Daniel Lapin, Vorstand der neokonservativen Gruppe »Toward Tradition«

im Bundesstaat Washington. Ziel war es, die Juden davon zu überzeugen, dass die christliche Rechte nicht antisemitisch sei, sondern der beste Freund Israels in einer Zeit, da der Staat vom größten Teil Europas und von den Arabern geächtet wurde.

»Toward Tradition« finanzierte 1994 eine Reihe ganzseitiger Anzeigen in der *New York Times*. Eine, mit den Unterschriften von Abrams, Midge Decter und über siebzig anderen Neokonservativen, nahm die christliche Rechte gegen die Kritik jüdischer Gruppen in Schutz und forderte die Juden auf, Misstrauen und Argwohn gegenüber christlichen Konservativen aus der Republikanischen Partei aufzugeben. Am 4. Januar 1995 kam es zu einer überraschenden Wendung der Ereignisse, durch die Konservative und Evangelikale an Stärke gewannen, als die Republikaner zum ersten Mal seit über vierzig Jahren die Mehrheit sowohl im Repräsentantenhaus als auch im Senat errangen. Viele Republikaner sahen damals den Sieg als den Beginn einer »Republikanischen Revolution« an; mit Sicherheit war er ein Vorbote kommender Ereignisse. Als Reaktion auf den unter Führung des konservativen Republikaners, evangelikalen Christen und zugleich Mehrheitsführer des Parlaments Newt Gingrich zustande gekommenen Sieg schaltete »Toward Tradition« eine Anzeige in der *New York Times*, um den konservativen Republikanern und speziell Newt Gingrich zu gratulieren. »Massel Tov« (hebr.-jidd. »Viel Glück«) stand da, unterschrieben von Elliot Abrams und anderen, die erneut ihre Unterstützung für Gingrichs »Kontrakt mit Amerika« zusagten, der versprach, dem Land wieder moralische Werte zurückzubringen.

Im Jahr 1999 näherte sich Präsident Clintons zweite Amtszeit ihrem Ende. Er hatte das Amtsenthebungsverfahren bereits überstanden, Verhandlungen zwischen Israelis und Palästinensern unter dem Vorsitz der USA waren begonnen und beendet worden, und es hatte territoriale Zugeständnisse gegeben, die abgelehnt und neu verhandelt worden waren. Ultrareligiöse jüdische Siedler, die vor allem von evangelikalen Christen unterstützt wurden, weigerten sich unter Bezugnahme auf alttestamentarische Doktrinen, auch nur einen Quadratzentimeter jüdischen Bodens preiszugeben. Auf der Seite der Gegenpartei errangen die radikalislamischen Fraktionen große Popularität im Westjordanland und im Gazastreifen und gewannen schließlich die Stimmen der Mehrheit der Bevölkerung vor Jasir Arafats Al Fatah, die als die populärste Bewegung gegolten hatte. Mit dem Engagement der Evangelikalen und ihrer physischen Präsenz vor Ort im Heiligen Land war noch eine weitere religiöse Komponente zu dem Konflikt hinzugekommen, die die Schaffung eines palästinensischen Staates zu erschweren suchte.

Im September 2000 brach im Westjordanland und in Gaza die zweite Intifada aus. Die Selbstmordattentate palästinensischer Terroristen wurden mit dem Aufruf des Koran zum *Dschihad* gerechtfertigt, an dem teilzunehmen für jeden Moslem, ob Mann, Frau oder Kind, Pflicht ist. Das Wort *Dschihad* bedeutet »zielgerichtetes Mühen« und kann je nach Kontext und Interpretation alles einschließen, vom »Beschreiten des Weges Gottes mit menschenmöglichen Mitteln« bis zum »bewaffneten Heiligen Krieg«. Im Dezember 2000 hielt Ariel Scharon, der neu gewählte israelische Premierminister, eine Rede vor 1500 christlichen Zionisten, die nach Jerusalem gereist waren. »Für uns gehören Sie zu unseren besten Freunden auf der Welt«, sagte der Premier zu der jubelnden Menge. Im Januar 2000 unterzeichnete eine große Gruppe einflussreicher jüdischer Schriftgelehrter und Rabbis eine theologische Erklärung, in der sie die Juden dazu aufriefen, Ängste und Misstrauen gegenüber dem Christentum aufzugeben und kirchliche Bemühungen in den Jahrzehnten seit dem Holocaust anzuerkennen, die dazu geführt hätten, dass christliche Aussagen über den Judaismus zeitgemäß verändert worden seien. Die Erklärung trägt den Titel *Dabru Emet,* eine Wendung aus der Bibel mit der Bedeutung »einander die Wahrheit sagen«. Sie erschien in bezahlten Annoncen, die vom unabhängigen und interkonfessionellen Institut für christliche und jüdische Studien in Baltimore in der Sonntagsausgabe von *New York Times* und *Baltimore Sun* geschaltet wurden.

Im einführenden Absatz des Dokuments ist die Rede von einem beispiellosen Wandel in den jüdisch-christlichen Beziehungen. Der umstrittenste Punkt dürfte wohl der sein, wo es heißt, der »Nazismus war kein christliches Phänomen«. Das Dokument stellt fest, es gebe umfassende Gemeinsamkeiten zwischen beiden Religionen, Juden und Christen beteten zum gleichen Gott, beriefen sich auf das gleiche Buch, das Alte Testament, und akzeptierten die moralischen Prinzipien der Thora. Im zweiten Absatz der Erklärung wird festgestellt, es sei an der Zeit, dass sich die Juden über christliche Bemühungen informierten, den Judaismus anzuerkennen, denn beide Religionen beteten zum Gott Abrahams, Isaaks und Jakobs. Sie sollten außerdem einsehen, dass »durch das Christentum« Hunderte Millionen von Menschen eine Beziehung mit dem Gott Israels aufgenommen hätten.

Dieser Aufruf zu Vergebung und Liebe richtet sich an die vielen jüdischen Vorsteher in den Vereinigten Staaten, die zwar Israel unterstützen, aber dennoch innen- und außenpolitisch der liberalen Agenda der Demokraten verpflichtet bleiben; sie sollten damit aufhören, »sich gewohnheitsmäßig und uneingeschränkt loyal« hinter jeden einzelnen Punkt des Wahlprogramms der Demokraten zu stellen. Des Weiteren wird davon ausgegangen, dass alle Juden bedingungslos Israels aktuelle Position im palästinensischen Konflikt unterstützen. Hinter solchen Erklärungen verbirgt sich eine langfristige und wohlkalkulierte neokonservative Zielsetzung, nämlich von den überwältigend zahlreichen jüdischen Wählerstimmen der Demokraten so viele wie möglich für die Republikaner abzuzweigen. Wie sich herausstellte, hatte diese Strategie enorme Auswirkungen auf die Präsidentenwahl 2004.

In einer Pressemitteilung vom 20. Juni 2000 rief Rabbi Lapin die Juden dazu auf, die christliche Rechte zu verteidigen und mit der Unterstützung jüdischer Organisationen aufzuhören, die systematisch christlich-evangelikale Organisationen attackierten. Im Kern ermunterte Lapin die amerikanischen Juden, ihre »Einwände gegen innenpolitische Zielsetzungen der christlichen Rechten abzulegen« und »die Liebe und Unterstützung der Evangelikalen für Israel als etwas Positives für das jüdische Volk zu betrachten«. Dahinter stand die Logik, dass der jüdische Staat gegenwärtig in seiner Existenz bedroht sei, wohingegen das Recht auf Abtreibung oder Schusswaffenkontrolle Themen seien, über die man diskutieren könne. »Kümmert euch um eure Belange« wurde zum Motto für einen großen Teil der jüdischen Gemeinde. Indem er forderte, amerikanische Juden sollten lieber tun, was gut für Israel, und weniger, was gut für die USA sei, unterstellte Lapin stillschweigend, dass die US-Juden primär gegenüber Israel in der Pflicht seien und erst in zweiter Linie gegenüber den Vereinigten Staaten. Die Vorrangigkeit ihrer Verpflichtung gegenüber Israel sollte nicht nur ihre innenpolitischen Bedenken übertrumpfen, sondern auch dazu führen, dass die amerikanischen Juden Israel zum einzigen Gesichtspunkt bei der Beurteilung der US-Außenpolitik machten.

Dass die christliche Rechte am Ende der achtjährigen Amtszeit Präsident Clintons wieder zu Macht und Einfluss kam, lag deshalb weniger am Bösen des Islam, sondern eher daran, dass eine überraschend große Mehrheit der Bürger die Clinton-Jahre als eine Zeit moralischen Bankrotts betrachtete. George W. Bush wurde hauptsächlich wegen der Unterstützung der evangelikalen Christen und ihrer Verachtung seines Gegenkandidaten Al Gore, der wegen seiner Verbindungen zum Weißen Haus Clintons als mit einem Makel behaftet galt, zum Präsidenten gewählt. Zum ersten Mal seit Ronald Reagan hatte es die christliche Rechte wieder geschafft, »einen der ihren« ins Weiße Haus zu bringen.

Der Wahlkampf Bush gegen Gore im Jahr 2000 war nicht nur der umstrittenste und erbittertste in der Geschichte der Vereinigten Staaten, sondern es war auch die gottesfürchtigste Kampagne der vergangenen hundert Jahre. Während dieses Rennens um die amerikanische Präsidentschaft erklärte Elaine Kamarck, eine Beraterin der Demokraten: »Dieses Mal wird sich die Demokratische Partei Gott zurückholen.«[3]

Der Fernsehevangelist James Robison, der einst »Kreuzzüge« in Sportstadien organisierte, um die Menschen zu bekehren, damit sie Jesus in ihr Leben aufnähmen, ist heute Gastgeber einer christlichen Talkshow in Dallas, Texas. Kurz vor Beginn des Präsidentschaftswahlkampfs 2000 und nachdem bekannt wurde, dass Al Gore genügend Stimmen beisammen hatte, um als Kandidat der Demokraten nominiert zu werden, erhielt Robison eines Sonntags den Anruf eines Gläubigen, der fragte, ob man nicht gemeinsam beten könne. Es war George W. Bush auf der Suche nach Beistand für das »schwere Stück Weg«, das vor ihm lag. Robison sagte Bush, er habe nicht die Rezepte gegen jedes »Leid« parat, »das Amerika gerade widerfährt«. Sie beteten gemeinsam am Telefon und baten Gott, Mr. Bush »Besonnenheit, Zuversicht und Weisheit« zu geben, »damit er weiß, wann er reden soll und wann nicht, und die Gelassenheit, um gute Entscheidungen zu treffen zum Wohle Gottes und des amerikanischen Volkes«[4].

Während des Wahlkampfs von 2000 und erneut gleich nach seiner Rede zur Lage der Nation vom Januar 2004 hat George W. Bush auf alle Fragen nach dem politischen Philosophen, den er am meisten bewundere, stets geantwortet: »Christus, weil er mich von Grund auf verändert hat.« In einem Interview im Jahr 2000 auf seiner Ranch in Crawford, Texas[5], bezog sich der frisch gewählte Präsident wortwörtlich auf die für viele Tausend christliche Teenager so existenzielle WWJD-(»What Would Jesus Do?«)-Frage, dass sie sie auf einem besonderen Armband mit sich trugen, um dann zu verkünden, dass »der Glaube der Mittelpunkt meines Lebens« sei. Bei der Wahl 2004 behauptete George W. Bush erneut, Gott persönlich habe ihm gesagt, er sei Sein bevorzugter Kandidat für das Amt des Präsidenten der Vereinigten Staaten: »Gott hat mich erwählt, diese Aufgabe für alle Amerikaner zu übernehmen, ob sie nun Demokraten oder Republikaner sind, Christen oder Juden, und also bin ich in Gottes Hand.« Bis zum Juli 2004 hatte er Gottes Botschaft ein wenig revidiert, als er in Dallas einer Gruppe Journalisten sagte: »Ich glaube, Gott weiß, ich habe den Job so gut gemacht, wie ich konnte, aber nur, weil ich mich von Jesus Christus leiten ließ.«

Trotz der Unterstützung der christlichen Rechten war zu Beginn von George W. Bushs Amtsführung keine klare Linie erkennbar, außer einer Steuersenkung, von der die Reichen profitierten, der Kürzung von Sozialprogrammen für Arme und der Übermittlung einer frommen moralischen Direktive. Ohne messbaren Erfolg schleppte sich die moralische Agenda dahin.

Im ersten Jahr des neuen Jahrtausends nahm die Bush-Präsidentschaft dann Konturen an, als am 11. September 2001 das Undenkbare geschah. Der Angriff islamischer Fundamentalisten auf die USA kostete über 3000 Tote. Dieses Mal übertraf die Katastrophe sogar die iranische Geiselkrise von 1979 und wurde von der evangelikalen Gemeinde als eine Botschaft von Gott persönlich gewertet. Diese Botschaft wurde offenbar auch von Präsident Bush vernommen, denn von nun an war seine Amtsführung vom Kampf gegen den Terrorismus bestimmt, der Glauben, Gott und Religion in die vorderste Frontlinie der US-Politik brachte und als Grundlage für Bushs politische Agenda diente. Die Anschläge führten überdies zu einer neuen Form militanter Frömmigkeit, die mehr und mehr ins Bewusstsein der amerikanischen Bevölkerung sickerte.

War 1979 der Beginn des letzten Kreuzzugs der evangelikalen Christen zur Beseitigung der globalen islamischen Bedrohung, so lieferte 2001 einen weiteren Beweis, dass der Krieg noch lange nicht vorbei war. Wenn der Sturm von 1979 die Amerikaner dazu brachte, beim Herrn Schutz zu suchen, dann brachte ihnen das moralische Erdbeben von 2001 die Erkenntnis, dass der Herr selbst in Gefahr war. Der israelisch-palästinensische Konflikt wurde erneut als Mikrokosmos eines größeren Krieges angesehen, nicht zwischen den beiden Supermächten, sondern als Heiliger Krieg, in dem sich die jüdisch-christliche Welt und der Islam gegenüberstanden.

In den Jahren nach 1979, als die Evangelikalen kurzzeitig und rasant zu politischer Prominenz gelangten, waren Kompromisse hinsichtlich ihrer innenpolitischen Ziele kein Thema. Und die Abwägung bestimmter Streitfragen nach Prioritäten ebenfalls nicht. Nach der Tragödie des 11. September 2001 erkannte die christliche Rechte, dass ihr Potenzial zur Beeinflussung der Außenpolitik weitaus größer war als ihr Vermögen, Gesetze so zu verändern, dass sie in die Privatsphäre des Einzelnen eingriffen. Angst und Hysterie fegten über das Land. Die Frage, wie umfassend sie in der US-Innenpolitik bei lokalen und nationalen Fragen mitwirken konnten, wurde für die Evangelikalen weniger wichtig als ihre

Möglichkeiten, die Ergebnisse von bundesweiten Wahlen so zu beeinflussen, dass sie die amerikanische Politik gegenüber der arabischen Welt steuern konnten, insbesondere dort, wo sie den israelisch-palästinensischen Konflikt prägte.

Im evangelikalen Kochtopf begann das Konzept »Prioritäten statt Kompromisse« zu gären.

Nach der Zerstörung des World Trade Center und der teilweisen Zerstörung des Pentagon stieg die christliche Rechte aus der Obskurität zu politischer Macht auf. Emotion war Trumpf, und Trauer und Schock machten sich in der ganzen Nation breit. Selbst der einfache, weltlich gesinnte Bürger war empfänglich für die Annahme, die USA befänden sich in einem Heiligen Krieg, den sie selbst gar nicht gewollt hatten. Aber die Evangelikalen gingen noch weiter. Indem sie dem Bund mit Abraham Priorität über andere biblische Lehrsätze einräumten, die sich als Gottes Zorn auf Homosexuelle oder Gottes Gegnerschaft gegen Abtreibung interpretieren ließen, taten sie allen Seiten des politischen Spektrums ihre Anwesenheit kund. Demokraten und Republikaner begriffen ziemlich schnell, dass die evangelikale Gemeinde mit jedem Tag mächtiger wurde. Gleichgültig, um welche Wahlen es sich handelte, die religiöse Rechte war stets mit dabei. Ihre Führer begingen auch nicht mehr die Fehler ihrer Vorgänger aus den 1980er Jahren. Eine ganz andere, neue Generation und ein neuer Typus des christlichen Führers standen bereit, nicht nur die eigene Gefolgschaft, sondern auch den säkularen Teil des Landes zu mobilisieren. Zwischen 1979 und 2001 blieb ihnen genügend Zeit, ihre Vorgehensweise bei der Rettung möglichst vieler Seelen, insbesondere solcher, die noch keinen Zugang zum Himmelreich gefunden hatten, neu zu organisieren und zu definieren. Die neuen Evangelikalen waren selbstbewusst, gebildet, kultiviert und überzeugend, und man konnte sie nicht mehr nur als bibelbewehrte, raffgierige Wanderprediger abtun. In ihrer Mehrheit waren sie geachtete Säulen des amerikanischen Bürgertums und gingen außerordentlich clever zu Werke, wenn es darum ging, um Unterstützung innerhalb ihrer eigenen Gemeinde wie auch bei der jüdischen Gemeinde zu werben, um gemeinsam die Demokratie zu schützen und, vor allem, jüdisch-christliche Werte zu erhalten. Über die Parteigrenzen hinweg erwarteten die Wähler, dass Politiker und politische Kandidaten der nationalen Sicherheit oberste Priorität einräumten. Die Amerikaner, auch die unreligiösen, gewöhnten sich daran, dass jeder Kandidat Gott in seine politische Rhetorik mit einbezog. Immer mehr akzeptierten die Behauptungen vieler Politiker, sie wüssten, welchen Auftrag Gott für sie habe und dass es Gottes Wille und nicht ihr eigener sei, der das Christentum retten und die Demokratie erhalten werde. Für die Evangelikalen war Gott schon immer ein unverzichtbares Requisit für ein sicheres Amerika gewesen. Für den weltlichen Teil der Bevölkerung trug die Anrufung Gottes zu der Garantie bei, dass die Vereinigten Staaten weiterhin existieren würden.

12. Angst und Schrecken in Amerika

Nun, natürlich, das Volk will keinen Krieg ... Aber schließlich sind es die Führer eines Landes, die die Politik bestimmen, und es ist immer leicht, das Volk zum Mitmachen zu bringen, ob es sich nun um eine Demokratie, eine faschistische Diktatur, um ein Parlament oder eine kommunistische Diktatur handelt. ... das Volk kann mit oder ohne Stimmrecht immer dazu gebracht werden, den Befehlen der Führer zu folgen. Das ist ganz einfach. Man braucht nichts zu tun, als dem Volk zu sagen, es würde angegriffen, und den Pazifisten ihren Mangel an Patriotismus vorzuwerfen und zu behaupten, sie brächten das Land in Gefahr.

(Hermann Göring während des Nürnberger Kriegsverbrecherprozesses)

Am 25. Oktober 2001, nur sechs Wochen nach den terroristischen Anschlägen, trat das Gesetz zum Schutz des Vaterlands (»Patriot Act«) in Kraft. Es erweiterte die Richtlinien des Gesetzes zur Überwachung ausländischer Nachrichtendienste (»Foreign Intelligence Surveillance Act«, FISA), das der Regierung bereits die Möglichkeit geboten hatte, bei amerikanischen Staatsbürgern Durchsuchungen vorzunehmen und sie auszuspionieren. Zweck von FISA war, internationale Spione aufzuspüren und festzunehmen, und zwar mit Hilfe angezapfter Leitungen und durch Einbrüche in Wohnungen und Büros, um verdächtige Dokumente zu fotokopieren oder »Wanzen« zur Überwachung zu installieren. Als Reaktion auf die Terroranschläge vom September 2001 sind im Jahr 2002 von der Bundesregierung mehr Anträge auf Personenüberwachung nach FISA gestellt worden als jemals zuvor in der Justizgeschichte der USA. Viele waren der Ansicht, die US-Regierung habe seit dem 11. September Gründe genug, um mehr als nur vorsichtig zu sein, doch es bestand natürlich auch die Gefahr, dass Regierungsmitglieder wie John Ashcroft die Zuständigkeit und Verantwortung ihres Amtes für den Schutz der USA vor radikalen islamischen Terroristen, die ihrer Ansicht nach nicht nur die Vereinigten Staaten, sondern das Christentum insgesamt vernichten wollen, missbrauchten.

Der »Patriot Act« erlaubt es den Polizeibehörden des Landes, stichprobenartige Durchsuchungen, Beschlagnahmungen ohne richterliche Anordnung und willkürliche Festnahmen vorzunehmen. Fast alle unter dem »Patriot Act« Inhaftierten sind einer Verbindung zum Terrorismus im Nahen und Mittleren Osten verdächtig oder angeklagt. Seit dem 11. September gibt es eine vollständig neue Kategorie von Strafsachen, bei denen es auf Grund formaljuristischer Spitzfindigkeiten möglich ist, amerikanische Staatsbürger oder Personen mit rechtmäßigem Wohnsitz in den USA unbegrenzt und an einem geheimen Ort in Einzelhaft zu nehmen, ohne das Recht auf einen Anwalt. Der Präsident der Vereinigten Staaten braucht Festgenommene nur als »feindliche Kombattanten« einzustufen. Zwar haben Inhaftierte rein formal das Recht, gemäß der Habeas-Corpus-Akte einen Haftprüfungstermin mit Vorlage detaillierter Anklagepunkte zu erzwingen; das Justizministerium aber muss nur allgemeine Verdachtsmomente formulieren, ohne konkrete Beweise vorzulegen oder sich vom Anwalt des Verdächtigten ins Kreuzverhör nehmen zu lassen, und schon bleibt der Festgenommene weiter in Haft, ohne dass die Anklage spezifiziert wird. Das bedeutet, dass die Habeas-Corpus-Anhörung (das in der Magna Charta von 1215 erstmalig niedergelegte und fundamentalste aller gesetzlichen Rechte) zur sinnleeren Formalität wird. Die Kombination von FISA und »Patriot Act« liefert auch heute noch die gesetzliche Handhabe, um Spione und Terroristen zu verhaften; sie kann aber auch dazu benutzt werden, private Aktivitäten wie beispielsweise Sexualpraktiken jener US-Bürger zu überwachen, von denen die Politiker an der Macht glauben, ihr Verhalten stehe im Gegensatz zur Bibel. So wie FISA unter dem damaligen Justizminister Ashcroft gehandhabt wurde, konnten sich die Behörden Zugang zu Wohnungen und Büros amerikanischer Bürger verschaffen, ohne sie zu informieren, und konnten Ermittlungen anstellen, ohne die Verdächtigten davon in Kenntnis zu setzen. Vom 11. September 2001 bis zu seinem Ausscheiden aus dem Amt gleich nach den Wahlen vom November 2004 hat Ashcroft mehr als 22 000 Vorladungen und Durchsuchungsbefehle nach den Antiterrorgesetzen genehmigt; betroffen waren sowohl US-Bürger als auch Ausländer. Im Mai 2003 bestätigte er, dass das Justizministerium auf seine Anweisung hin in 248 Fällen die Benachrichtigung eines Verdächtigten darüber verzögert hat, dass gegen ihn oder sie ermittelt wurde. Seit zwei Jahren wird ein Plan diskutiert, die neuen digitalen U-Bahn-Fahrkarten mit einem Mikrochip auszustatten, sodass jeder, der das öffentliche Verkehrssystem benutzt, von dem Augenblick an überwacht werden kann, da er oder sie die Karte in den Schlitz am Drehkreuz steckt, bis zu dem Moment, wo er oder sie an einer bestimmten Station aussteigt. Dieser Mikrochip würde es der Regierung ermöglichen, jeden einzelnen Bürger weitaus effektiver zu überwachen als mit der zurzeit gängigen Praxis wahlloser Kontrollen in der U-Bahn, bei denen die Polizei nur mit Handdetektoren nach metallischen Gegenständen sucht.

Ein weiterer Bestandteil der Ausweitung staatlicher Möglichkeiten, um in die Privatsphäre einfacher Bürger einzudringen, ist das Programm zur lückenlosen Informationserfassung (»Total Information Awareness Program«, TIA), ein von Konteradmiral John Poindexter geleitetes Pentagon-Projekt. Zweck des Projekts war, dem Staat elektronischen Zugang zu den Privatangelegenheiten aller Amerikaner zu verschaffen. Allerdings hat der Kongress TIA-Aktivitäten beschnitten; im Parlament herrschte die Auffassung vor, dass der erwartete Nutzen eines staatlichen Zugriffs auf Kreditkartenbuchungen oder auf Patientenakten wegen massiver Eingriffe in die Rechte der Bürger nicht gerechtfertigt sei. Das heißt aber nicht, dass sich eine solche Meinung eines Tages nicht ändern könnte, vor allem wenn es eine fortdauernde Bedrohung durch terroristische Anschläge gibt. Als der Kongress die operativen Möglichkeiten des TIA-Programms zurückstutzte, hat er die Aktivitäten der Behörden nicht völlig gestoppt und sich das Recht vorbehalten, deren Befugnisse jederzeit zu »reaktivieren« oder »auszuweiten«. Noch immer können Agenten das Privatleben jedes Ausländers unter die Lupe nehmen, und es gibt Gerüchte, dass die Installation eines Systems im Gange ist, das alle Eindringlinge erfassen soll, die an amerikanischen Küsten an Land zu kommen versuchen. Ein ähnliches System gibt es schon an der Küste Israels.

Nach den Anschlägen vom 11. September schuf Präsident Bush das Ministerium für Heimatschutz mit einem Jahresbudget von 36 Milliarden Dollar. Das Geld fließt in die verschiedensten Sicherheitsmaßnahmen; beispielsweise sind 5,8 Milliarden Dollar für Einstellung, Ausbildung und Ausstattung von Bundesbeamten vorgesehen, die die Durchleuchtungsgeräte auf den Flughäfen bedienen sollen, und drei Milliarden Dollar für »präventive Bio-Terrorismusabwehr«. Die übrigen Milliarden werden für raffinierte Bewegungsmelder und Überwachungssysteme ausgegeben, die in einigen Städten bereits installiert wurden. Auch das FBI erhält Mittel, z. B. um alle diejenigen dateimäßig zu erfassen, die an Kursen für Gerätetaucher teilnehmen, weil sie als potenzielle »Unterwasserattentäter« eingestuft werden.

Da das Land nach den Anschlägen vom 11. September von Furcht und Wahnvorstellungen heimgesucht wurde, war Präsident Bush in der Lage, die innenpolitischen Ziele seiner Wohltäter von der christlichen Rechten in den Mittelpunkt zu stellen. Während seiner ersten vier Jahre im Weißen Haus hat Bush sein Versprechen gegenüber den 80 Millionen evangelikalen Wahlhelfern gehalten und die von den Gründervätern in der Verfassung festgeschriebene Trennung von Kirche und Staat verwischt. Das Motto vom »mitfühlenden Konservatismus« als Leitlinie seines politischen Programms wurde zum Euphemismus für Gottvertrauen und blinden Glauben an die Wahrheit der Bibel.

Evangelikale Christen sind fest davon überzeugt, dass jegliches Handeln auf Glaubensbasis die Möglichkeit eines Irrtums ausschließt, weil Gott bei allen Entscheidungen die letzte Instanz ist. Gemäß dem Fühlen und Denken jener frommen US-Bürger wäre es katastrophal, in Zeiten von Konflikten und Terrorismus Gottes Zorn heraufzubeschwören. Nach dieser Logik glauben die Evangelikalen, dass die Sünde der Abtreibung, wenn also unschuldige und ungeborene Babys – die für sie vollwertiges menschliches Leben mit einer Seele sind – getötet werden, letztlich dazu führt, dass anderes unschuldiges menschliches Leben in einem fortgeschritteneren Entwicklungsstadium brutal vernichtet wird. Mord ist und bleibt für sie Mord, ob die Opfer nun Zivilisten sind, die bei terroristischen Anschlägen umkommen, oder Soldaten, die im Kampf gegen diese Terroristen sterben, oder abgetriebene, ungeborene Kinder.

Ein auffallender Widerspruch in den Glaubenssätzen der religiösen Rechten besteht darin, dass sie einerseits fanatisch gegen die Abtreibung zu Felde zieht, während sie zugleich begeistert für die Todesstrafe eintritt. Nach einer Gallup-Umfrage vom Dezember 2003 sind 99 Prozent derjenigen, die sich mit dem »Pro life«-Dogma identifizieren, gleichzeitig für die Todesstrafe.

Als George W. Bush Gouverneur von Texas war, jenem Bundesstaat, in dem es mehr Exekutionen gibt als in jedem anderen, ging die Tötung von einem Sechstel all derer, die seit der Wiedereinführung der Todesstrafe 1976 hingerichtet wurden, allein auf sein Konto. Auch im Staat Louisiana kann sich der Gesetzgeber auf ein Mehrheitsvotum gegen die Abtreibung stützen, und bei der Anzahl der Hinrichtungen pro Jahr steht Louisiana gleich an zweiter Stelle hinter Texas. Zwei Oberstaatsanwälte bei der Bezirksstaatsanwaltschaft in Jefferson County, die in den letzten Jahren mehr Menschen zu Tode gebracht hat als jede andere Gemeinde in Louisiana, sind nicht nur in der Bewegung für die Rechte ungeborener Babys engagiert, sondern tragen bei der Verhandlung von Kapitalverbrechen im Gerichtssaal makabre Krawatten, um auch ihr Engagement für die Todesstrafe zur Schau zu stellen[1]. Zwei beliebte Designs sind das mit einem baumelnden Strick und das mit dem Sensenmann. Diese Krawatten in einem öffentlichen Gerichtssaal zu tragen zeugt nicht nur von schlechtem Geschmack. Es ist auch typisch für das rassistisch gefärbte und blutrünstige Klima, das in der Bezirksstaatsanwaltschaft von Jefferson County vorherrscht, denn die meisten der wegen Mordes Verurteilten sind Afroamerikaner. In ihrem Aug'-um-Aug'-Fanatismus scheinen die dortigen Strafverfolger nur einen Schritt vor der Lynchjustiz Halt zu machen. Ihre Leidenschaft fürs Hinrichten lässt auch dann nicht nach, wenn der Prozess vorüber ist. Jedes Mal, wenn ein Ankläger ein Todesurteil durchsetzt, sammelt das gesamte Personal für eine Plakette mit einer Injektionsnadel darauf (die Hinrichtungen erfolgen mit der Giftspritze), und der Name des Verurteilten wird voller Stolz im Büro des erfolgreichen Staatsanwalts an die Wand gehängt.

Während die Todesstrafe ganz allgemein die Gemüter in den USA bewegt, ruft die legalisierte Abtreibung die heftigsten Gefühlsausbrüche bei den wiedergeborenen Christen hervor. Ständig finden irgendwo Demonstrationen statt, bei denen die Abtreibungsgegner oft drastische Fotos von abgetriebenen Föten zeigen oder neugeborene Kinder vor die Fernsehkameras halten, die sie als »Überlebende« der Abtreibung bezeichnen im Gegensatz zu jenen, die »zur Ermordung freigegeben« wurden.

Am 13. Dezember 1971 verhandelte der Oberste Gerichtshof den inzwischen berühmten Fall »Roe gegen Wade« zum ersten Mal. Eine unverheiratete Schwangere (Roe) hatte eine Gruppenklage eingebracht, um überprüfen zu lassen, ob die texanischen Abtreibungsgesetze, die jede Abtreibung – ausgenommen die nach medizinischer Indikation und ausschließlich zur Rettung des Lebens der Mutter – zur Straftat erklärten, verfassungskonform waren. Der Fall wurde am 11. Oktober 1972 erneut vor dem Supreme Court verhandelt und schließlich am 22. Januar 1973 zugunsten der Klägerin Roe entschieden. Demnach war der Schwangerschaftsabbruch auf Verlangen in allen Bundesstaaten der USA legal, wenn er von einem dafür qualifizierten Arzt und nicht später als bis zur zwanzigsten Schwangerschaftswoche vorgenommen wurde, also bis zur Lebensfähigkeit des Fötus. Ausnahmeregelungen gestatteten einen Abbruch sogar bei fortgeschrittener Schwangerschaft, wenn das Leben der Mutter in Gefahr war. Doch in Wirklichkeit sind die Auseinandersetzungen um die Abtreibung bis heute nicht beigelegt.

Für Präsident Bush war die Abtreibungsfrage schon immer von Bedeutung. Seit seinem Amtsantritt hat er durch entsprechende Maßnahmen die Grenze zwischen Frömmigkeit und Machtausübung immer weiter verwischt, und so wurde seine Ernennung von John Ashcroft zum Generalstaatsanwalt am 22. Januar 2001, dem Jahrestag des Prozesses »Roe gegen Wade«, von der evangelikalen Gemeinde aufmerksam zur Kenntnis genommen. Ashcroft, dessen moralischer Kompass an der Pfingstbewegung ausgerichtet ist und dessen buchstäbliche Bibeltreue George Bush wie einen Ketzer erscheinen lässt, ist für seine Gegnerschaft zur Abtreibung bekannt. Am Tag von John Ashcrofts Ernennung zum Justizminister sagte Bush: »Wir beide haben ein großes Ziel, nämlich gemeinsam auf den Tag hinzuarbeiten, an dem jedes Kind willkommen ist und unter dem Schutz des Gesetzes steht.«[2]

An seinem ersten Tag im Amt führte Präsident Bush ein Verbot wieder ein, wonach keine Organisation, die mit Abtreibung oder Abtreibungsberatung zu tun hat, Bundesmittel erhält. Davon waren die Nichtregierungsorganisationen (NGOs) am ärgsten betroffen, weil es in der Regel sie sind, die sich um den armen Teil der Stadtbevölkerung kümmern und auf öffentliche Gelder angewiesen sind, um Abtreibungen zu finanzieren. Zum gleichen Zeitpunkt rief im Weißen Haus das Referat für glaubensgestützte und kommunale Initiativen ein Umverteilungsprogramm ins Leben, bei dem Gelder aus existierenden Sozialfonds zur Finanzierung von Abtreibungen abgezogen und stattdessen an einzelne Glaubensgemeinschaften überwiesen wurden, damit diese ihre eigenen Sozialprogramme wie Drogen- und Alkoholentzug finanzieren konnten. Die einzige Bedingung, um bei einem solchen kirchlichen Programm mitmachen zu dürfen, bestand in der Verpflichtung zur Teilnahme an Gebets- und Bibelstunden, ohne Rücksicht auf den Glauben oder Nichtglauben der Probanden. Vorhaltungen von Kritikern begegnete George Bush mit dem Argument, dass »es ohne den Glauben an Gott unmöglich ist, irgendetwas zu bezwingen, einschließlich Alkohol- oder Drogensucht, was Grund genug ist, um darauf zu bestehen, dass sich alle Teilnehmer an solchen Sozialprogrammen im Gebet vereinen«.

In der Legislaturperiode von 2003 wurde in Texas, also in ebendem Staat, der im Fall »Roe gegen Wade« das Testgelände abgegeben hatte, eine vom Abgeordneten Ralph Corte eingebrachte Gesetzesvorlage verabschiedet, die folgende Maßnahmen zum Schutz des ungeborenen Lebens vorschrieb: Erstens müssen einer schwangeren Mutter während der Schwangerschaft alle zwei Wochen Farbfotos mit den charakteristischen Merkmalen ihres Babys gezeigt werden. Zweitens muss die Mutter darüber informiert werden, dass es einer Theorie zufolge einen Zusammenhang zwischen Abtreibung und Brustkrebs geben könnte. Drittens ist eine vierundzwanzigstündige Wartefrist vorgeschrieben, bevor eine Abtreibung durchgeführt werden darf. Viertens: Vor dem Eingriff muss der abtreibende Arzt ein Vieraugengespräch mit der schwangeren Mutter führen. Fünftens: Der Staat stellt keine Gelder für Organisationen zur Verfügung, die Abtreibungen selbst durchführen oder Patienten für Abtreibungen überweisen.

Zwar haben schon viele Republikaner die »Pro life«-Bewegung rhetorisch unterstützt, doch die Politik von George Bush stellt den bislang größten Sieg für die Abtreibungsgegner dar seit der Präsidentschaft Ronald Reagans.

Nachdem der Entwurf zuvor das Repräsentantenhaus und den Senat passiert hatte, verlieh Präsident Bush am 7. November 2003 durch seine Unterschrift dem Verbot der »Teilgeburtabtreibung« (»partial-birth abortion«) Gesetzeskraft. Der Begriff hat inzwischen

Eingang ins Wörterbuch der Evangelikalen gefunden und signalisiert Bushs Loyalität gegenüber der christlichen Rechten. Das Gesetz verbietet ausnahmslos die Abtreibung eines Fötus nach drei Monaten, auch wenn dies das Leben der Mutter kosten sollte.

Als Präsident Bush das Gesetz im Oval Office unterzeichnete, geschah dies in Anwesenheit von sieben prominenten evangelikalen »Pro life«-Christen, die vor der Verabschiedung des Gesetzes maßgebliche Lobbyarbeit geleistet hatten[3]. Zwei Zeugen des Ereignisses waren Reverend Jerry Falwell und der »Pate« der christlichen Rechten, Ed McAteer. Ein weiterer Zeuge war Charles Colson, einer der Watergate-Kriminellen, der zu Jesus gefunden hatte, während er die Strafe für seine ungesetzlichen Handlungen absaß, die damals zum Rücktritt Präsident Nixons geführt hatten. Im Gespräch vor der Unterzeichnung gab Bush bekannt, seine Regierung werde alle Mittel zur Durchsetzung des Verbots zur Verfügung stellen. Dann bat er die Gruppe, sich bei den Händen zu fassen und »zu beten, dass Gott unsere Arbeit zum Schutz des Lebens in unserem Land segnet«. – »Was für ein erstaunlicher Moment für mich persönlich«, sagte Reverend Falwell. »Als ich dort im Oval Office stand, kam ich mir plötzlich ganz klein vor in der Gegenwart eines Mannes, unseres Präsidenten, der seinen Glauben sehr ernst nimmt und zur Führung unserer Nation um die Gebete seiner Freunde bittet.« Nach dem Gebet sagte Reverend Falwell dem Präsidenten, dass die sieben im Raum Anwesenden ungefähr 200 000 Pfarrer und 80 Millionen Gläubige in den USA repräsentierten, für die Bush »nicht nur unser Präsident, sondern auch ein Mann Gottes ist«. Daraufhin wandte sich Bush an Falwell und sagte: »Ich werde mich bemühen, den Erwartungen gerecht zu werden.«

Ein weiterer Zeuge im Oval Office an jenem Tag war Jay Sekulow, ein Anwalt der christlichen Rechten, der an maßgeblicher Stelle die Verfassungsmäßigkeit des Verbots der »Teilgeburtabtreibung« verteidigt. »Das Gesetz ist verfassungsmäßig solide, und wir sind zuversichtlich, dass es die juristischen Anfechtungen überleben wird, die bereits begonnen haben«, sagte Sekulow. »Wir werden das Justizministerium der Vereinigten Staaten aggressiv bei der Verteidigung dieses Gesetzes unterstützen, und zwar durch alle Instanzen bis hinauf zum Supreme Court.« Darauf reagierte Präsident Bush mit einem erneuten Aufruf zum Gebet: »Bitte, schließen Sie sich meinem Gebet für Jay und sein Team an, und für die Anwälte des Justizministeriums und die vielen anderen Anwälte, die künftig das Verbot der Teilgeburtabtreibung zu verteidigen haben.« Nach Beendigung dieses Gebets fügte Falwell hinzu: »Legen wir diesem bewundernswerten Mann unsere Hände auf, und lasst uns beten: Möge Gott Präsident Bush in unseren Gebeten weiterhin ganz vorn rangieren lassen, während er diesen wichtigen Kampf führt, denn dies ist ein Konflikt, der unsere wachsamen Gebete verdient.«[4]

Am Ende des Gebets hatte Bush Tränen in den Augen. Nach Verlassen des Oval Office gab Reverend Falwell folgende Stellungnahme zu George W. Bushs Glauben ab: »In der Heiligen Schrift steht, dass es Gott ist, der einen Menschen zum Führer ernennt, und wenn ein Führer eine wahrhaftige Gotteserfahrung gemacht hat, dann ist dies eine besondere Salbung. Zu bestimmten Zeiten, zu bestimmten Stunden unseres Landes hat Gott immer einen besonderen Menschen gefunden, der Sein Vermächtnis aufnahm, und was noch viel wichtiger ist: Gott liebt solche Führer, die trotz mancher Widrigkeiten zu ihrer Lebensaufgabe gefunden haben. Unser Präsident hat früher zu viel getrunken, und heute baut er eine neue Weltarchitektur.«

Die Vereinigten Staaten sind ein Land, das sich auf Religionsfreiheit gründet. Es wäre deshalb unangebracht, jemanden sozusagen ins Gebet zu nehmen, sei es auch der Präsident, nur weil er

Gott und seine Religion in den Mittelpunkt seiner Existenz stellt. Es wäre gleichermaßen ungerecht, ihn oder sonst jemanden dafür zu kritisieren, dass er aus gegebenem Anlass Menschen gleichen Glaubens zu einem kurzen Gebet um sich versammelt. Allerdings wäre die Frage zu beantworten: Ab wann kollidiert eine kurze Andacht im Oval Office mit der ausdrücklich in der Verfassung festgeschriebenen Trennung von Staat und Kirche? Und: Wann beginnt der Einfluss religiöser Interessen auf innen- und außenpolitische Fragen?

In den Vereinigten Staaten verschafft sich das Volk durch die Wahl seiner Führer Gehör. In so gut wie keiner Demokratie ist die Diskussion um die Trennung von Kirche und Staat eine schlichte Frage von schwarz oder weiß. Die Diskussion gerät zum Beispiel schon dann in eine Grauzone, wenn eine religiöse Persönlichkeit an die Spitze einer Schulbehörde gewählt wird und sich entsprechend ihrer religiösen Überzeugungen für das Fach Bibelkunde einsetzt. In einem solchen Fall sollte die Diskussion nicht darum gehen, ob Schulgebete zur Pflicht gemacht werden dürfen oder nicht, sondern darum, ob die an Bibelkunde Interessierten staatliche Schuleinrichtungen benützen dürfen, die mit öffentlichen Geldern finanziert werden, oder ob sie sich nicht Räumlichkeiten suchen sollten, die aus privaten Spenden finanziert werden. Die Diskussion gerät jedoch in eine dunkelgraue Zone, wenn derselbe Leiter der Schulbehörde, der zufällig einer ganz bestimmten Glaubensrichtung angehört, dadurch gegen den Geist der Verfassung verstößt, dass er Schüler zur Teilnahme am Gebet zwingt, ob nun auf dem Schulgelände oder in einer separaten und privat finanzierten Räumlichkeit. Aus dem Dunkelgrau wird endgültig Schwarz, wenn sich die Diskussion zur Kontroverse darüber entwickelt, inwieweit eine bestimmte religiöse Gruppe einen Einfluss auf den Präsidenten der Vereinigten Staaten ausübt, wenn es um solche innenpolitischen Streitthemen wie das Schulgebet geht oder um Fragen der Außenpolitik gegenüber souveränen Staaten mit andersgearteten Systemen.

Die Ereignisse vom 11. September haben nicht nur den Krieg der USA gegen den Terrorismus ausgelöst, sondern in der Regierung auch ein bestimmtes religiöses Gedankengut in den Vordergrund gerückt, das zum Fundament für das innenpolitische Programm der Republikaner wurde.

Eine Ironie des Schicksals wollte es, dass Ronald Reagan, de facto das Musterbeispiel eines konservativen Republikaners in der jüngeren amerikanischen Geschichte, mehr als zehn Jahre lang nicht nur an der Alzheimer-Krankheit litt, sondern auch als einer von Millionen Menschen Opfer eines Gesetzes wurde, das es verbietet, Bundesmittel für die embryonale Stammzellenforschung auszugeben, durch die sich nach Überzeugung von Medizinern ein Mittel gegen Alzheimer und andere schreckliche Krankheiten finden ließe.

Als der frühere Präsident dreiundneunzig und im Endstadium seiner Krankheit war, machte seine Frau Nancy ihren Einfluss geltend und übte Druck aus, um die Bundesregierung zur Freigabe von Mitteln für die embryonale Stammzellenforschung zu bewegen. Präsident George W. Bush, der ohne Zweifel selbst einige jener gutmütigen Charakterzüge seines Vorgängers Reagan aufweist, ist angesichts der jüngsten Fortschritte in der medizinischen Technik noch weit über Reagans Ablehnung der Abtreibung hinausgegangen. Bush hat in seine ablehnende Haltung gegenüber der Abtreibung auch die Stammzellenforschung mit einbezogen, zu der das Klonen von Zellen und die Tötung menschlicher Embryos im Frühstadium im Labor gehören. Für religiöse Konservative stellt die Züchtung von Embryos eine schreckliche Industrialisierung der Abtreibung dar. Für Wissenschaftler eröffnet die

Stammzellenforschung die Möglichkeit, schlimme Krankheiten zu behandeln, beschädigte menschliche Organe zu ersetzen und möglicherweise sogar den Alterungsprozess aufzuhalten.

Nancy Reagan änderte öffentlich und gegenüber den vielen »Pro life«-Konservativen, die die treuesten Anhänger ihres Gatten waren, ihre eigene Meinung und sagte: »Hier handelt es sich nicht um Abtreibung. Hier handelt es sich darum, Leben zu schenken.« Tatsächlich schrieb sie 2001 einen persönlichen Brief an Präsident Bush, in dem sie an ihn appellierte, er möge seine Haltung gegenüber der Stammzellenforschung ändern. Präsident Bush fühlte sich nicht bemüßigt, Mrs. Reagans flehentliche Bitte zu berücksichtigen.[5]

Gary Bauer ist ein einflussreicher und mächtiger Evangelikaler, arbeitete ab 1985 acht Jahre lang unter Präsident Reagan als Unterstaatssekretär für Erziehung und Bildung und war in dieser Eigenschaft zum Vorsitzenden von Präsident Reagans Fachsonderkommission für Familienfragen ernannt worden. In den beiden letzten Amtsjahren des Präsidenten fungierte der ein wenig elfenhaft wirkende Mann mit den dünnen blonden Haaren und den großen blauen Augen als Reagans innenpolitischer Chefberater. In jüngerer Zeit trat Bauer als Konkurrent George W. Bushs bei der Nominierung des republikanischen Kandidaten für die Wahl 2000 in Erscheinung und steht gegenwärtig einer Gruppe der christlichen Rechten vor, die sich »American Values« (»Amerikanische Werte«) nennt, ihren Sitz in Washington, D. C., hat und als Zielsetzung formuliert, »Kandidaten vom Typ Ronald Reagans« zu wählen, die »die moralischen Werte der Bibel wahren«. Und dennoch hat Gary Bauer, trotz seiner Liebe und Achtung für Präsident Reagan, seine Meinung zur Züchtung von Embryos für die medizinische Forschung nicht geändert. Nach Bauers Überzeugung werden die Konservativen es »nicht länger hinnehmen, dass die von ihnen gewählten Politiker bei den kulturellen oder moralischen Streitfragen kapitulieren. ... Was gewinnen wir denn«, fragte Bauer rhetorisch, »wenn wir die ›Achse des Bösen‹ im Ausland besiegen und die Steuern senken, aber daheim den Glauben der Gründerväter verraten, wonach nur ein Volk mit Moral und Tugend frei bleiben kann?«

In einem Interview in seiner Geschäftsstelle in Washington[6] vertrat Bauer die Meinung, dass die größte Fraktion seiner Partei, nämlich mindestens 40 Prozent der republikanischen Koalition, aus Menschen bestehe, die am Sonntag in die Kirche und am Dienstag in die Wahlkabine gehen würden. »Gesetzt den Fall, Sie sind eine Außerirdische«, erklärte Bauer, »und landen gerade einen Tag nach der letzten Präsidentenwahl auf der Erde und treffen Amerikaner auf der Straße, und Sie wollen herausfinden, wen sie gewählt haben, aber Sie möchten sie nicht direkt nach ihrer Parteizugehörigkeit fragen – dann brauchen Sie nur die Frage zu stellen, ob sie regelmäßig zur Kirche gehen. Weil nämlich die, die ja sagen, überwiegend republikanisch gewählt haben, und die, die nein sagen, überwiegend demokratisch.«

Kritiker werfen der Bush-Regierung vor, dass die Themen, die der christlichen Rechten so lieb und teuer sind, jene Aufgabengebiete an den Rand der politischen Agenda gedrängt hätten, die normalerweise in jeder aufgeklärten westlichen Demokratie auf der Tagesordnung der Regierung stehen: Arbeitsmarkt, Wirtschaftswachstum, Erziehung und Bildung, Gesundheitswesen, Kinderbetreuung und ein soziales Fürsorgesystem. Nichtsdestoweniger entspricht dieses Klima der Religiosität genau dem, was Präsident Bush als Ziel für die USA angekündigt und während seines Wahlkampfes versprochen hatte. Damit konnte er die fast 80 Millionen evangelikalen Christen hofieren, die ihn im Jahr 2000 ins Amt gewählt hatten und dies 2004 wieder taten. Ein weiteres

Problem, dem sich Präsident Bush bereitwillig zuwandte, sind die juristischen Auseinandersetzungen darüber, ob die Formel »under God« Bestandteil des Treuegelöbnisses zur Fahne bleiben soll. *[Anm. d. Ü.: Derzeitiger Text des Gelöbnisses: »I pledge allegiance to the flag of the United States of America and to the Republic for which it stands, one nation under God, indivisible, with liberty and justice for all.« – »Ich gelobe Treue der Fahne der Vereinigten Staaten von Amerika und der Republik, für die sie steht, eine Nation unter Gott, unteilbar, mit Freiheit und Gerechtigkeit für alle.«]* Millionen von Kindern an den staatlichen Schulen müssen jeden Tag vor Unterrichtsbeginn dieses Gelöbnis in dieser Formulierung aufsagen, auch wenn sie Atheisten, Agnostiker, Hindus, Buddhisten oder Moslems sind.

Im ursprünglichen Gelöbnistext gab es, entsprechend der Verfassung, keinerlei religiöse Bezüge. Es waren die Nachwirkungen des Koreakriegs, die Präsident Dwight D. Eisenhower 1954 ein Gesetz unterzeichnen ließen, das die Formel »under God« ins Gelöbnis aufnahm. Als Begründung für seine Entscheidung sagte Eisenhower dem amerikanischen Volk: »Auf diese Weise bekräftigen wir den überweltlichen Bezug des religiösen Glaubens im amerikanischen Erbe und für unsere Zukunft; auf diese Weise werden wir fortwährend jene geistigen Waffen stärken, welche auf ewig die stärkste Kraftquelle unseres Landes im Frieden und im Krieg bleiben werden.«[7] Unmittelbar nach der Unterzeichnungszeremonie schrieb Eisenhower: »Von diesem Tage an werden Millionen Schulkinder feierlich jeden Tag ... die Hingabe unserer Nation und unseres Volkes an den Allmächtigen kundtun.«[8]

Über dreißig Jahre nachdem Präsident Eisenhower diese Formel ins Gelöbnis eingefügt hatte, machte George H. W. Bush, der Vater des gegenwärtigen Präsidenten, das Gelöbnis mit dem Zusatz »under God« 1988 zu einem Hauptthema seines Wahlkampfs gegen den demokratischen Präsidentschaftskandidaten Michael Dukakis.

Ein anderer Streitfall, bei dem die Evangelikalen den Kampf mit dem weltlichen Teil der Gesellschaft aufnehmen, hat mit den Zehn Geboten zu tun. Ende 2003 genehmigte Richter Roy Moore in Alabama die Aufstellung eines massiven Denkmals, auf dem die Zehn Gebote eingemeißelt waren und das einen festen Platz im Justizgebäude von Montgomery erhalten sollte, der Hauptstadt Alabamas. Die Befürworter des Denkmals erklärten, die Zehn Gebote seien »universal«, obwohl mehr als 15 Prozent der Bevölkerung die von Gott an Moses weitergegebenen Gesetze nicht anerkennen. Das steinerne Denkmal wurde zwar entfernt, aber im Supreme Court wird weiterhin darum gestritten.

Ein anderes emotional belastetes Diskussionsthema ist die Homosexuellenehe. Während des Präsidentschaftswahlkampfs von 2004 war Gary Bauer auch in dieser Hinsicht einer der lautstärksten und aktivsten evangelikalen Gegner. Was Abtreibung für die Wahl 2000 gewesen, war dieser Streitpunkt für 2004. Im Verein mit vielen anderen einflussreichen evangelikalen Oberhäuptern wies Bauer den Präsidenten lange vor Beginn des Wahlkampfs warnend darauf hin, dass Bush, sollte er sich gegen einen Verfassungszusatz sträuben, der gleichgeschlechtliche Ehen verbietet, Gefahr laufe, die Unterstützung der Evangelikalen zu verlieren. Bauer sagte mir: »Wir verstehen, dass ein republikanischer Präsident oder Präsidentschaftskandidat in eine Zwickmühle gerät, wenn er für einen Verfassungszusatz zum Verbot der Schwulenehe ist; er riskiert, einen großen Teil seiner eher gemäßigten republikanischen Wählerschaft zu verprellen. Wir verstehen das, aber wir akzeptieren es nicht.«[9]

Die Botschaft der Evangelikalen ans Weiße Haus ist inzwischen sogar noch deutlicher ausgefallen. Ein Slogan auf der Rückseite der Programme zu den Parteitagen der Republikaner von 2000 und auch von 2004 lautete: »Was können 80 Millionen Evangelikale für Amerika tun? Alles, was sie wollen!«

13. Mit Gott in den Wahlkampf

Es heißt, man könne Moral nicht per Gesetz verordnen. Aber natürlich kann man das.

(John Ashcroft laut *Chicago Tribune* am 25. Mai 1998)

George W. Bushs Stratege Karl Rove nahm im Wahlkampf von 2004 die Botschaft ernst. Er erinnerte sich daran, wie Bush im Jahr 2000 die Wahl beinahe verloren hätte, weil vier Millionen Evangelikale einfach nicht zur Wahl gingen. Robert Knight, Direktor des Instituts für Kultur und Familie, der ebenfalls maßgeblich zur Wiederwahl George W. Bushs beigetragen hat, sagt: »Nach Jesu Lehre steht der Wert der Unterweisung von Kindern in Nächstenliebe, Friedfertigkeit und Freundlichkeit völlig außer Frage.« Knight behauptet, es seien radikale Homosexuelle und Bürgerrechtler, die sich hartnäckig gegen die Vermittlung religiöser Werte in staatlichen Schulen wehrten.[1]

Der Streit um gleichgeschlechtliche Ehen war schon während Bushs erster Amtszeit im Weißen Haus ein mit Emotionen befrachtetes Thema gewesen und wurde im Wahlkampf 2004 noch entscheidender, als der Oberste Gerichtshof von Massachusetts schwule und lesbische Verbindungen straffrei stellte. Evangelikale Christen bemühten sich nach Kräften, das Urteil zu Fall zu bringen, damit keine weiteren Bundesstaaten versucht sein könnten, Homosexuellenehen zu legalisieren. Sie zitierten aus dem fünften Buch Moses: »Es ist nicht Gottes Wille, dass Männer bei Männern liegen und Frauen bei Frauen«, was auf schaurige Weise jenem Slogan ähnelt, den die Befürworter der Rassentrennung 1958 prägten, als auch sie aus dem Deuteronomium (7,3) zitierten und eine Verurteilung gemischtrassischer Ehen herauslasen: »Es ist nicht der Wille Gottes, des Allmächtigen ... dass sich die Rassen vermischen.« Erst 1967 hat der Supreme Court alle Gesetze aufgehoben, die gemischtrassische Eheschließungen betrafen.

Am 12. Februar 2004 erhielten in San Francisco mehr als 3300 gleichgeschlechtliche Paare die amtliche Heiratserlaubnis. Auch im Village of New Paltz, einer Ortschaft im Norden des Bundesstaates New York, begann ein junger Bürgermeister, Mitglied der Grünen Partei, Demokrat und aussichtsreicher Kandidat für die Gouverneurswahlen von New York 2006, mit der Trauung gleichgeschlechtlicher Paare im Rahmen kurzer nachmittäglicher Zeremonien. Präsident Bush reagierte auf die Entwicklung in den drei Staaten mit der Behauptung, diese »Abweichung vom Gesetz« sei einer »Hand voll aktivistischer Richter« zu verdanken. Er machte deutlich, dass für ihn die Ehe »die fundamentalste Institution der Zivilisation« ist. Unterstützung wurde ihm durch David Huizenga zuteil, Pastor der »Sunshine Community Church«, der größten christlichen Reformkirche Michigans, der angab, täglich zahlreiche E-Mails von konservativen christlichen Gruppen wie der »American Family Association« zu erhalten. »Wenn wir so etwas zulassen, dann ist die Ehe in unserem Land in Gefahr«, sagte Huizenga. »Dann würde nach meiner Ansicht die Ehe in diesem Land zu einem Witz verkommen. Der Zusammenbruch unserer Gesellschaft und unserer Schulen würde dadurch gefördert werden.«[2]

Nahezu alle Fundamentalisten glauben, dass die Homosexuellenehe »sich gegen Gottes Heilsplan richtet«. Eine Angehörige einer evangelikalen Kirche in Connecticut sagte: »Homosexuelle sind durch die Lügen Satans desillusioniert [sic!].«

Ob Satan nun eine Rolle in der Diskussion über Homosexualität spielt oder nicht, klar ist jedenfalls, dass Gott seit dem Augenblick an der Auseinandersetzung beteiligt ist, in dem Er sich als Wahlkämpfer rekrutieren ließ. Dass Präsident Bush verkündete, Gott sei gegen Homosexualität, dürfte für keinen Amerikaner eine Überraschung dargestellt haben. Im Jahr 2003 erklärte Bush die Woche vom 12. Oktober zur »Marriage Protection Week« (»Eheschutzwoche«), und zwar als Gegenaktion »gegen jene schwulen Lobbyisten, deren Ziel es ist, aktivistische Richter dazu zu bringen, gleichgeschlechtlichen Verbindungen den Status einer Ehe zu verleihen«[3]. Der Abgeordnete Tom DeLay, Mehrheitsführer im Repräsentantenhaus und fanatischer wiedergeborener Christ, brandmarkte, was er »Drückebergerjustiz« nannte, und schwor, einen Verfassungszusatz herbeizuführen, der die Ehe zwischen Homosexuellen verbietet. »Wir finden uns damit nicht ab – das bleibt auch in Zukunft noch lange Thema Nummer eins«, sagte er[4]. Nach Ansicht von Ed Gillespie, dem Vorsitzenden des Nationalen Komitees der Republikaner, ist die Bevölkerung der USA »mit überwältigender Mehrheit gegen die Schwulenehe«[5]. Eine vom »Pew Research Center for the People and the Press« vom 15. bis 19. Oktober 2003 durchgeführte Umfrage unter 1515 Amerikanern ergab, dass sich 59 Prozent der Befragten gegen die Homosexuellenehe aussprachen.

Der Entwurf des Gesetzes zum Schutz der Ehe (»Defense of Marriage Act«, DOMA) wurde am 7. Mai 1996 dem Parlament vorgelegt. Er passierte das Repräsentantenhaus mit 347 gegen 67 und den Senat mit 85 gegen 14 Stimmen. Am 10. September 1996 wurde er durch die Unterschrift von Präsident Bill Clinton zum Gesetz erhoben. Kurz zusammengefasst verwehrt DOMA der Bundesregierung die Befugnis, verpflichtende Entscheidungen für die einzelnen Bundesstaaten bezüglich gleichgeschlechtlicher Ehen zu fällen. Stattdessen verlangt das Gesetz, dass jeder Bundesstaat »die Rechtswirksamkeit von Gesetzen der anderen Staaten bezüglich gleichgeschlechtlicher Ehen« anerkennen müsse. Zur gleichen Zeit stimmten Repräsentantenhaus und Senat jeweils mit 50:49 gegen ein Gesetz, das Arbeitgebern Diskriminierungen auf Grund sexueller Orientierung verbieten wollte. Damals war Senator John Kerry, der demokratische Präsidentschaftskandidat von 2004, nur einer von vierzehn Senatoren, die gegen DOMA stimmten. Vor kurzem machte das Repräsentantenhaus von seiner Einschränkungsbefugnis nach der »Full faith and credit«-Klausel der Bundesverfassung Gebrauch und verabschiedete ein Gesetz, wonach »kein Bundesstaat gezwungen werden kann, die Anerkennung gleichgeschlechtlicher Verbindungen durch einen anderen Bundesstaat rechtskräftig zu übernehmen«. *[Anm. d. Ü.: »Full faith and credit« (»volle Anerkennung«), Art. IV, Abs. 1 der Bundesverfassung: Öffentliche Akten, Register und Gerichtsentscheide eines Einzelstaates sind im ganzen Bundesgebiet anzuerkennen. Der Kongress kann per Gesetz Einschränkungen verfügen.]*

Während des Wahlkampfs von 2004 behaupteten die Evangelikalen, Kerry unterstütze nicht nur die Homosexuellenehe, sondern mache sich auch zum Advokaten »des unermüdlichen Strebens der Homosexuellen nach regierungsamtlicher und gesellschaftlicher Billigung ihres Lebensstils«. Reverend Jerry Falwell behauptete, dass »Befürworter der Homosexualität unsere staatlichen Schulen unterwandern, um sich unter den leichtgläubigen Schülern Anhänger für ihre gefährliche soziale Agenda zu holen«. Zusätzlich vertrat er die Ansicht, das »Gay, Lesbian, and Straight Education Network« (»Netzwerk für schwule, lesbische und heterosexuelle Erziehung und Bildung«) habe einen »curricularen Ratgeber« für

Lehrer an staatlichen Schulen herausgegeben, der ein Unterrichtsprogramm mit sechs Punkten enthalte und dazu gedacht sei, »die Schüler davon zu überzeugen, dass homosexuelle Beziehungen den traditionellen Mann-Frau-Beziehungen gleichwertig seien«.

»Die Lerninhalte dieses Programms reichen von der Diskussion historischer Parallelen von gleichgeschlechtlichen Ehen bis zur Bereitstellung von Lektüre über homosexuelle Beziehungen für Schüler, die sich dann vorstellen sollen, wie es wäre, eine gleichgeschlechtliche Hochzeit zu feiern«, behauptete Falwell in einem Interview mit Larry King auf CNN.[6]

Bei einer solchen Propaganda, dass Homosexualität gelehrt werden könne und womöglich ansteckend sei, liegt die Gefahr darin, dass Lehrer, die im Verdacht der Homosexualität stehen, entlassen werden oder ihnen noch Schlimmeres widerfährt. Linda Harvey von der evangelikalen Organisation »Mission America« führte 2003 in einem Artikel für ihre Verbandszeitschrift detailliert auf, wie bundesweit Schüler mit »prohomosexuellem Material überschwemmt« würden.

»Zur gleichen Zeit werden in diesen Klassen gläubige Schüler oft verspottet«, behauptet sie.

Ein anderer Kritiker der Homosexualität ist Claude Allen. Auf ihn als religiösen und politischen Konservativen wurden die Medien 1984 im Wahlkampf zur Wiederwahl von Jesse Helms als Senator aufmerksam, dessen Sprecher er war. Als solcher wurde er mit der Aussage zitiert, der Gegenkandidat von den Demokraten sei angreifbar wegen seiner Verbindungen zu »Schwulen«. Claude Allen, der in einer christlichen Gruppe aktiv ist, die in den USA und in Israel Homosexuelle ermuntert, »den Weg zu Jesus einzuschlagen«, wurde kürzlich von Präsident Bush als Kandidat für ein für Virginia zuständiges Berufungsgericht des Supreme Court nominiert. Zufällig ist Bill Pryor ebenfalls Mitglied dieser christlichen

Gruppe; er ist Generalstaatsanwalt und Justizminister von Alabama und ebenfalls als Kandidat des Supreme Court für ein Berufungsgericht in Atlanta nominiert. Bill Pryor ist vor allem dadurch bekannt geworden, dass er 2003 den Staat Texas wegen eines Gesetzes vor dem Supreme Court vertrat, das sexuelle Beziehungen zwischen Homosexuellen unter Strafe stellt. In dem Schriftsatz, in dem er den texanischen Standpunkt darlegt, werden solche Beziehungen in die gleiche Kategorie gesteckt wie Nekrophilie, Sodomie und Pädophilie, und es wird die Ansicht vertreten, dass die Bundesstaaten das Recht hätten, diejenigen, die gleichgeschlechtlichen Sex praktizieren, als Kriminelle zu bestrafen. Präsident Bush unterstützte Pryors Standpunkt dadurch, dass er 2003 bei der Eröffnung des Gipfeltreffens mit dem russischen Präsidenten Wladimir Putin sagte: »Wir brauchen vernünftige Richter mit gesunden Auffassungen, die wissen, dass uns unsere Rechte von Gott gegeben wurden, und genau dies ist die Art von Richtern, die ich auf den Richterstuhl zu setzen gedenke.«

Man weiß, dass die Evangelikalen bislang, ungeachtet ihrer Einstellung gegenüber Homosexuellenrechten und gleichgeschlechtlichen Ehen, bei ihresgleichen durchaus bereit waren, Kompromisse zu schließen, Fehlverhalten zu entschuldigen und Loyalität zu demonstrieren, selbst wenn jemand gegen ihre bibeltreuen Grundsätze verstoßen haben sollte. Bei einem länger zurückliegenden Fall von derartiger Loyalität spielte Reverend Billy Graham eine Rolle. Walter Jenkins war in der Amtszeit von Lyndon B. Johnson einer der engsten Berater des Präsidenten und wurde in der Toilette des Christlichen Vereins Junger Männer (YMCA) in einer kompromittierenden Position mit einem Barkeeper ertappt. Sobald er von Jenkins' Festnahme erfahren hatte, rief Präsident Johnson als Ersten Billy Graham an. Fünf Tage nachdem der Skandal in den Medien breitgetreten worden war, besuchte

Graham Präsident Johnson und bot seine Unterstützung an. »Wissen Sie«, sagte Graham, »wenn Jesus sich mit Leuten befassen musste, die moralische Probleme hatten wie der liebe Walter, dann hat er das immer mit Feingefühl getan. Ich hoffe sehr, dass Sie ihn, sollten Sie Kontakt mit ihm haben, herzlich von mir grüßen und meiner Anteilnahme versichern.«[7] Allerdings hat Johnson den Kontakt zu Jenkins sofort abgebrochen. Nach ein paar Tagen in einer psychiatrischen Klinik in Washington kehrte Jenkins nach Texas zurück; seine politische Karriere war zu Ende.

Ein jüngeres Beispiel evangelikaler Toleranz betrifft eine Frau, eine bekennende Lesbierin und politisch in der Schwulen- und Lesbenbewegung aktiv, die im Januar 2000 stolz neben ihrem Vater stand, als dieser seinen Eid als Vizepräsident der Vereinigten Staaten ablegte, und die voller Stolz dabei war, als er 2004 wiedergewählt wurde.

Mary Cheney ist die Tochter von Vizepräsident Dick Cheney und war bei der Brauerei Coors als »Gay Relations Manager« für die auf die homosexuelle Kundschaft abzielende Öffentlichkeitsarbeit zuständig. Sie kann von Glück reden, dass die äußerste Rechte beschlossen hat, »ihre Privatsphäre zu respektieren«. Einzelheiten über Marys Leben bleiben vage; man weiß, dass sie und ihre Lebensgefährtin Heather Poe ein gemeinsam gekauftes Haus in der Gegend von Denver, Colorado, bewohnen. Alle, die sie und ihren Vater kennen, erwähnen die ungewöhnlich enge Beziehung zwischen Vater und Tochter. »Die machen zusammen Urlaub, nur sie beide«, erzählt ein Nahestehender. »Das hat man nicht oft, dass eine ganz offen lesbische Tochter und ihr Vater eine so enge Beziehung haben. Die beiden sind nach Russland und Südamerika gefahren, und sie gehen zusammen jagen und angeln.«[8]

Elizabeth Birch ist im Vorstand der »Human Rights Campaign«, eines homosexuellen politischen Aktionskomitees, und glaubt, dass Mary Cheneys Sexualität bei allen Aktionen der Organisation weiterhin eine wichtige Rolle spielen wird, und zwar deshalb, »weil Marys Präsenz genau das bedeutet, was wir seit Jahren sagen, nämlich dass Homosexuelle inmitten amerikanischer Familien leben«[9]. Wenn es jedoch um andere politische Streitfragen geht als die Rechte der Homosexuellen, dann ist die Tochter des Vizepräsidenten ziemlich konservativ.

Ob Demokraten oder Republikaner – die homosexuelle Gemeinde setzt sich aus Männern und Frauen zusammen, die sich bei der Wahl eines politischen Kandidaten auch von anderen Themen als dem der gleichgeschlechtlichen Ehe leiten lassen. Margaret Leber ist beispielsweise Lesbierin, Mitglied der Republikaner und der »Pink Pistols«, eines schwulen und lesbischen Schützenvereins. Für sie läuft die Position der Demokraten hinsichtlich Schusswaffenkontrolle ihrer Grundüberzeugung zuwider. »Jemand mit meinen Wertvorstellungen und Ansichten geht nicht unter nur einem Gesichtspunkt zur Wahl.«[10]

Die »Log Cabin Republicans« (»Blockhütten-Republikaner«) wurden vor fünfundzwanzig Jahren gegründet und sind eine Gruppe schwuler und lesbischer Republikaner, die sich alle rechten Standpunkte der republikanischen Parteimehrheit zu Eigen machen, von demjenigen hinsichtlich ihrer eigenen sexuellen Vorlieben abgesehen. Patrick Guerriero ist im Vorstand dieser Gruppe und schätzt, dass von den Republikanern, die Bush im Jahr 2000 wählten, nach eigenem Verständnis eine Million homosexuell waren. Obwohl George W. Bush sich immer für Familienwerte eingesetzt und als Gouverneur von Texas Gesetze unterstützt hat, die einvernehmliche homosexuelle Aktivitäten zwischen Erwachsenen unter Strafe stellten, sah er sich im Wahlkampf um seine Wiederwahl vor ein Dilemma gestellt. Ein bekennender schwuler Familienfreund Bushs, Charles Francis, arrangierte ein Treffen zwischen Bush und homosexuellen Republikanern zu Themen wie homosexuelle Geschwister, homosexuelle Eheschließungen und Aids. Inzwischen hat Francis die »Republican Unity Coalition« gegründet, bei der es sich um eine Gruppe prominenter Republikaner handelt, darunter Expräsident Ford, die es sich zur Aufgabe gemacht haben, das Thema sexuelle Orientierung zu einem Nichtthema in der Republikanischen Partei zu machen. Francis erklärte, die Million Schwuler und Lesben, die 2000 für Bush gestimmt hatten, würden dies 2004 nicht wieder tun, falls der Präsident den Verfassungszusatz zur Ehe durchsetzen wolle.

In einer Reihe von Interviews äußerten sehr viele homosexuelle Republikaner ihre Besorgnis über die verbreitete Annahme, nur Heterosexuelle machten sich Gedanken um Steuern und nationale Sicherheit, während Homosexuelle sich nur für ihre Sexualität interessierten. Jim McFarland gehört zur »Pro-Life-Alliance of Gays and Lesbians«, ist aktiver homosexueller Republikaner und hat seit jeher Präsident Bush unterstützt, weil er glaubt, dass Bush »der bessere Außenpolitiker und der bessere Steuerpolitiker ist. ... Ich möchte auf keinen Fall, dass diese große Steuersenkung wieder rückgängig gemacht wird, die er durchgesetzt hat. Es gibt noch andere Dinge außer meiner Homosexualität, die einen großen Einfluss auf mein Leben haben.«[11]

Für einige gibt es wichtigere Dinge, aber nicht für alle.

Bei den Themen Abtreibung und Homosexualität sahen sich sowohl die Evangelikalen als auch die katholische Kirche nicht in der Lage, aus der Tradition von Frauenfeindlichkeit und sexueller Unterdrückung auszuscheren, die in allen monotheistischen Religionen zu finden ist.

Alle Religionsführer oder Oberhäupter von Glaubensgemeinschaften betrachten Abtreibung und Homosexualität als Sünden gegen Gott und seine Gebote, teilweise deswegen, weil die Kontrolle der Sexualität der Gläubigen auch ein wirksames Element der sozialen Kontrolle ist. Die von der christlichen Rechten definierten traditionellen Familienwerte sehen die Frauen als Hüterinnen von Haus, Herd und Familie, dem Manne untertan.

Zwar dominierten im Christentum traditionell die Männer, aber seine Verbreitung verdankt es weitgehend der loyalen Ergebenheit der Frauen. Sie waren es zumeist, die zur Kirche gingen, Novenen beteten und den Kindern den Glauben einimpften. Doch ein neuer Versuch von Fundamentalisten, die Männer Amerikas umfassend einzubinden, wird bereits unternommen.

Eine der radikaleren Männergruppen bei den Evangelikalen sind die »Promise Keepers« (»Die ihr Gelübde halten«), eine Organisation mit katholischen Wurzeln und charismatischem Kern, die sich der uneingeschränkten Unterstützung durch Billy Graham erfreut. Das Ziel dieses Männerbundes ist, »biblische Männlichkeit zu zelebrieren und Männer für eine christusmäßige Maskulinität zu motivieren«. Die »Promise Keepers« wurden 1990 von Bill McCartney gegründet, Cheftrainer des Footballteams der University of Colorado, der sich aufgerufen fühlte, »Männer durch aktiv gestaltete Beziehungen zusammenzuschließen, damit sie in ihrer Umwelt als Sendboten Gottes agieren, indem sie vor Jesus Christus und voreinander ein Gelübde ablegen, das ein Leben lang gilt«[12].

Zwar wird McCartney als Gründer der »Promise Keepers« angesehen, die Geschäfte aber werden vom zweiten Vorstand und administrativen Kopf Randy Phillips geführt, Oberhirte und zwei Jahre lang Leiter des Bibelstudienkreises der Denver Broncos. McCartney und Phillips sind ehemalige Katholiken mit engen Bindungen zur charismatischen »Vineyard«(»Weinberg«)-Bewegung, für die »Zeichen und Wunder« einen gültigen Stellenwert in der heutigen Zeit haben und die wundersame Demonstrationen göttlicher Macht als unerlässlich für das Wachstum der Kirche ansieht. Auch Mel Gibson gehört zu den »Vineyard«-Anhängern. In dem von ihm produzierten Film *Signs (Zeichen),* in dem er auch die Hauptrolle spielt, geht es um bizarre und unerklärliche geometrische Figuren im Kornfeld, die entweder von Gott oder von Außerirdischen stammen sollen.

Bei den »Promise Keepers« gibt es eine Reihe von Programmen und Selbsthilfeseminaren, die darauf ausgerichtet sind, christliche Männlichkeit zu »optimieren«, indem man die Männer ermuntert, über ihre Probleme zu sprechen, offen zu weinen und einander in den Arm zu nehmen, damit ihnen Trost und Unterstützung zuteil werden bei dem mühseligen Unterfangen, »ein guter christlicher Mann in der unchristlichen Welt von heute« zu sein. Zu den von dieser Gruppe organisierten Veranstaltungen und Initiativen gehören Massentreffen in Stadien, Predigerkongresse, bundesweite Fernsehspots, Rundbriefe und eine Internetseite. Die evangelikale US-Verlagsgruppe Thomas Nelson Publishers hat in ihrem Programm fast zwei Dutzend Titel speziell für christliche Männer ausgewiesen, darunter eine Neuauflage von Bill McCartneys Autobiographie *From Ashes to Glory* (etwa: *Aus der Asche zu Ruhm und Ehre).*

Viele Ansprüche und Aktivitäten der Evangelikalen werden von Heuchelei und Doppelbödigkeit überschattet, was bei ihrer bekundeten Liebe für das jüdische Volk anfängt und bei ihrer Abscheu vor Homosexualität aufhört. Einer, der bei den »Promise Keepers« austrat wegen der nach seinen Worten unverhohlenen »homosexuellen Avancen« anderer Mitglieder, wodurch er seine »Auffassung von einem göttlichen Gleichgewicht erschüttert und beeinträchtigt« sah, schilderte mir einige seiner Erfahrungen, die er während zehn Jahren treuer Mitgliedschaft gesammelt hatte, wenn ich ihm Anonymität zusicherte. Er sagte, die »Promise Keepers« glaubten, dass Männer, »die sich ihren Familienpflichten entziehen, für einen großen Teil gesellschaftlicher Dysfunktion verantwortlich sind ... Und diese Dysfunktion [führt zu] Schulabbrüchen, rasant steigender Kriminalität, Rassismus, Ehescheidung, Homosexualität und Abtreibung.« Die »Promise Keepers« sehen den einzigen Weg, um aus Amerika wieder ein moralisches, gottesfürchtiges Land zu machen, in der Rekrutierung von Männern, die Promise »Keepers« sein wollen und keine Promise »Breakers«. »[Die feministische Bewegung] Women's Lib«, erklärt der Mann weiter, »war eine Reaktion der Frauen auf die durch Männer erfahrenen Leiden und Misshandlungen. Wonach [die ›Promise Keepers‹] suchen, ist nicht nur eine andere Funktion für den Mann in der Gesellschaft, sondern eine neue männliche Identität in einer Welt der Konflikte und des ständigen Wandels.«

Die »Promise Keepers« sind separate Partnerschaften mit verschiedenen evangelikalen Glaubensgemeinschaften eingegangen, wie z. B. mit den »Assemblies of God« (John Ashcrofts Kirche) und der »International Pentecostal Holiness Church« (»Internationale Pfingstheiligkeitskirche«). Die Erstgenannte hat sogar eine Verbindungsstelle zwischen ihrer Geistlichkeit und den »Promise Keepers« eingerichtet, um vermehrt neue Mitglieder zu werben. Seit kurzem gibt es Absprachen des Männerbundes mit der »Southern Baptist Convention« und der »Christian and Missionary Alliance«. ähnlich wie Billy Graham betrachten die »Promise Keepers« die katholische Kirche eher als eine christliche Glaubensgemeinschaft unter vielen, zu der es ein paar Unterschiede gibt, aber nicht als eine abtrünnige Organisation mit eigenem Heilsversprechen, bibelfernen Offenbarungen, der Anbetung von Götzenbildern und Dutzenden anderer falscher Lehren. Beim Bundeskongress 1994 beteten die »Promise Keepers« für die totale »christliche Einheit«.

Als Reaktion darauf hieß Kardinal Mahoney von der katholischen Erzdiözese Los Angeles den abtrünnigen Katholiken Bill McCartney und seine Freunde als Rückkehrer in die »römische Gemeinschaft« willkommen. »Die ›Promise Keepers‹ waren zunächst in eher fundamentalistischen und evangelikalen Gemeinschaften zu finden«, stellte Mahoney fest, »aber jetzt öffnen sie sich und beziehen ... auf Pfarreiebene ... katholische Gemeinden mit ein.«[13]

Jack Hayford ist ebenfalls ein charismatischer Baptistenprediger, dessen Glaubensgemeinschaft »The Church On The Way« (»Kirche unterwegs«) mit Sitz in Van Nuys bei Los Angeles sich rühmt, Mitglieder aus der Hollywood-Oberschicht zu haben. Bei »Promise Keepers«-Seminaren tritt er häufig als Redner auf. Er gehört zu den charismatischen Christen beziehungsweise zur Pfingstkirche, spricht und betet in fremden Zungen und will in der Regel sein Publikum dazu bringen, »mit dem Herrn zu tanzen«. Nach Aussagen eines Mitglieds von Hayfords Kirche hatte er einmal bei der Eröffnung eines »Promise Keepers«-Seminars erzählt, dass er den »Tanz«, den er lehrt, in Afrika gelernt habe. Dort habe sich der Herr mit der Aufforderung direkt an ihn gewandt: »Darf ich um diesen Tanz bitten?« Vor den Seminarteilnehmern habe Hayford dann auf dem Podium einen afrikanischen Volkstanz begonnen, der stark an die Tänze von Medizinmännern erinnerte, und mehrere Männer der »Promise Keepers« hätten sich angeschlossen und mit ihm getanzt.

Eine andere Glaubenswahrheit, die Jack Hayford verkündet, stammt offenbar aus einem weiteren Tête-à-Tête, das er mit Jesus anlässlich einer Vision hatte, in der er den Sohn Gottes auf seinem himmlischen Thron sah. Bei dieser Gelegenheit wurde Hayford von Jesus aufgeklärt, warum Gott im Alten Testament die Beschneidung verlangte. »Gott will euch genau an der Stelle berühren, die eure männliche Identität ausmacht«, legte Hayford der

Gruppe dar, um jene Erwachsenen zur Beschneidung zu ermuntern, die dieses Ritual noch nicht mitgemacht hatten. »Er will eure Genitalien berühren und euer Geschlechtsteil anfassen. Dadurch kann er euch besser am Herzen operieren. Gott will an die produktiven Talente des Mannes rühren.«[14]

Ganz im Geiste der von ihnen gepflegten Verehrung heidnischen Brauchtums unterhalten die »Promise Keepers« herzliche Beziehungen zu einer Gruppe von Cherokee Indianern in einem Reservat in North Carolina. Bei einem Treffen marschierte man gemeinsam 168 Meilen, und danach kam es zu einer feierlichen Namensverleihung. Dabei ehrt traditionell der Häuptling würdige Kandidaten mit einem indianischen Namen, und so verlieh er Bill McCartney den Namen »Victorious Warrior« (»Siegreicher Krieger«), und Randy Phillips wurde »God's Eagle« (»Adler Gottes«). Außerdem wurden beide Männer mit indianischem Kopfschmuck und dem Gedicht »No More Broken Treaties« (»Schluss mit gebrochenen Verträgen«) beschenkt.

Einer der Männer im Vorstand der »Promise Keepers« ist der Pfingstkirchengeistliche James Ryle, der wegen Drogendelikten im Gefängnis gesessen hat. Ryle sieht sich selbst als modernen »Propheten« und behauptet, Gott habe ihn beauftragt, die Gemeinde darüber aufzuklären, dass sowohl die Beatles als auch ihre Musik auf Grund einer besonderen Salbung durch den Heiligen Geist zu dem wurden, was sie waren. Zudem halte Gott Ausschau nach weiteren Aspiranten für eine solche Salbung, vermutlich um eine globale Erweckung durch Musik zu bewirken. »Der Herr hat mich zum Ausguck ernannt«, sagte Ryle, »und mir ein paar Dinge aufgezeigt, die ich euch zeigen will. Der Herr sprach zu mir und sagte: ›Was du in den Beatles gesehen hast – ihre Begabung und ihren Sound –, das kam alles von Mir ... Mein Ziel war es, mit Hilfe der Musik eine weltweite Erweckung herbeizuführen, damit Mein Geist in die

Menschen einzieht und Männer und Frauen zu Christus führt.« Ryle behauptet auch, dass ihm Gott »die Vision eines Beatleskonzerts vor Augen geführt hat, bei dem das Publikum nicht den Namen der Beatles kreischte, sondern den Namen Jesu«.[15]

Die »Promise Keepers« nehmen keine Frauen oder Knaben auf; dennoch gibt es bei ihnen mehrere Ableger, die sich nur um Frauen oder männliche Teenager kümmern. Letztere finden sich in den »Young Warriors« (»Junge Krieger«) wieder, wo Seminare mit zeitgenössischer christlicher Musik und Bibelstudium angeboten werden. Die »Heritage Keepers« (»Traditionswahrer«) sind eine Gruppierung nur für Frauen, in der Hauptsache für die Ehefrauen, Schwestern, Mütter und Freundinnen der »Promise Keepers«. Sie werden im »frommen Umgang mit Familie, Gott und Gemeinde« unterwiesen. Deborah Tyler aus Morristown, Tennessee, gehört dazu und hat etwas in die Wege geleitet, das sie die vier »Schlüssel zu einem erfüllten Leben« nennt und das ein »Pendant zu den ›Promise Keepers‹« sein soll, um »Frauen Chancen anzubieten, durch die sie gefordert, inspiriert und ermutigt werden, und um jede Frau zu einer persönlichen Verpflichtung zum Wort Gottes zu führen als der höchsten Autorität für ein erfolgreiches Leben«.[16]

Die vermutlich beste Charakterisierung der »Promise Keepers« stammt von Bill McCartney persönlich: »Wir sind Macho-Männer für Christus.«[17]

Das politische, kulturelle und soziale Klima in den USA ist heute so beschaffen, dass im Gegensatz zur vorherigen Generation die Rechten Zulauf von den jungen Leuten erhalten. Anders als die elitäre republikanische Jugendbewegung der 1950er bis 1980er Jahre ist diese neue Spezies von College-Konservativen bereit, in den kommenden Jahren die Verantwortung für die Gestaltung der Zukunft der Vereinigten Staaten und der Republikanischen Partei zu übernehmen. Die Zahl der Uniabsolventen, die das konservative Kredo verbreiten, nimmt zu. Sogar an jenen Colleges und Universitäten mit liberaler Tradition, wie beispielsweise an der ursprünglich rein schwarzen Howard University in Washington, D. C., an der Universität in Berkeley in Kalifornien oder an der University of Wisconsin in Madison, haben Studenten Gruppen gegründet, die man heute »Hip Hop Republikaner« nennt. Das »Campus Leadership Program« hat mitgeholfen, nach eigener Zählung in weniger als drei Jahren 256 konservative Hochschulgruppen zu gründen. Das »College Republican National Committee« ist eine Gruppe, die Studenten für Wahlkämpfe mobilisiert und ihre Anhängerschaft seit 1999 auf die Rekordzahl von 1148 Ortsgruppen verdreifacht hat. Die Auswirkungen dieser Entwicklung waren weit abseits der Campus zu spüren. So sagt Scott Stewart, der Vorsitzende des »College Republican National Committee«, die Hochschulkonservativen hätten entscheidend zum Erfolg der Republikaner bei den letzten Zwischenwahlen beigetragen: »Die Studenten bringen die Begeisterung und den Schwung mit für die Lauferei von Tür zu Tür und das Verteilen von Flugblättern.«

Die ältere Generation registriert mit Befremden, dass die jungen Männer und Frauen aus der neuen konservativen Jugendbewegung praktisch genauso aussehen wie jene Hippies, die in den 1960er Jahren gegen das rechte Establishment rebellierten. Anders als die adretten »Preppies« der privaten weiterführenden Schulen, die sich in den 1980er Jahren für Ronald Reagan engagierten und Sakkos, knielange Röcke und Button-down-Kragen trugen, kommen diese neuen jungen Rechten mit zerrissenen Jeans, T-Shirts und Zottelhaar daher. Einige von ihnen rauchen gar Marihuana und hören Hard Rock und Heavy Metal. Aber sie befinden sich an den Hochschulen in permanenter Rebellion gegen das, was früher »Anti-Establishment« hieß und heute »Linksliberalismus« genannt wird. Die Rebellion der Gegenwart richtet sich gegen jede »liberale« politische Etikettierung, insbesondere gegen die Terminologie der »politischen Korrektheit« mit ihren gelegentlich haarsträubenden Versuchen einer wertungsfreien Sprache. Diese jungen Leute hingegen wollen werten.

Der Umschwung ist außergewöhnlich und war auch von entscheidender Bedeutung für die Präsidentschaftswahlen 2004.

Historisch gesehen haben sich die Jungen schon immer rein instinktiv gegen das Establishment aufgelehnt, ob das nun das konservative der 1960er oder das liberale der 1990er Jahre war. Wenn man nun die Ängste nach dem 11. September hinzunimmt und das Bedürfnis, an einen allbeschützenden Gott zu glauben, sowie die Überzeugung, dass das neue Reich des Bösen nicht mehr der Kommunismus, sondern der Islam ist, dann stellt der Rechtsruck unter der Jugend keine Überraschung mehr dar.[18]

Die Campus-Konservativen werden von einer Reihe von konservativen Interessengruppen finanziert wie z. B. von »Young Americans for Freedom«, »Young America's Foundation«, »Leadership Institute«, »Collegiate Network« und vom »Intercollegiate Studies Institute«. Diese Gruppen investieren ihre Gelder auf mannigfache Art, um an den Hochschulen eine rechtslastige Agenda durchzusetzen: Von einigen gibt es Barspenden direkt an Studentengruppen, damit diese konservative Studentenzeitungen herausgeben können; andere bieten kostenlose Seminare in konservativer Menschen- und Unternehmungsführung an und übernehmen die Reisekosten für die jungen Leute, die zu ihren Informationsveranstaltungen kommen. Wieder andere bezahlen die saftigen Honorare für die Vorträge prominenter rechter Redner vor Studenten. In den vergangenen drei Jahren haben mehrere Gruppen ihre Anstrengungen und Aktivitäten koordiniert und damit begonnen, in einer konzertierten Rekrutierungsaktion an den Hochschulen latent konservativ eingestellte Jugendliche zu organisierten rechten Aktivisten zu machen. Zur Schau gestellter Patriotismus ist der neue Trend. Die US-Flagge ist zum Symbol einer unkritischen Unterstützung der Vereinigten Staaten gegen ihre Feinde geworden. In den meisten konservativen Studentenwohnheimen findet man Hillary Clinton als Bild auf der Fußmatte, sodass jeder, der kommt oder geht, ihr im Wortsinn ins Gesicht treten kann, sei es wegen ihres Mangels an Unterwürfigkeit oder wegen ihrer politischen Einstellung.

Die christliche Rechte ist auch für eine weitere neue Tendenz verantwortlich, die sich an amerikanischen Arbeitsplätzen breit macht, wo »glaubensgestützte Ethik« zum Bestandteil des beruflichen Alltags vieler Arbeitgeber und Arbeitnehmer geworden ist.

Ein Programm der methodistischen »Ellington Wesleyan Church« in Ellington, Connecticut, trägt zu dieser wachsenden Bewegung bei, die in vielfältigen Gruppenveranstaltungen dazu aufruft, überall im Land die Religion in den Büroalltag zu integrieren. Mehr als 1200 christliche Gruppen hatten sich 2003 allein in Nordamerika der »Arbeitsplatzverkündigung« verschrieben, doppelt so viele wie vor fünf Jahren, und 2004 waren mindestens 200 neue dazugekommen. David Miller, Leiter des Zentrums für Religion und Kultur an der Yale University, ist der festen Überzeugung, dass Religion keine Privatangelegenheit mehr ist: »Nachdem die Menschen lange Zeit die Auffassung vertraten, Religion sei Privatsache, sind nun viele entschlossen, diese beiden Bereiche ihres Lebens zusammenzubringen.«[19]

Einige religiöse Gruppen bieten Gebetsrunden oder Bibelstudien im Büro an als Ersatz für die einstmals populären »Kaffeepausen«, andere treffen sich in Andachtsräumen, wo man sie auffordert, die Zehn Gebote und ihren Glauben in den Geschäftsalltag einzubringen. Viele der Evangelikalen, die Probleme haben, wenn sie im Beruf Entscheidungen fällen müssen, rufen dann den Leiter irgendeiner dieser religiösen Bürogruppen an und fragen um Rat. Eine Frau erzählt, der beste Rat, den sie erhalten habe, sei schlicht gewesen, »dafür zu beten«. »Hier geht es um Weiterbildung«, erklärt sie, »um gutes Benehmen, um ein gutes Gewissen und um Vernetzung mit den anderen. Alles sehr amerikanisch.«

Keine Frage: Wer kann etwas daran auszusetzen haben, wenn Menschen Moral und Ethik zurück in ihren Beruf bringen möchten? Wenn sie das aber auf die Spitze treiben: Wie soll man mit diesen Menschen logisch argumentieren, diskutieren oder verhandeln, wenn sie behaupten, Gott felsenfest an ihrer Seite zu haben? Für das amerikanische Volk unter Führung des wiedergeborenen Christen George W. Bush war die Invasion des Irak 2003 zur Befreiung des irakischen Volkes eine Mission, die Gott selbst angeordnet hatte. Die Reaktion der gesamten arabischen Welt kam prompt. Diejenigen, die mit terroristischen Mitteln die USA lahm legen wollten, intensivierten ihre Attacken. Andere, die sich der Medien bedienten, behaupteten, die USA und das amerikanische Volk hätten sich unter dem im ganzen Land herrschenden religiösen Klima gewandelt. Laut Abdul Rahman al-Rashed, saudischer Kolumnist und ehemaliger Herausgeber der englischsprachigen arabischen Tageszeitung *Al Sharq al Awsat* in London, »hat [Bushs Einstellung gegenüber der arabischen Welt] den Status quo in der Region zum ersten Mal seit der islamischen Revolution im Iran 1979 verändert. Und von der Veränderung des Status quo im Nahen und Mittleren Osten einmal abgesehen, hat Bushs Stil die Mentalität des amerikanischen Volkes verändert.«[20]

Zweiter Teil

Die Evangelikalen und Israel

14. Die Petrischale des Terrors

Wie schön sind deine Zelte, o Jakob, wie schön deine Wohnstätten, o Israel! Wer dich segnet, ist gesegnet, und wer dich verflucht, ist verflucht!
(Numeri 24,5; 24,9)

Seit der Gründung des Staates Israel 1948 – für die Evangelikalen das »bedeutsamste aller Endzeit-Vorzeichen, ja sogar das Superzeichen« – und seit der Eroberung alttestamentarischer Gebiete 1967 hat es unter den fundamentalistischen Christen keine solch messianische Inbrunst, vor allem hinsichtlich Israels, gegeben wie heute. Weil seit Beginn der zweiten Intifada im September 2000 Selbstmordanschläge in Israel an der Tagesordnung sind und weil der Krieg gegen den Terrorismus nun auch in den USA selbst geführt wird, hat die amerikanische jüdische Gemeinde nicht nur ihre inländische Agenda beiseite gelegt, sondern ist generell politisch nach rechts gerückt. In ihrer Mehrheit unterstützt sie Israel uneingeschränkt und bedient sich aller Verbündeten, die sie bekommen kann. Die Israelis, ob sie nun orthodoxe Juden sind, Mitglieder des rechten Likud oder besorgte Bürger, denen die Konjunkturflaute zu schaffen macht, sind dankbar für die finanzielle Unterstützung ihres Landes durch die Gemeinde der Wiedergeborenen – über eine Milliarde Dollar jährlich. Sie begrüßen auch die politische Unterstützung durch die Evangelikalen, vor allem deshalb, weil die christliche Rechte jeden Friedensschluss ablehnt, der den Palästinensern einen eigenen Staat zugestehen würde. Was das endgültige Schicksal des jüdischen Volkes angeht, so scheinen es die meisten mit Premier Ariel Scharon zu halten, der mir kürzlich in einem Interview in Jerusalem sagte: »Wenn der Messias erscheint, dann können wir Ihn ja fragen, ob Er zum ersten oder zum zweiten Mal auf der Erde ist. Bis dahin sollten wir für die Unterstützung unserer christlichen Freunde dankbar sein.«[1]

Während in der ganzen Welt weiterhin terroristische Anschläge gegen US-Soldaten und andere amerikanische Ziele verübt wurden, begann sogar die Masse der Bevölkerung in den USA Parallelen zwischen der Bekämpfung palästinensischer Selbstmordattentäter durch die Israelis und dem Kampf der Vereinigten Staaten gegen Al Kaida zu ziehen. In der Konferenzschaltung einer TV-Nachrichtensendung sagte der damalige Justizminister John Ashcroft im Februar 2002: »Mir bereitet die Welt mehr Kummer als Israel, denn Israel wird auferstehen, und die anderen Nationen werden in die Finsternis geworfen.« Seine Äußerung nahm offensichtlich Bezug auf die Bibel und auf den besonderen Bund Gottes mit den Juden. In einem breiteren Kontext hätte man sie aber auch so auslegen können, dass Israel sich des Ausmaßes dieses Terrorismus und der Möglichkeiten des Selbstschutzes eindeutig stärker bewusst ist als viele andere Nationen, die USA eingeschlossen, die dem Beispiel Israels folgen sollten.

Andere Evangelikale waren der gleichen Ansicht. Reverend Jerry Falwell sagte: »Jerusalem ist für die Evangelikalen das Schlüsselloch in der Tür zur Zukunft, während Israel als die Petrischale des Terrors fungiert, als Testgelände für Methoden, die irgendwann einmal in die ganze Welt exportiert werden.«[2] Clarence Wagner, der in Jerusalem an der Spitze von »Bridges for Peace« (»Brücken für den Frieden«) steht, drückt es vielleicht noch poetischer aus, wenn er sagt: »Israel ist der Kanarienvogel im Käfig, und wenn der Kanarienvogel aufhört zu singen, ist die Luft vergiftet. Israel ist die vorderste Front in unserem Krieg gegen den Terror.«[3]

Die Männer und Frauen an der Spitze der evangelikalen Bewegung in den USA sind weder alltagsuntaugliche Träumer noch wirklichkeitsfremde Phantasten. Diejenigen, die dem Wort Christi folgen, sind ausnahmslos Pragmatiker, die sich eine Ideologie geschaffen haben, aus der sie unter Anleitung charismatischer Führer ein Handlungskonzept für sich und ihr Leben ableiten können. Gegenwärtig sitzen im Kongress der Vereinigten Staaten bedeutende Politiker, die der festen Überzeugung sind, dass die Statussymbole des modernen Lebens, insbesondere aber der naturwissenschaftliche Fortschritt, nur dazu gedient hätten, einen fundamentalen Glauben an Gott und Religion zu verleugnen. Da die terroristische Bedrohung aus dem Ausland in erster Linie von radikalislamischen Gruppen kommt, glauben sie, jegliches Entgegenkommen auch gegenüber gemäßigten arabischen Führern, Ländern oder Regierungen sei automatisch gleichbedeutend mit einem Todesurteil für die Demokratie. Um zu erkennen, wer genau die Akteure in dieser politischen Inszenierung der Bibel sind, ist es hilfreich, sich jene Evangelikalen in Senat und Repräsentantenhaus der USA genauer anzusehen, die Machtpositionen innehaben.

Annette Lantos, eine kleine, fünfundsiebzigjährige Frau, ist eine makellos gepflegte Erscheinung. Jedes einzelne Haar ihrer blonden Perücke ist an seinem Platz, ihre Designer-Kleidung ist in hellen Primärfarbtönen gehalten. Die Tatsache, dass sie es schafft, trotz unglaublich hoher Stöckelschuhe nicht die Balance zu verlieren, legt beredtes Zeugnis ab für ihre Entschlossenheit, sich vom fortschreitenden Alter nicht unterkriegen zu lassen. Die Gabor-

Schwestern – Zsa Zsa, Eva und Magda, Ungarns berühmtester Hollywood-Export in den 50er Jahren des vergangenen Jahrhunderts – waren ihre Cousinen ersten Grades. Annette ähnelt ihnen nicht nur in Aussehen und Auftreten, vom zerbrechlichen Körperbau und den feinen Gesichtszügen bis zum komplizierten Charme ihrer Logik, sie spricht auch Englisch wie sie mit einem verführerischen ungarischen Akzent. Wenn sie ihr Wiedergeburtserlebnis erzählt, dann sind ihre dramatische Mimik und Gestik, ihre theatralischen Pausen und die Koloratur ihres Tonfalls beinahe faszinierender als ihre erstaunliche Geschichte.[4]

Annette Lantos ist Jüdin, eine Überlebende des Holocaust, die den größten Teil ihres erwachsenen Lebens glaubte, Gott habe sich vom jüdischen Volk abgewandt. Sie hat mit ihrem Mann Tom zwei hübsche Töchter, die beide mit Nichtjuden verheiratet sind und ihnen siebzehn Enkelkinder schenkten, die alle religiös sind und den Weg zu Jesus gefunden haben. Im Jahr 1958 hatte Annette ein Erlebnis, das ihr das Ausmaß ihres Lebens ohne Glauben, Religion oder Gott zum ersten Mal bewusst machte. Während einer Autofahrt mit ihrem Mann und der ältesten Tochter, der sechsjährigen Annette, betrachtete sie voller Bewunderung ihr hübsches, blondes Kind, »das uns so zugetan war und uns liebte«, besonders den Vater, der in die Kleine ganz vernarrt war. Das Mädchen wandte sich an ihren Vater und sagte: »Ich liebe dich ganz sehr, Daddy, aber es gibt jemanden, den ich mehr liebe als dich.« Mrs. Lantos erinnert sich an den Augenblick: »Ich war perplex, denn ich wusste, dass sie nicht mich meinen konnte. Als sie dann erklärte, was sie damit gemeint hatte, warf mir mein Mann einen schockierten Blick zu, als wollte er fragen: Was hast du diesem Kind bloß beigebracht?«

Die Kleine sagte ihrem Vater, die einzige Person, die sie mehr liebte als ihn, sei Gott, woraufhin das Elternpaar fassungslos war. »Wir hatten unser Judentum stets komplett verleugnet«, erklärt

Mrs. Lantos, »ganz besonders, als unsere Kinder zur Welt kamen, weil wir Angst vor einem zweiten Holocaust hatten. Nie hatten wir Religion oder Gott zu einem Teil unseres Alltags gemacht. Als ich meinen Töchtern schließlich irgendwann sagte, wir seien Juden, war dies das letzte Mal, dass über Glauben gesprochen wurde. Offensichtlich hat das aber meine beiden Kinder nicht davon abgehalten, ihre eigene Religiosität zu entwickeln. Zwar haben beide Töchter Nichtjuden geheiratet, aber sie beschlossen ohne unser Zutun, so viele Kinder zu haben, wie Gott ihnen schenken würde, als Ausgleich für unsere in den Konzentrationslagern gestorbenen Familien. Ich hätte ahnen müssen, dass sie als Heranwachsende diese Religiosität in sich hatten. Aber dass ein kleines Mädchen im Alter von sechs dermaßen unsentimental über Gott redete, das war sensationell. Aber genau das hat die kleine Annette damals gesagt, und so habe ich wieder zum Glauben zurückgefunden.«

Einige Monate später reisten Annette und ihr Mann nach Jerusalem, und sie erinnert sich, dass sie sich in der ganzen Zeit schwach und krank gefühlt habe und nicht in der Lage gewesen sei, das Hotelzimmer zu verlassen. »Jetzt im Nachhinein weiß ich, es war meine Seele, die krank war, nicht mein Körper«, erklärt sie.

Auf dem Rückweg nach Kalifornien machte das Ehepaar einen Abstecher nach Monte Carlo. Während sie in einem Café saß, sah Annette Lantos plötzlich ihren Vater auf sich zukommen. »Es war unfasslich, weil er ja 1945 von den Nazis umgebracht worden war. Ich packte meinen Mann am Arm und sagte zu ihm: ›Schau, dort ist mein Vater‹, aber bis er sich umgedreht hatte, war mein Vater verschwunden.« Sie lächelt leicht. »Natürlich war mein Mann, der Realist, felsenfest davon überzeugt, dass ich mich getäuscht hatte. Wir seien gerade in Europa, und mein Vater sei mir in letzter Zeit sehr im Kopf herumgegangen, da wäre es nur natürlich, wenn ich mir plötzlich einbildete, ihn zu sehen. Ich aber wusste, dass ich an jenem Tag meinen Vater so klar und deutlich gesehen hatte, wie ich meinen Mann in diesem Café in Monte Carlo gesehen hatte.« Zwei Nächte später, wieder daheim in Kalifornien, hatte Annette einen Traum, der plötzlich eine hieb- und stichfeste Erklärung dafür bot, wie es dazu kam, dass ihr damals ihr Vater erschienen war. »In dem Traum kam Jesus zu mir«, erzählt Annette ruhig, »und da wusste ich, dass mich die Hand Gottes berührt und dass ich deshalb meinen lieben verstorbenen Vater vor mir gesehen hatte. Im selben Traum sagte mir Jesus auch, dass Raoul Wallenberg, der für mich und meine Mutter gefälschte schwedische Pässe besorgt und uns so vor den Nazis gerettet hatte, in einem sowjetischen Gulag am Leben war.« Für Annette war der Traum eine Offenbarung, eine Epiphanie, durch die sie Jesus »als den Rabbi aller Rabbis« akzeptierte.

»Von da an wusste ich«, fährt sie fort, »dass Er in den Herzen aller Juden wohnt, die sich ihm nur zuwenden müssen. Was mir widerfuhr, war eine Erweckung, als mein Herz Ihn plötzlich akzeptierte, und seitdem kann ich zwischen Offenbarung und Eingebung unterscheiden. Bei einer Offenbarung, wie in meinem Fall, bleibt die Zeit stehen, und die betreffende Person wird, für einen kurzen Augenblick nur, ins Reich der Ewigkeit befördert, das sich auftut. Mir hat sich einfach mein unsterbliches Ich, das Gott uns mitgegeben hat und das wir alle von Zeit zu Zeit vergessen, aufgetan.« Annette Lantos behauptet, in dem Moment, in dem sie Jesus akzeptierte, habe sie auch gewusst, dass sie bei Seiner Kreuzigung anwesend gewesen sei. »Ich sah mich dabeistehen, während Er gekreuzigt wurde, und ich weinte. Nachdem ich Ihn angenommen hatte, war es, als hätten sich Schleusentore geöffnet, denn es strömte diese unglaubliche Liebe für jedermann herein, für meine Kinder, meinen Mann, für die ganze Welt. Ich wollte es von den Dächern schreien. Ganz genau dies waren meine Gefühle, wie ich sie durchlebte, und sie dauerten nur einen Tag. Aber danach wurde ich so was von stark! Ich verlor schlicht jede Angst.«

An Weihnachten jenes Jahres 1956, während des Ungarnaufstands, erhielt Annette Lantos ein Paket aus Budapest. »In jenen Tagen gelangte nichts ins Land hinein und nichts heraus, aber ich bekam dieses große Paket, und als ich es aufmachte, bin ich fast in Ohnmacht gefallen. Es war ein Haggada-Gebetbuch vom Passahfest 1938, hatte eine Silberplakette mit meinem Namen eingraviert, und das war umso unbegreiflicher, weil die Nazis bei ihrem Einmarsch in Ungarn unseren gesamten Besitz konfisziert hatten.«

Annettes Vater, ein erfolgreicher Juwelier und derjenige aus der ganzen Familie, den sie am meisten achtete und liebte, war eines der prominentesten Mitglieder der jüdischen Gemeinde in Budapest gewesen. »Meine Mutter und ich haben uns versteckt gehalten, als die Nazis kamen, aber mein Vater wurde nach Auschwitz deportiert«, fährt sie fort. »Als ich die Haggada aufschlug, fand ich einen Brief zwischen den Seiten, den mein Vater lange vor seiner Deportation geschrieben hatte. Er schrieb, dass die ganze Welt das jüdische Volk auslöschen wolle, dass ich ihm aber trotzdem eine Sache versprechen müsse. Schon damals wusste er, dass er nicht überleben würde. Er wollte, dass ich dem Gott unserer Väter treu blieb, dem Gott, der uns durch Not und Elend geführt, der uns aber als ein Volk erhalten hat.« Annette legt wieder eine Pause ein. »Was aber diesen Brief für mich noch schmerzvoller machte, war, dass ich erst ein paar Tage zuvor zu Jesus gefunden hatte und dass es in Seinem Namen geschah, dass die Juden umgebracht wurden.«

Annette Lantos ging 1964 zum ersten Mal seit Kriegsende nach Ungarn zurück und fand heraus, dass es ihre Tante, eine der Schwestern ihres Vaters, gewesen war, die ihr die Haggada geschickt hatte. Die Geschichte, wie sie zu dem Buch gekommen war, blieb mysteriös, ja bekam sogar mystische Züge. »Meine Tante berichtete, jemand habe sie auf der Straße angesprochen und ihr das Buch einfach in die Hand gedrückt. Und sie wusste gleich, dass sie Himmel und Hölle in Bewegung setzen musste, um es mir nach Amerika zu schicken.«

Fünfundzwanzig Jahre nachdem Annette Lantos zu Jesus gefunden hatte, 1983, begegnete ihr der Herr noch einmal im Traum. Bei der Gelegenheit teilte Er ihr mit, dass Raoul Wallenberg inzwischen in dem bewussten sowjetischen Gulag gestorben sei. Jahre später, 2001, kam es zu einer erneuten Schicksalsfügung: Wallenbergs Großneffe arbeitete als Praktikant im Büro ihres Mannes. »Er war zu uns gekommen, weil er von unserer Beziehung zu seinem Großonkel wusste. Mein Mann und ich waren unter den fünf ungarischen Juden, deren Schicksal in Steven Spielbergs mit einem Oscar ausgezeichneten Dokumentarfilm über jene Jahre unter der Nazibesatzung gezeigt wurde. Das Erstaunlichste aber ist, dass dieser junge Mann vom Geist seines Großonkels beseelt ist und uns geholfen hat, in ganz Skandinavien Millionen von Dollar zu sammeln, um Israel zu unterstützen und das jüdische Volk vor seinen terroristischen Nachbarn zu schützen.«

Annette Lantos' besondere Beziehung zu Jesus Christus und ihre bedingungslose Unterstützung Israels und aller anderen Anliegen, die der evangelikalen Gemeinde teuer sind, wären nicht weiter problematisch, wäre ihr Ehemann nicht zufällig Tom Lantos, Kongressabgeordneter der Demokraten aus San Francisco und einziger Überlebender des Holocaust, der je als Abgeordneter im Parlament saß. Was Tom Lantos von seinen Kollegen im Repräsentantenhaus unterscheidet, ist die Tatsache, dass er auch der einzige Abgeordnete ist, dessen Ehefrau auf komplizierte Weise bei so vielen politischen Themen engagiert ist, die die evangelikale Agenda betreffen. Annette Lantos hat ein Büro neben dem ihres Mannes im Abgeordnetenhaus, und sie und Tom gehören zu einer Gruppe von Männern und Frauen auf dem Capitol Hill, die starke Bande zur Gemeinde der Wiedergeborenen geschmiedet hat.

Tom Lantos wurde als liberaler Demokrat von einer überwiegend homosexuellen Wählerschaft in San Francisco gewählt und steht häufig im Zentrum massiver Kritik seines Wahlkreises, weil er für innenpolitische Standpunkte eintritt, wie sie von den Evangelikalen vertreten werden, wie zum Beispiel deren kompromisslose Opposition gegenüber der Legalisierung der Homosexuellenehe oder ihr Eintreten für eine Kriminalisierung des Analverkehrs zwischen erwachsenen Männern in den eigenen vier Wänden – Themen, die für Lantos' Wählerschaft von direkter Bedeutung sind.

Als eingefleischter Atheist steht er der besonderen Beziehung seiner Frau mit Jesus Christus ablehnend, ja feindselig gegenüber. Nach Annettes Darstellung hätte er sie, als sie ihm erzählte, sie habe zu Jesus gefunden und »ihre Liebe für die ganze Menschheit von den Dächern schreien« wollen, beinahe »aus dem Haus geworfen«. Halb belustigt behauptet Annette, dass es eine ihrer Sendungen in diesem Leben sei, »Toms Seele zu retten«, denn sie und ihre evangelikalen Freunde seien überzeugt, dass er trotz allen Widerstands und Leugnens ein zutiefst spiritueller und religiöser Mensch sei. Das gemeinsame Band des Paares ist die bedingungslose Liebe zu Israel und die unerschütterliche Überzeugung, dass das Land dem jüdischen Volk gehört, auch wenn jeder seine eigenen Gründe für diese Überzeugung hat: Tom Lantos lehnt die Idee einer göttlichen Intervention radikal ab, wohingegen Annette zutiefst an eine wörtliche Bibelauslegung glaubt.

Annette und Tom waren von Anbeginn ihrer Beziehung und auf Grund ihrer Herkunft sehr verschiedene Persönlichkeiten. Als Annette vor über fünfzig Jahren Tom in Budapest kennen lernte, war er ein schneidiger, hoch talentierter und mittelloser junger Mann, während sie die verhätschelte einzige Tochter des wohlhabendsten

Geschäftsmannes im jüdischen Ghetto von Budapest war. Reichtum und Einfluss ihrer Familie ermöglichten es Annette, den Krieg in der Schweiz zu überleben; hingegen wurde Toms gesamte Familie, zusammen mit Annettes Vater, nach Auschwitz deportiert. Auch Tom bekam von Raoul Wallenberg die lebensrettenden falschen Papiere und schloss sich der ungarischen Untergrundbewegung an. Nach Kriegsende heirateten die beiden schließlich und übersiedelten in die Vereinigten Staaten, wo Tom zunächst an der Stanford University lehrte, bevor er in die Politik ging. Seit vierundzwanzig Jahren vertritt er den gleichen Wahlkreis, und gegenwärtig zählt er zu den hochrangigen Mitgliedern des Außenpolitischen Ausschusses, wo er, nach seinen Worten, »in der Lage ist, alles mir Mögliche für das jüdische Volk und Israel zu tun, weil wir selbst ja beinahe ausgelöscht worden wären«.

Mit seiner Frau als Mittlerin ist Tom Lantos ein geschätzter Kontaktmann zwischen der evangelikalen Gemeinde und dem US-Kongress. Obwohl Lantos den Glauben der Evangelikalen an den alttestamentarischen Bund mit Abraham nicht teilt, so glaubt er doch, dass Israel uneingeschränkt und unwiderruflich das Heimatland des jüdischen Volkes ist. Statt sich auf Weissagungen der Bibel zu stützen, vertritt Lantos die Ansicht, ein schlagkräftiges Militär sei die beste Waffe, um alle Demokratien einschließlich Israels vor dem radikalen Islam zu schützen.

Tom Lantos ist nur ein Beispiel von vielen für einen US-Politiker, der über die Parteilinien hinweg eine gemeinsame Verständigungsbasis mit den zumeist republikanischen evangelikalen Christen gefunden hat. Trotz unterschiedlicher religiöser oder nichtreligiöser Weltanschauungen ist die Einstufung des Islam als Feind der Demokratie ein Element in diesem Gebräu bibelfundierter Politikkonzepte, das Religiöse und Weltliche innerhalb der US-Regierung eint. Einige seiner Kritiker – und deren gibt es viele –

beschuldigen Lantos der Illoyalität gegenüber der Demokratischen Partei, besonders weil er einer der ersten und wenigen Demokraten war, die für eine Amtsenthebung von Präsident Clinton stimmten. Doch anders als seine evangelikalen Kollegen begründete Lantos seine Missbilligung Clintons mit dessen hartnäckigem Drängen auf ein israelisch-palästinensisches Friedensabkommen und nicht mit der sexuellen Verworfenheit des Expräsidenten. Andere Kritiker werfen Lantos vor, er habe um des persönlichen politischen Profits willen für Clintons Amtsenthebung gestimmt, um sich so vom Schmutz der Sex- und Finanzskandale der Clinton-Regierung zu distanzieren.

Heute arbeiten Tom und Annette Lantos eng mit dem »American Israel Public Affairs Committee« (AIPAC, »Amerikanisch-israelischer Ausschuss für öffentliche Angelegenheiten«) zusammen, der jüdischen Lobby in Washington. Die politische Allianz zwischen der jüdisch-amerikanischen Gemeinde und dem Staat Israel wurde unter der Schirmherrschaft von AIPAC formalisiert, einer weitgehend von amerikanischen Juden geleiteten und gesteuerten Organisation. AIPAC gilt zu Recht als eine der mächtigsten Organisationen in Washington; sie beschäftigt 130 Angestellte, darunter sieben hauptberufliche Lobbyisten. Es heißt, dass sowohl demokratische als auch republikanische Mitglieder Millionen Dollar an politischen Spenden an verschiedene Abgeordnete des Senats und des Repräsentantenhauses weitergeben. Der Abgeordnete Lantos arbeitet auch für CIPAC, das christlich-evangelikale Gegenstück, das von dem wiedergeborenen Christen Richard Hellman geleitet wird.

Tom Lantos ist einer der Hauptbefürworter einer formellen Koalition zwischen den beiden Lobbyorganisationen. Allem Anschein nach ist er als Jude bereit, seine persönliche innenpolitische Agenda zu ignorieren, wenn es um das Überleben des Staates Israel geht. Nach Aussage eines prominenten Evangelikalen »werden wir Mr. Lantos, sollten ihn die Demokraten wegen seiner engen Verbindung zur christlichen Gemeinde, die gegen die Homosexuellenrechte ist – ein wichtiges Wahlkampfthema in seinem Wahlkreis in San Francisco –, nicht nominieren, dann eben als republikanischen Kandidaten unterstützen«.

Tom Lantos, den ich in seinem Büro im Kongress interviewte[5], nennt auch handfeste Gründe dafür, warum nach seiner Ansicht Mitarbeiter des US-Außenministeriums »gegen jegliche Konzilianz gegenüber dem Staat Israel sind«. Ihm zufolge beginnen die Beamten des Außenministeriums ihre Laufbahn mit einer neutralen Position im Hinblick auf den Nahen Osten. Doch bald fällt ihnen auf, dass es dreißig arabische Länder gibt, in die sie unweigerlich einmal versetzt werden und wo sie hoffen können, in den Rang eines Botschafters aufzusteigen. »Um ihren Stellenwert im Außenministerium zu erhöhen«, erklärt Lantos, »wäre es nicht opportun, eine proisraelische Haltung einzunehmen. Die würde im Gegenteil dazu führen, sie aus der Liste potenzieller Kandidaten für einen Diplomatenposten in irgendeinem dieser arabischen Staaten zu streichen.«

Lantos erklärt zudem, dass Beamte des Außenministeriums nach einer Ernennung zum stellvertretenden Botschafter nur vier Jahre Zeit haben, um auf einen Botschafterposten zu kommen. Ansonsten müssen sie ihren Abschied einreichen. »Für die Ernennung zum Botschafter gibt es nur ein Vierjahresfenster«, sagt Lantos. »Also kämpfen sie um ihre Karriere, und nur wenige werden ihre Zukunft aufs Spiel setzen, um für Israel zu kämpfen.«

15. Frieden durch Stärke

Politik ist größtenteils eine Funktion der Kultur; Kultur besteht im Kern aus Moralität, und Moralität besteht im Kern aus jenen letzten Wahrheiten, die wir Religion nennen.

(Richard Johr, Herausgeber der Monatszeitschrift *First Things)*

Jesus wurde von einer moralischen Mehrheit umgebracht. (Unbekannt)

Ein enger Freund und Kollege des Kongressabgeordneten Tom Lantos ist Senator Sam Brownback, konservativer Republikaner aus Kansas und evangelikaler Christ. Brownback ist überzeugter Anhänger eines Großisraels, das einen palästinensischen Staat ausschließen würde, und er war es, der das erste parlamentarische Spitzengespräch über Sex und Gewalt in der Unterhaltungsindustrie einberief. Seiner Gesetzesinitiative ist auch der Bericht der »Federal Trade Commission« (Bundeskartellbehörde) zu verdanken, in dem die weit verbreitete Vermarktung gewaltverherrlichender und nicht jugendfreier Unterhaltungsangebote an Kinder aufgedeckt wurde. Da anstößige Inhalte in Film und Fernsehen ein Thema sind, bei dem sich zahlreiche Politiker aller Parteien engagieren, arbeitet Brownback auch eng mit Tipper Gore zusammen, der Frau des ehemaligen Vizepräsidenten Al Gore, wenn es um die Zensur von Videos, Filmen und TV-Sendungen geht, um damit Jugendliche, und in vielen Fällen auch Erwachsene, vor sexuell expliziten oder gewalttätigen Inhalten zu schützen.

In einem Interview 2003 in Washington über die evangelikale Position zu Präsident Bushs »Road Map« für den Frieden sagte Senator Brownback: »Ich hoffe, Sie beten täglich für diesen Präsidenten, damit er den Mut hat, fest zur Bibel zu stehen, wenn es um Israel und das jüdische Volk geht.«[1] Der Senator aus Kansas befindet sich in hochkarätiger politischer Gesellschaft. In einer Rede an der Harvard University anlässlich seines Ausscheidens bei »Public Broadcast Service Television« zitierte Bill Moyers neueste Gallup-Umfrageergebnisse. »Wir sprechen hier nicht nur von einer Hand voll von [von der religiösen Rechten unterstützten] Parlamentariern, die sich diesen Grundsätzen verpflichtet sehen, sondern von fast der Hälfte des US-Kongresses.«[2] Tatsächlich haben laut der kurz vor der Präsidentenwahl 2004 durchgeführten Gallup-Umfrage 45 Senatoren und 186 Mitglieder des 108. Kongresses von den drei einflussreichsten Unterstützungsgruppen der christlichen Rechten Zustimmungsquoten zwischen 80 und 100 Prozent erhalten. Zu diesen gewählten Mandatsträgern gehören: Bill Frist, Vorsitzender der Mehrheitsfraktion im Senat und ebenfalls ein großer Sympathisant Israels, der eine Zwangsumsiedlung der Palästinenser in einen neu zu schaffenden Palästinenserstaat in der Wüste Sinai befürwortet; Mitch McConnell, stellvertretender Fraktionsvorsitzender; Rick Santorum aus Pennsylvania, Vorsitzender des Vermittlungsausschusses, der einmal Homosexualität mit Inzest und Polygamie verglich und natürlich gegen die Abtreibung stimmte; Jon Kyl aus Arizona, Vorsitzender des Richtlinienausschusses; Dennis Hastert, Präsident des Repräsentantenhauses; und Roy Blunt, Geschäftsführer der Mehrheitsfraktion. Sie alle sind selbstverständlich Republikaner. Der einzige Demokrat, der bei der christlichen Koalition auf 100 Prozent kam, ist Senator Zell Miller aus Georgia, der kürzlich während einer Senatsdebatte über den Hunger in der Welt aus dem alttestamentarischen Buch Amos zitierte: »Seht, es kommen Tage, so spricht Gott, der Herr, da schicke ich den Hunger ins Land.«

Von all den oben erwähnten Namen und unter all den gewählten Mandatsträgern, die an die wörtliche Auslegung der Heiligen Schrift glauben, kümmert sich Sam Brownback vermutlich mehr als jeder andere um die Frage der Sicherheit Israels. Er ist einer der ganz wenigen, der keinen politischen Grund hat, Israel zu unterstützen, sondern nur seinen tiefen Glauben an die Bibel und das Wort des Herrn. In seinem Heimatstaat Kansas gibt es lediglich 14 500 Juden, die ein Pozential von 0,5 Prozent Wählerstimmen ausmachen und von denen die meisten gar nichts von Brownbacks enger Beziehung zu Israel wissen. Deshalb hat er auch von der jüdischen Gemeinde nie einen nennenswerten Stimmenanteil erhalten. Seine Unterstützung geht über seine politischen Ambitionen hinaus, denn er arbeitet eng mit einer Frau aus seiner Heimatstadt zusammen, die einen großen Beitrag für diese evangelikal-jüdische Allianz geleistet hat.

Esther Levens ist verwitwet und bewohnt ein großes, modernes Haus in einem nobleren Vorort von Kansas City. Sie ist reich, Republikanerin und überzeugte Anhängerin einer Einstaatenlösung für den israelisch-palästinensischen Konflikt. Levens ist Ende siebzig und hat den umfangreichen Besitz ihres Mannes geerbt, eines erfolgreichen Unternehmers und aktiven Republikaners in ihrer Gemeinde. Er war der inoffizielle Wahlkampfleiter für Robert Dole gewesen, jenen republikanischen Senator aus Kansas, der bei den Präsidentschaftswahlen 1992 gegen Bill Clinton angetreten war, und offiziell auch der Hauptspendensammler für Doles Wahlkampf. Esther Levens pflegt weiterhin enge Beziehungen zu Robert und Elizabeth Dole. Nach dem Tod ihres Mannes hatte Levens ein Erlebnis, das sie als »plötzliche Offenbarung« beschreibt[3] und das sie zur Gründung der »National Unity Coalition for Israel« (NUC) veranlasste.

Bei einem Interview im Frühjahr 2003 in ihrem Haus erklärte Levens, wie sie zum ersten Mal auf die Idee einer christlich-jüdischen Koalition gekommen war: »Ich stieß einmal auf eine Umfrage, die besagte, dass 70 Prozent der Amerikaner Israel unterstützten, aber ich wusste, dass nur zwei Prozent aller Amerikaner Juden waren. Da überlegte ich mir: Wer sind diese anderen? Also habe ich es mir zur Aufgabe gemacht, die anderen 68 Prozent zu suchen.« Levens fand heraus, dass es die evangelikalen Christen in den Vereinigten Staaten waren, die auf der Seite Israels standen. So machte sie sich daran, ein Bündnis zustande zu bringen, um das Wählerpotenzial beider Gruppen, der Juden und der christlichen Rechten, zu bündeln und Einfluss auf Politiker und die Außenpolitik zu nehmen. Mit dem Geld, das ihr Mann ihr hinterlassen, und den Beziehungen, die sie zu seinen Lebzeiten geschmiedet hatte, ist aus Levens' Gruppe eine ansehnliche Organisation geworden mit einem Jahresbudget von über zehn Millionen Dollar. Sie widmet weiterhin ihr Leben der Finanzierung solcher Kandidaten und Projekte, die in Einklang mit ihrer Philosophie bezüglich Israel und des jüdischen Volkes stehen. Heute repräsentiert die NUC mehr als 200 jüdische und christliche Organisationen, die wiederum Millionen US-Bürger vertreten, welche sich der Sache eines »sicheren Israel« verschrieben haben. Das geräumige Haus von Esther Levens im Einzugsgebiet von Kansas City fungiert als Zentrale der Allianz.

Einer der bedächtigsten evangelikalen Geistlichen in jenem Landesteil ist Paul Brooks, dessen Kongregation etwa 7000 bis

8000 Gläubige zählt und eine der größten in Kansas ist. Seine allwöchentlichen Fernsehpredigten werden von weiteren Tausenden von Menschen verfolgt. Während meines Besuchs bei Mrs. Levens lernte ich Pastor Brooks und seine Frau Becky kennen, als wir an einem Freitagabend zum Sabbatmahl bei einer prominenten jüdischen Familie in der Gegend eingeladen waren. Paul Brooks ist ein nachdenklicher Mensch, Absolvent des baptistischen theologischen Seminars von New Orleans und das Beispiel eines wiedergeborenen Christen, der sich aufrichtig und pragmatisch mit dem Bund des Alten Testaments identifiziert. Brooks glaubt, wenn es darum geht, Israel und das jüdische Volk zu unterstützen, sei es »die Pflicht aller Amerikaner, zu diesem Thema nicht zu schweigen«.

»Der Antisemitismus in Europa hat enorm zugenommen«, sagt er, »und der Grund dafür ist der Zustrom von Moslems, wodurch in Europa der Islam gleich an zweiter Stelle hinter dem Christentum rangiert. Und weil es nun einmal so ist, dass sich die maßgeblichen Vertreter des Christentums historisch nicht mit dem Problem des Antisemitismus auseinander setzen, glauben Becky und ich, dass Gebete helfen. Wir beten für Colin Powell und Condoleezza Rice und für Präsident Bush und alle in Washington, die diesbezüglich wichtige Entscheidungsträger sind, dass sie auch das Richtige tun, wenn es um Israel geht. Die Bibel drückt sich sehr klar aus. In den Römerbriefen schreibt Paulus über das einzigartige Verhältnis, das die Juden zum Gott Israels haben, und dieser Bund behält seine Gültigkeit, und so glaube ich, dass die Juden das auserwählte Volk sind. Die Verheißungen der Propheten hinsichtlich des Messias haben sich zwar nicht erfüllt, aber ich glaube, dass das, was in der Heiligen Schrift niedergeschrieben wurde, für das Heil von uns beiden, Christen und Juden, bestimmt ist, weil wir Brüder in der Anbetung desselben Gottes sind. Sollte es Meinungsverschiedenheiten darüber geben, ob der Messias schon wiedergekehrt oder noch nicht erschienen ist, [so ist] das für uns kein Grund, warum wir nicht Brüder sein sollten. Schließlich ist das Christentum nur eine Sekte des Judaismus, und alles am Christentum ist jüdisch. Das, was wir [Christen] über die Anbetung Gottes und über Gott selbst gelernt haben und [was] ich jeden Sonntag predige, hat mit dem Gott zu tun, wie er im neunten Kapitel des Buchs Nehemia charakterisiert wird.«[4]

Pastor Brooks zufolge hatte sich im »Baptist Theological Seminary« ein Wandel vollzogen, als die »Southern Baptist«-Glaubensgemeinschaft die Liberalen – d. h. die Anhänger der protestantischen Befreiungstheologie – ausschloss und sie durch Führungspersönlichkeiten ersetzte, die entweder konservativ oder evangelikale Christen waren. In Brooks' eigener Kongregation stehen etwa 99 Prozent der Gläubigen hinter seiner Einstellung zu Israel. »Ich nehme kein Blatt vor den Mund, und in meiner Kirche wird man nicht alt, wenn man nicht mit meiner Position zu Israel übereinstimmt, denn dann ist man schnell so verärgert, dass man wieder geht.«

Brooks war 2004 zusammen mit einer Gruppe prominenter evangelikaler Geistlicher zu einer Reihe von Besprechungen mit John Ashcroft ins Weiße Haus eingeladen worden. »Bei jeder Einladung wurden wir von einem anderen Mitglied der Administration instruiert, und Mr. Ashcroft ist sehr proisraelisch. Es war ein großer Unterschied zu früher, denn da hatten die Demokraten das umfassendere Konzept für das jüdische Volk, obwohl merkwürdigerweise diejenigen, die den Juden mehr halfen, immer die Konservativen waren, mit Ausnahme von Harry Truman, der Demokrat und Southern Baptist war.«

Pastor Brooks glaubt zwar, dass die Lösung des Problems unausweichlich eine politische sein wird, doch ist er überzeugt davon, dass die richtige politische Lösung nur durch »göttliche Intervention« zustande kommen wird. Nach seiner Meinung handelt es sich beim Nahostkonflikt um einen Krieg der Kulturen zwischen den Arabern und dem Rest der Welt. »Ich glaube nicht, dass Allah der Gott der Bibel ist«, sagt Brooks. »Sollte Allah existieren, dann ist er der Teufel. Der Mohammedanismus war ein dämonischer Ersatz für den Judaismus und wurde von Satan erfunden, um Zugriff auf die Seelen der Menschen zu erhalten und sie der Wahrheit abspenstig zu machen. Eines der faszinierenden Dinge bei Satan ist diese ganze Täuschungsstrategie. Er kann zu dem werden oder als das erscheinen, was er nicht ist. Man braucht sich nur den Ausgangspunkt dieser Religion zu betrachten: Als Mohammed seine ersten Offenbarungen hatte, dachte er, sie kämen vom Teufel, und er sagte zu seiner Frau: ›Ich glaube, Satan spricht zu mir‹, worauf sie sagte: ›Nein, das ist nicht Satan, sondern Gott.‹ Also sogar er dachte, es wäre Satan, und als er nach Medina kam, eine Armee aufstellte und Mekka eroberte, da fand er dort seinen schwarzen Kasten vor, und in dem Kasten waren 365 Gottheiten, eine für jeden Tag des Jahres, und Mohammed vernichtete sie alle bis auf eine. Die Gottheit, die er auswählte, war das Symbol des Mondes und des Schwertes, und das ist der Gott des Krieges, das ist nicht der Gott der Bibel. Es ist eine falsche Religion, eine Religion, die auf Gewalt beruht, weil dieser Mann ein gewalttätiger Mann war. Die moslemische Religion ist gar keine echte Religion. Ich hasse die Araber nicht. Sie tun mir Leid, weil sie so übel manipuliert wurden.«

Nach Überzeugung von Pastor Brooks muss jeder auf der Welt, aber ganz besonders in den USA, seinen individuellen Einfluss dazu nutzen, um auf Politiker einzuwirken, wenn es um den israelisch-palästinensischen Konflikt geht. Trotz der Unterstützung Israels und der Juden durch die evangelikalen Christen in der Regierung hält er das Ganze für einen »mühsamen Kampf«.

»Als ich vor einiger Zeit den amerikanischen Konsul in Jerusalem aufsuchte, sagte ich ihm, dass mir die Palästinenser Leid täten, weil sie eine so schlechte Führung hätten. Seine Antwort schockierte mich. Er sagte, das Problem seien nicht die Palästinenser, sondern das Problem seien die Juden. Und als ich entgegnete, dass die palästinensische Autonomiebehörde unglaublich korrupt sei, sagte er zu mir, die Palästinenser seien ehrliche Menschen, die von den Juden korrumpiert worden seien. Bei meinem damaligen Besuch war einer meiner besten Freunde aus meiner Pfarrgemeinde dabei, Richard Hastings, der eine Menge Geld für die evangelikale und jüdische Sache spendet, und wir sind beide wütend geworden. Ich fragte den Konsul, wovon er eigentlich rede, wo doch die ganze Welt wisse, wie korrupt Arafat sei. Trotzdem bestand er darauf, dass Arafat alles nur von den Juden gelernt habe.«

Im November 2003 war ich zur Teilnahme an einer Vorstandssitzung von Esther Levens' »National Unity Coalition« in Washington, D. C., eingeladen. Paul Weyrich saß in seinem elektrischen Rollstuhl am Kopfende des langen Konferenztisches und war Gastgeber der Sitzung, die unter der Schirmherrschaft der »Heritage Foundation« (»Stiftung Tradition und Erbe«) stattfand, einer rechten Expertenkommission unter seiner Leitung. Weyrich ist heute wahrscheinlich einer der engagiertesten und streitlustigsten rechten Konservativen der USA, ein entschiedener Gegner von Homosexuellenrechten, Drogenkonsum und allen möglichen anderen Formen der »Abweichung« von Familienwerten. Weyrich, offensichtlich verbittert auf Grund des Unfalls – ein Sturz bei Glatteis –, der ihn zum Krüppel machte, war schon lange, bevor er seine Gehfähigkeit einbüßte, fest entschlossen, die Welt von Abtrünnigen und Kommunisten zu säubern. Als er 1973 die »Heritage Foundation« gründete, war er bereits im Begriff gewesen, jene Ideen zu entwickeln, aus denen später Ronald Reagans »Star Wars«-Politik werden sollte, und als Reagan dann Präsident war, lieferte Weyrich die Blaupausen für viele seiner weiteren politischen Konzepte. Im Gegensatz zu anderen Denkfabriken gibt die »Heritage Foundation«, nach exakten Vorgaben durch Weyrich, den Großteil ihres Budgets für Propaganda, Spendeneintreiben, Marketing und Öffentlichkeitsarbeit aus.

Im Jahr 1973 gründete Weyrich zusammen mit Jesse Helms, Jack Kemp, Henry Hyde und anderen Republikanern des rechten Flügels das »American Legislative Exchange Council« (ALEC, »Gremium für Informationsaustausch in der Legislative«). Sheldon Rampton und John Stauber berichten in *Banana Republicans*[5], das ALEC-Vorstandsmitglied Sam Brunelli habe es als Ziel der Organisation bezeichnet, »zu gewährleisten, dass die Parlamentarier in den einzelnen Bundesstaaten so gut informiert und präpariert sind, dass sie bei den Debatten um Sitte, Moral und Vorrang des Gemeinwohls die Ausgangspositionen bestimmen können, dass sie die Agenda verändern können, dass sie Führung übernehmen können. Dies ist die Infrastruktur, mit der wir die einzelnen Staaten für unsere Bewegung gewinnen werden.« ALEC hat ein Jahresbudget von über fünf Millionen Dollar, die in der Hauptsache aus der Industrie kommen von so unterschiedlichen Unternehmen wie »American Nuclear Energy Council« und den Tabakkonzernen R. J. Reynolds und Philip Morris.

In einer kurzen Unterredung mit Weyrich vor Beginn der Sitzung der NUC fragte ich ihn, warum er sich als Sponsor für eine christlich-zionistische Tagung betätige. »Das sollte ja wohl klar sein. Der Islam ist die Geißel der Welt, und das jüdische Volk und Israel kämpfen in vorderster Front gegen diese Geißel.«

Trotz Weyrichs finsterer Miene war die Stimmung an jenem Tag freundlich. Es traf sich eine Mischung aus frommen wiedergeborenen Christen und mehreren höflichen, aber anscheinend desinteressierten Diplomaten der israelischen Botschaft sowie einigen Vertretern der republikanischen Koalition von Repräsentantenhaus und Senat. Shari Dollinger, eine junge Frau von kaum dreißig, die inzwischen aus Esther Levens' Organisation ausgeschieden ist, über sehr gute politische Beziehungen verfügt, routiniert und außerordentlich beredt ist, leitete die Sitzung. Sie arbeitete früher als Assistentin im Mitarbeiterstab von Senator Brownback, und davor war sie Verbindungsfrau zwischen Juden und Evangelikalen an der israelischen Botschaft in Washington, wo sie die Spendenfreudigkeit der evangelikalen Gemeinde enorm zu steigern vermochte. Zwei der großen Organisationen, die die NUC finanziell unterstützen, sind »Bridges for Peace«, die von Pastor Clarence Wagner geleitet wird und ihre Zentrale in Jerusalem hat, und die »Internationale Christliche Botschaft« in Jerusalem, die auch ein Büro in Washington unterhält.

Am Tag meines Besuchs leitete Dollinger selbstsicher und locker die Vorstandssitzung der NUC. Von der christlichen Gemeinde waren an jenem Tag anwesend: Reverend James M. Hutches, Brigadegeneral a. D., ehemaliger Militärgeistlicher der US-Armee und gegenwärtig Vorsitzender von »Christians for Israel«; JoAnn Magnuson, Leiterin von »Bridges for Peace« in Minnesota; Peter Hébert, auch ein wiedergeborener Christ mit Verbindungen zur Finanzwelt; Susan Michaels, Chefin der Washingtoner Vertretung der »Internationalen Christlichen Botschaft«; und William Murray, Pastor und Gründer der »Religious Freedom Coalition«, einer weiteren evangelikalen Organisation, die als Lobbygruppe zur Unterstützung Israels in Washington arbeitet.

Einer der berühmteren Teilnehmer der Veranstaltung war Frank J. Gaffney. Früher war er stellvertretender Verteidigungsminister unter Ronald Reagan und zurzeit steht er dem »Center for Security

Policy« vor. In einem Gespräch sagte er mir: »Im Weißen Haus Bushs sind die glühenden Unterstützer Israels jetzt sehr willkommen ... Was wir heute erleben, ist die Beeinflussung der Politik der US-Regierung durch eine Gruppe von Außenstehenden, die Einfluss auf die Insider nehmen, wenn es um die amerikanische Haltung zum israelisch-palästinensischen Konflikt geht.«[6]

Der Gastredner bei der Tagung war Sam Brownback, dessen Rhetorik eine Mischung aus politischem Wissen, Pragmatismus und wiedergeborenem Fundamentalismus ist. Seine Botschaft war klar: »Der einzige Weg zum Frieden in Nahost ist der der Stärke«, sagte er zu der ihn bewundernden Zuhörerschaft. Brownback zufolge kann diese Stärke nur dadurch erreicht werden, »dass man die amerikanische Nahostpolitik nach rechts rückt«, was auf eine Umwerbung der Konservativen im Kongress hinausläuft, von denen die Mehrheit evangelikale Christen sind.

Einer dieser Evangelikalen im Kongress ist Mike Pence, ein weiterer Bundesgenosse von Sam Brownback und Verbündeter von John Ashcroft, der unermüdlich daran arbeitet, die innen- und außenpolitische Agenda der christlichen Rechten voranzutreiben. Pence ist republikanischer Kongressabgeordneter für Indiana und sieht sich selbst »als Christ, als Konservativer und als Republikaner, in dieser Reihenfolge«.[7] Pence unterstützt Präsident Bushs Krieg gegen den Terrorismus aus vollem Herzen, und er war einer der Architekten des »Patriot Act«. Er wirkte zudem bei der Schaffung des Ministeriums für Heimatschutz mit, das die angeblichen Schwachpunkte beim Schutz vor Terroranschlägen in den USA beseitigen soll. Nach seinen eigenen Worten ist Pence »intensiv damit beschäftigt, die Interessen des Staates Israel und des israelischen Volkes zu schützen und zu vertreten«.

»Ich habe deshalb einen Sitz im Internationalen Ausschuss des Kongresses angestrebt, um Israel zu unterstützen«, sagt Pence.

»Um unsere Außenpolitik hinsichtlich Israels zu ändern, habe ich mich mehrfach in Plenardebatten eingeschaltet, und jedes Mal, wenn sich die Debatte um Israel dreht, dann sitze ich unten im Plenum und streite mich mit meinen Kollegen herum, von denen viele Juden sind, meist Demokraten aus dem Nordosten. Ich konnte sie davon überzeugen, dass es uns mit unserem Engagement für den Schutz und die Verteidigung Israels ernst ist.«

Im selben Interview, das in seinem Büro auf dem Capitol Hill stattfand, sprach sich Pence nachdrücklich gegen die Schaffung eines eigenen Palästinenserstaates aus. »Die Vereinigten Staaten müssen sich in Zurückhaltung üben und es der Bevölkerung Israels ermöglichen, sich mit Hilfe von Amerikas Wohltätigkeit und Gottes Gnade gedeihlich zu entwickeln.« Seit Ende der 1980er Jahre hat er ein »leidenschaftliches« Interesse an Israel; er meint, dass dies zum Teil daher kommt, dass sein Bruder eine Jüdin geheiratet hat, was ihm die Möglichkeit gab, mehr über die Juden zu erfahren.

»Ich stehe deshalb hinter Israel«, sagte Pence zu mir, »weil ich an den Traum glaube, den Israel verkörpert, und weil ich an die besonderen Beziehungen glaube, die zwischen den Vereinigten Staaten und Israel bestehen. Aber vor allem glaube ich, dass die Erschaffung Israels einerseits eine Herzensangelegenheit amerikanischer Juden wegen der Gräuel des Holocaust war und andererseits der Traum amerikanischer Christen von der Erfüllung der Verheißungen Gottes ist, dass Er als Messias und König auf die Erde wiederkehrt.«

Mike Pence hatte seinen ersten Auftritt im Parlament vor dem 107. Kongress, dem ersten nach den Anschlägen vom 11. September. Pence leitete seine Bemerkungen zum islamistischen Terror und zu den Beziehungen zwischen den USA und Israel so ein: »Ich sagte ganz einfach, ich sei ein evangelikaler Christ aus dem Mittleren Westen, für den Israel der kleine Bub in einer ruppigen

Gegend ist. Und der Mittlere Westen versteht den Nahen Osten besser als diese Typen vom ›Foggy Bottom‹ [= Außenministerium].«

Pence und seine Kollegen im Kongress wollen sieben Millionen Bürger dazu bringen, an ihre jeweiligen Abgeordneten zu schreiben und auf aktive Unterstützung Israels durch die USA zu drängen. »Wir können in diesem Land eine enorme politische Macht mobilisieren«, sagt Pence, »und meine jüdischen Freunde und meine Mitstreiter von den Demokraten hier im Kongress sind bereit, ihre Differenzen zugunsten der Sicherheit und des Fortbestandes des jüdischen Staates beizulegen.«

Ein streitbarer Kämpe an der Seite des Abgeordneten Pence und seiner Kollegen auf dem Capitol Hill ist auch Richard Hellman, Gründer und Leiter von CIPAC. Nachdem er die meiste Zeit seines Lebens als Umweltanwalt Gesetze und Vorschriften für die »Environmental Protection Agency« (»Umweltschutzbehörde«) formuliert hatte, wurde er eines Tages, als Menachem Begin Premierminister war, als Umweltschutzberater nach Israel eingeladen. »Das waren die wichtigsten und sinnvollsten sieben Jahre meines Lebens«, sagte Hellman, als ich ihn im Juni 2003 in Washington interviewte. »Ich habe nicht nur mitgeholfen, Israels Ministerium für Umweltschutz aufzubauen, sondern ich habe auch seelisch Kraft getankt und mich in meinem Glauben an den Herrn und an das jüdische Volk als das von Gott auserwählte bestärkt.«

Wie Annette Lantos und andere wiedergeborene Christen brennt auch Richard Hellman darauf, erzählen zu dürfen, wann genau Jesus Christus in sein Leben trat, um ihm zur Erkenntnis seines wahren Glaubens zu verhelfen. Bei unserem Treffen beschrieb er sein Wiedergeburtserlebnis, das ihn dazu brachte, seine berufliche Tätigkeit ganz darauf auszurichten, politische Unterstützung für den israelischen Staat zu organisieren.

»Es war in den Osterferien«, beginnt Hellman, »und meine Frau war nach Israel gereist. Ich war allein zu Hause, und ich stürzte und wusste gleich, dass ich mich erheblich verletzt hatte, weil ich mich nicht mehr bewegen konnte. Wie sich später herausstellte, hatte ich mir die Schulter ausgerenkt und das Schlüsselbein gebrochen. Es gelang mir aber noch, meine Nachbarin herbeizurufen, die zufälligerweise eine wiedergeborene Christin war. Sie begann für mich zu beten, und als mir die Ärzte sagten, ich müsse mich einer komplizierten Operation unterziehen, betete meine Nachbarin weiter. Sie bat den Herrn, mich wieder gesund zu machen, damit ich die Operation nicht brauchte, und tatsächlich erhörte der Herr ihre Gebete. Meine Schulter und das Schlüsselbein heilten von selbst. Da wurde mir alles klar, und ich kniete nieder und bat den Herrn, in mein Leben zu treten, und als Er das tat, veränderte Er meine Seele. Der Herr veränderte auch mein Leben. Ich hatte immer gedacht, wie gut ich es in meinem Beruf und mit meiner Familie hatte, aber erst nachdem ich Ihn akzeptiert hatte, begriff ich, wie viel Er in meinem Innern geheilt hat. Meine Ehe war besser, mein Familienleben war phantastisch, und ich glaube nicht, dass ich einen Beraterjob in Israel angenommen hätte, wenn mir die Bibel und das jüdische Volk nicht so wichtig gewesen wären.«

CIPAC ist die einzige in Washington registrierte christliche Lobbygruppe, die bei der Gesetzgebungsarbeit befürwortend oder ablehnend tätig werden darf. »Als ich aus Israel zurückkehrte«, erklärt Hellman, »geschah dies mit einer ganz bestimmten Absicht. Ich hatte das Gefühl, dass die Vereinigten Staaten, besonders die christlichen Gemeinden und die Leute dort auf dem Capitol Hill, Israel beziehungsweise die Bedrohung Israels nicht verstanden. Da war immer nur die Rede von der Geißel des Antisemitismus unter dem Deckmantel des Antizionismus, und da wusste ich, dass die

Christen mobil machen mussten, um die offizielle Meinung in der amerikanischen Regierung zu verändern.«

Heute hat Hellman eine treue Gefolgschaft von über sieben Millionen, die entweder Mitglieder seiner Lobbygruppe sind oder finanziell dazu beitragen, dass diese ihre Macht und ihren Einfluss aufrechterhalten kann. »Irgendwer hat uns mal das schwache Echo von AIPAC genannt«, sagt Hellman und lacht. »Vielleicht stellen wir uns ja mal als donnerndes Echo heraus.«

Im April 2003 traf sich Außenminister Colin Powell privat mit Konservativen aus beiden Häusern und mit Richard Hellman, um sie zu bitten, Resolutionen zurückzuziehen, die Israels Vordringen in das Westjordanland guthießen, weil diese die Bemühungen um Friedensgespräche komplizieren würden. Die Abstimmung wurde um eine Woche verschoben, und die Resolutionen wurden gebilligt, trotz Powells Bemühungen, ein Friedensabkommen unter amerikanischer Vermittlung zu erreichen. Die Evangelikalen sind entschlossen, den israelisch-palästinensischen Konflikt nicht vom globalen Krieg gegen den Terrorismus abzukoppeln, den die USA gegen islamistische Terrorgruppen führen. Die Evangelikalen glauben, dass die Terroristen unter der Direktive eines anderen Gottes operieren, nämlich Allahs, mit dessen Segen sie in Erfüllung ihrer Pflicht für eine Weltherrschaft des Islam sterben. Die Evangelikalen glauben, dass trotz Hilfe und Beistands durch Jesus Christus kein Krieg ohne massive Feuerkraft, Geheimdienste und wehrfähige Männer und Frauen gewonnen werden kann, die den Feind besiegen und allen Bürgern dieser Erde das Christentum bringen.

Hellman ist davon überzeugt, dass ein wichtiger Teil seiner »Sendung« darin besteht, den Kongress aufzuklären über »die Beschaffenheit des Geländes in Israel und wie wichtig es ist, die Hochebene besetzt zu halten, die die Küstenebene überblickt ... Israels Rechte nach internationalem Gesetz beziehungsweise das

Mandat, das sie deckt, wurden nie aufgehoben. Judäa und Samaria und Gaza sind noch immer nichtzugeordnete Gebiete des Mandats. Wie wir alle wissen, haben die Jordanier versucht, diese Gebiete zu annektieren, was ihnen aber von allen verwehrt wurde, ausgenommen von Großbritannien und Pakistan. Nun stehen wir vor der Notwendigkeit, das demographische Problem zu lösen, und wir sind seit einiger Zeit dabei, das Konzept der Umsiedlung durchzusetzen, weil wir wissen, dass das demographische Problem bestehen bleiben wird und nichts mit der Souveränität von Judäa und Samaria zu tun hat. Es ist noch immer ein ernstes Problem, und drei Millionen Menschen kann man nicht unter die Arme greifen in einem unfruchtbaren Landstrich, wo es keine Landwirtschaft gibt und keine Industrie, und da ist dann natürlich noch das größte Problem von allen: Wo kriegt man Wasser für die Leute her? Wie soll die Unterstützung für das palästinensische Volk denn aussehen?«

Hellman und die Politiker vom Capitol Hill, die seinen Glauben und seine politischen Ansichten teilen, haben einen »Mini-Marshallplan« diskutiert, an dessen Anfang ein Prozess der Wiederansiedlung von jährlich schätzungsweise 100 000 palästinensischen Familien in Jordanien stehen würde. »In sieben Jahren kann man 700 000 Palästinenser nach Jordanien schicken«, sagt Hellman. »Allerdings ist niemand der Meinung, dass sich sofort etwas bewegen wird und dass die Palästinenser und ihre Kinder gleich ein besseres Leben haben werden. Die meisten, die so denken wie wir, scheuen sich, laut zu sagen, dass Jordanien die Lösung wäre, oder falls nicht Jordanien, dann die Gründung eines neuen Gemeinwesens auf der [ägyptischen] Halbinsel Sinai oder im südlichen Teil des Irak. Wenn man ein Gemeinwesen schafft, das für viele dieser Menschen attraktiv ist, dann fangen sie von selbst an, umzuziehen und das Problem zu lösen. Realität ist, dass sie bei dem Bevölkerungsproblem, das sie haben, als politisches Ganzes nicht überleben werden, selbst wenn man ihnen morgen die Souveränität gibt. Sie haben kein Wasser, nicht mal eine Kanalisation, also muss man ihnen einen Anreiz geben, dass sie fortziehen, und das ist die Botschaft, die wir solchen Leuten übermitteln wollen wie Brownback und Jim Saxon aus New Jersey, der zwar Republikaner ist, aber kein Evangelikaler. Saxons Motiv ist, dass er es einfach versteht, das Richtige zu tun. Er versteht, dass Israel der einzige demokratische Staat in einer Region ist, in der jedes moslemische Land eine Diktatur ist. Senator Inhoff, Brownback, Pence, Todd Tiart und auch Tom Lantos sind auf unserer Seite, genau wie Tom DeLay und Dick Armery, als er noch im Kongress war, und genau wie der berühmte Läufer Jim Ryan, der uns ebenfalls seine aufrichtige biblische Unterstützung gibt. Das Interessante ist, dass zwar die meisten Kongressabgeordneten und Senatoren Israel unterstützen, aber das Problem ist die Höhe der Messlatte. Bis jetzt wurde von denen noch nicht viel verlangt. Sie stimmen für Wirtschaftshilfe für Israel und sie schreiben an den Präsidenten, wenn ihnen die Art und Weise, wie er den Konflikt handhabt, nicht passt, und darauf kriegen sie eine Eins. Aber worauf ich dränge, ist, dass das Parlament die zuständige Institution wird, wie es in der Verfassung steht, und dass wir aus diesem Grund ein paar interessante Debatten führen. Mit anderen Worten: Der Kongress soll zuständig sein, nicht für die Durchführung der Außenpolitik, aber für die Formulierung dieser Politik, genau wie der Kongress die Politik gegenüber Kuba und der Sowjetunion und jetzt gegenüber dem Irak klar formuliert hat, was bedeutet, dass die Abgeordneten ein mächtiger Faktor sein könnten, um Israel Fairness und Gleichbehandlung zu verschaffen.«

Richard Hellman entwarf die Vorlage für das Gesetz von 1995, betreffend die US-Botschaft in Jerusalem, und bedrängt den Präsidenten noch immer alle sechs Monate, die Botschaft von Tel Aviv nach Jerusalem zu verlegen. »Präsident Clinton passte zehn Mal bei dem Thema, und Bush vier Mal. Was wir außerdem erreichen wollen, ist die ständige Mitgliedschaft Israels im Sicherheitsrat, nicht nur die zeitweilige. Im Augenblick hat Israel einen provisorischen Sitz auf dem Umweg über die westeuropäische Sektion, die einzige regionale Gruppe, bei der das Land auf eine ganz vertrackte Weise aufgenommen wurde, was bedeutet: Israel hat weder einen Sitz im Sicherheitsrat noch in irgendwelchen Entscheidungsgremien, und das nur, weil die Vereinten Nationen ein komischer Verein sind. Die Tatsache, dass Israel als einziger Staat auf diese Weise behandelt wird, ist ein Beispiel für antiisraelische Vorurteile. Und zur Begründung führen die anderen Staaten an, dass Israel nicht in den Nahen Osten passt, dass die Araber die Juden nicht akzeptieren, weswegen die bei den Westeuropäern unterkommen müssen. Und absolut unerhört war, dass Syrien, dieser Terroristenstaat, einen Monat lang den Vorsitz im Sicherheitsrat hatte. Grotesk! Die israelischen Truppen haben sich aus dem Südlibanon zurückgezogen und die von den Vereinten Nationen vorgegebenen Grenzen respektiert, aber Syrien besetzt den Libanon weiterhin. Wir von CIPAC machen Druck, dass gegen Syrien Sanktionen verhängt werden. Und noch so eine Sache: Israel ist die einzige Nation, für die im Nahen Osten keine Nachforschungen nach dem Verbleib ihrer Kriegsgefangenen und Vermissten angestellt werden. Wir sind hier, um gegen die Diskriminierung Israels zu kämpfen.«

16. Verbundenheit mit dem Land

Denn Gott wird Zion retten und wird Judas Städte neu erbauen, dass man daselbst wohne und sie besitze. (Psalm 69,35)

Die Siedlung Tekoa ist eine von fünfzehn ultrareligiösen Gemeinden in der als Gusch Etzion bekannten Gegend. Die Siedlung liegt etwa vierzig Kilometer von Hebron entfernt, einer palästinensischen Stadt mitten im Westjordanland, die von den militanten Gruppen »Hamas« und »Islamischer Dschihad« dominiert wird. Nur zehn Minuten von Jerusalem entfernt, ist Tekoa eng mit alttestamentarischer Geschichte verknüpft. Es heißt, dass Abraham und Isaak auf ihrem Weg von Hebron zum Berg Moriah durch Tekoa gekommen seien. Bei Tekoa war es, wo Rut die Ähren vom Felde sammelte, wo David die Schafe seines Vaters hütete und sein Königreich ausrief und wo die Makkabäer und andere jüdische Krieger unter Bar Kochba Schutz in den tiefen Höhlen suchten. Heute ist Tekoa eine der politisch umstrittensten Siedlungen in Israel. Im Verlauf des Jahres 2003 wurden mehr als sechzehn Einwohner auf der Hauptstraße nach Hebron, die durch Dutzende arabischer Dörfer führt, durch Schüsse verwundet, vier davon tödlich. Bei Überfällen von Terroristen wurden drei schlafende Kinder samt ihren Eltern ermordet. Journalisten und anderen Besuchern, die sich nach Tekoa trauen, wird geraten, ein gepanzertes Auto zu benutzen.

Die Israelis, die beschlossen haben, sich in Tekoa niederzulassen, sind entweder Ultrareligiöse oder ideologische Schwärmer oder beides. Wie ein Gemeindevorsteher sagt, seien die Bewohner gewillt, »die Verheißung des jüdischen Volkes zu erfüllen, wie in der Bibel beschrieben, und zwar ungeachtet irgendwelcher politischer Beschlüsse, überall in den besetzten Gebieten Siedlungen abzureißen«. Wenn man Tekoa als »Siedlung« bezeichnet, wird man von den Bewohnern empört darauf hingewiesen, dass dies ein unpassender Begriff sei, weil er nahe lege, man »lebt in einem windigen Wohnwagencamp und kann schnell wieder vertrieben werden«. Im Gebiet von Gusch Etzion leben über 10 000 Menschen in Häusern, die eindeutig nicht als provisorische Gebäude errichtet wurden.

Rebecca W., eine hübsche Amerikanerin mit dunklen Augen und dunklem Haar, hat sich zur »Alijah« (hebräisch für die Einwanderung nach Israel) entschlossen, nachdem sie juristischen und religiösen Rat gesucht hatte, um sich aus einer brutalen Ehe zu befreien. Die Entscheidung, in Tekoa zu leben, traf Becca, wie sie bei Freunden und ihrer Familie heißt, nach einer, wie sie es nennt, »spirituellen Erweckung«[1]. Sie erkannte, dass der einzige Weg für sie, ihr Leben zu ändern und in der Welt etwas zu bewegen, darin bestand, sich auf eine politische und religiöse Sinnsuche zu begeben. Sie wohnt in einem schönen Apartment, von dem aus man über eine ländliche Idylle blickt, leitet eine Kindertagesstätte, hält sich wie ihre orthodoxen Nachbarn an den Sabbat und andere jüdische Feiertage und spricht Englisch mit ein paar jiddischen Brocken. Außerdem spendet sie jeden Monat mehr als 5000 Dollar für russische Neuankömmlinge in Tekoa und gibt auch Geld für medizinische und technische Notfallausrüstung, um Terroropfer aus Autos und Bussen befreien zu können. Im vergangenen Jahr stiftete sie einen gepanzerten Kleinbus für den Transport behinderter Kinder zu einer Sonderschule in Tel Aviv. Wie Becca kürzlich in einem Interview sagte: »Geld ist nutzlos, solange es nichts Gutes bewirken kann, und das jüdische Volk ist das von Gott auserwählte.«

Wäre sie eine jüdische Amerikanerin, die die Alijah vollzogen hätte, um in ihre Heimat zurückzukehren, wäre nichts an ihr ungewöhnlich. Aber Becca ist eine evangelikale Christin, die als kleines Kind zu Jesus gefunden und während ihrer Highschooljahre begonnen hat, in fremden Zungen zu reden. Sie definiert sich selbst als »Baptistin von Geburt, Evangelikale durch Erleuchtung, mit starken charismatischen Neigungen, und als überzeugte Republikanerin«. In Israel ist sie außerdem eine glühende Anhängerin des rechten Flügels, dem sie in Wahljahren ihr Geld und ihre Zeit zur Verfügung stellt, weil sie gegen die »Road Map« der Regierung Bush ist und für die Zwangsaussiedlung der Palästinenser aus dem Westjordanland und dem Gazastreifen.

Einer ihrer engsten Freunde ist der evangelikale Christ und republikanische Stratege Ralph Reed, der auch der Chef von »Century Strategies« ist, einer Beratungsfirma, die einen Plan entwickelt hat, um die Unterstützung der christlichen Basis für Israel zu mobilisieren. Nachdem er Becca um Mithilfe gebeten hatte, arbeitete sie unermüdlich daran, mehr als eine Million Christen in den USA dazu zu bringen, Protest-E-Mails gegen die »Road Map« ans Weiße Haus zu schicken. Trotzdem glaubt Becca nicht, dass die E-Mails das Endergebnis irgendeines Friedensprozesses beeinflussen oder entscheiden werden. »Präsident Bush ist ein guter Christ«, sagt sie. »Er weiß genau, dass es keine Rolle spielt, was er tut. Es steht ja alles in der Bibel. Alles liegt bei Gott, und Er gab den Juden das ganze Land von Israel auf ewig.«

Wer nichts von der tief empfundenen Verpflichtung der amerikanischen evangelikalen Gemeinde gegenüber dem Staat Israel weiß, für den ist es schwer nachvollziehbar, wenn nicht gar unergründlich, wie eine Frau wie Becca Tag für Tag ihr Leben aufs Spiel setzt, weil sie freiwillig in einer Gegend lebt, in der Gewalt Bestandteil des Alltags ist. Der Schlüssel zum Verständnis liegt, wie bei allem, was mit den Evangelikalen zu tun hat, in der Bibel; alle Evangelikalen nehmen die Bibel wörtlich und halten die Heilige Schrift für unfehlbar. Evangelikale Christen aus der ganzen Welt sind die größte Gruppe, die den bedrängten jüdischen Staat jetzt noch alljährlich besucht, wo der Tourismus auf dem niedrigsten Stand in der israelischen Geschichte ist. Becca ist nur eine von über 25 000 Evangelikalen, die regelmäßig längere Zeit in Israel leben. Evangelikale nach Israel zu bringen war eine Strategie, die ursprünglich von Christenführern wie Billy Graham, seinem Sohn Franklin, Ed McAteer, Jerry Falwell, Ralph Reed und Pat Robertson ersonnen wurde. Ed McAteer sagte in einem Interview: »Damit das Thema Israel bei den Christen ganz oben steht, unterstützen wir sie finanziell und ermuntern sie, tatsächlich das Land Israel zu begehen und zu erleben, wie die Bibel lebendig wird. Das trägt mehr zur politischen Unterstützung Israels und des jüdischen Volkes hier in den Vereinigten Staaten bei als sonst irgendwas.«[2]

Andere evangelikale Christen tun weitaus mehr, als nur zeitweise in Israel zu leben. Sie spenden Millionen von Dollar, damit die Israelis ein komfortableres Leben führen können, und finanzieren die Einreise neuer Immigranten. Seit kurzem verbietet ein israelisches Gesetz die finanzielle Unterstützung von Neuansiedlern in umstrittenen Gebieten. Dadurch sind viele Siedlungen nun in finanzieller Bedrängnis. Solche Siedlungen und die Integration neuer Einwanderer in Gebiete des Westjordanlandes und in Gaza werden hauptsächlich von amerikanischen evangelikalen Christen subventioniert. Ein Beispiel hierfür ist eine evangelikale Glaubensgemeinschaft am Stadtrand von Denver, Colorado, die Geld und Arbeit in die neue Stadt Ariel steckt.

Ron Nachman, ehemaliger Abgeordneter des rechten Likud-Blocks in der Knesset, ist ein politisch erfahrener Anwalt, dessen Spezialgebiete Finanzwesen, Verfassungsrecht und die israelische Gerichtsbarkeit sind. Er glaubt unerschütterlich an die Notwendigkeit, dass man aus Sicherheitsgründen überall in den besetzten Gebieten Siedlungen auf Dauer gründen und sich das Anrecht auf umstrittene Gebiete sichern müsse. Nachman, der von seinen Freunden und Kollegen als Visionär beschrieben wird, hatte 1978 einen Traum von der Gründung einer großen Stadt im Herzen des Westjordanlandes. Mit neununddreißig anderen israelischen Familien ließen sich die Nachmans in den Bergen der Westbank nieder, etwa vierzig Kilometer östlich von Jerusalem.

Während der Anfangsjahre lebte man in transportablen provisorischen Unterkünften, und die vierzig Familien begannen die Gemeinde Ariel aufzubauen. In den 1980er Jahren reiste Nachman in die USA und sammelte private Spenden bei wohlhabenden amerikanischen Juden, die seine Vision gut fanden und Millionen Dollar gaben für den Bau von Häusern, Gehsteigen, Schulen und später auch für einige Fabriken und Krankenhäuser. Zur gleichen Zeit weigerten sich jüdische Organisationen in den USA wie »United Jewish Appeal«, Spendengelder für Wohnungsbauprojekte in den Gebieten des Westjordanlandes jenseits der »Grünen Linie« zur Verfügung zu stellen, die Israel nach dem Sechstagekrieg von 1967 besetzt hatte. Stattdessen wurden christliche US-Spenden vor allem an Siedlungen auf der Westbank geschickt, wo nach Schätzung von Ron Nachman zwei Drittel aller Siedlungen noch immer Hilfe von christlichen Zionisten erhalten.

In einem Interview in Ariel im Frühjahr 2003 erinnerte sich Ron Nachman, wie er in den 1980er Jahren die USA bereiste, evangelikale Kirchengemeinden besuchte und mit führenden Persönlichkeiten aus Religion und Wirtschaft Gespräche führte, alles in dem Bemühen, Spendengelder für Ariel zu sammeln. »Ich hielt in Los Angeles eine Rede vor 600 Pastoren«, begann er seine Schilderung. »Ich lernte auch Steve Forbes kennen, der für die Präsidentschaft der Vereinigten Staaten kandidierte, und ich traf Jerry Falwell. Als Abgeordneter der Knesset reiste ich in Vertretung von Benjamin Netanjahu, der gerade verhindert war, und auf dieser Tour machte ich der evangelikalen Gemeinde ein Angebot. Ich sagte ihnen, es sei nicht genug, ans Alte Testament zu glauben und nur für uns zu beten. Sie müssten eine wirkliche Verbundenheit mit dem Land aufbauen. Da fragten sie mich: Wie soll das gehen? Und ich sagte ihnen: Pflanzt einen Baum. Das ist dann euer Baum. Dann kommt ihr wieder, und der Baum trägt Früchte. Das sind dann eure Früchte. Das ist, als würdet ihr ein Kind großziehen. Wenn ihr das nächste Mal kommt, seht ihr, wie die Weinberge Früchte tragen. Man gibt diesen Christen ein Stück Land, und sie kommen her und legen einen Weinberg auf den Hügeln von Samaria an. Für die ist das eine sehr spirituelle Angelegenheit. Das war die Idee, die wir der evangelikalen Gemeinde nahe brachten.«

Während seiner Reise machte Nachman einen Abstecher nach Colorado Springs, um sich mit Dr. Dobson zu treffen, einem der einflussreichsten evangelikalen Prediger, der »Focus on Family« leitet. »Ich erinnere mich, wie ich vor seinem Büro auf ihn wartete«, erzählte mir Nachman. »Da kamen plötzlich drei US-Generäle heraus. Man hatte sie zu ihm geschickt, damit sie ihn überreden, er möge sich öffentlich gegen die Aufnahme von Frauen in die US-Armee aussprechen. Können Sie sich das vorstellen: Die Regierung schickt drei Generäle, um mit einem evangelikalen Christen zu reden! Da sieht man, wie viel Macht die damals schon hatten.«

Als Nachman um Geldspenden zur Unterstützung des Wohnungsbaus im Westjordanland bat, stellte er gegenüber seinen evangelikalen Freunden eindeutig klar, dass er in solche innenpolitischen Themen wie Abtreibung nicht mit hineingezogen werden wollte. »Dies ist nicht mein Land«, erklärte er. »Mir hat es gereicht, den ungeheuren Zustrom nordafrikanischer Moslems nach Frankreich zu sehen, oder, als ich in London war, die Moschee im Regents Park zu sehen und zu wissen, dass Winston Churchill sich im Grab umdreht.«

Nachman glaubt fest daran, dass die Evangelikalen, wenn sie die Bibel wörtlich nehmen, erkennen werden, dass ihre religiöse Verbundenheit zum jüdischen Volk ein »Geschenk Gottes« ist. »Jede christliche Gruppe, die hierher nach Ariel kommt«, sagte Nachman, »wird von mir persönlich begrüßt, und ich sage ihnen, dass sie unsere Botschafter sind. Ich bitte sie, dass sie nach ihrer Rückkehr in ihre Länder ihren Mitchristen sagen, dass in der Bibel nirgendwo von besetzten Gebieten oder dem Westjordanland oder Gaza die Rede ist. In der Bibel gibt es nur das gelobte Land für Israel.«

Heute ist Ron Nachman der Bürgermeister von Ariel, einer fest etablierten Stadt mit über 70 000 Einwohnern. Ariel hat eine Universität und Industrie und fungiert als Zentrum der Region, von dem wiederum Satellitenstädte abhängig sind in Bezug auf Arbeitsplätze, medizinische Versorgung und Schulen. Was Ariel im Kontext der momentanen politischen Situation einzigartig macht, ist, dass seine Hauptsubventionen seit 1995 nicht mehr von jenen amerikanischen Juden kommen, bei denen Nachman als Erste anklopfte. Heute kommen die Gelder von der »Faith Bible Church« in Denver, Colorado, die von Pastor George Morrison und seiner Frau Cheryl geleitet wird.

Die Morrisons sind evangelikale Christen und haben die Stadt Ariel im Rahmen einer Initiative »adoptiert«, die positive Beziehungen zwischen christlichen Zionisten und jenen Israelis fördern will, die auf Dauer in Siedlungen des Westjordanlandes leben wollen. George und Cheryl Morrison stehen einer der größten evangelikalen Gemeinden in den USA vor, die über 125 000 Mitglieder hat und jährlich zehn Millionen Dollar zur Unterstützung Ariels aufbringt. Im selben Interview während meines Ariel-Besuchs behauptete Ron Nachman, die religiöse Agenda seiner evangelikalen Wohltäter irritiere ihn überhaupt nicht, weil diese ihn in die Lage versetzt hätten, in den vergangenen drei Jahren mehr als 5000 russische Einwanderer jährlich aufzunehmen, wodurch sich die demographische Situation in dieser geplagten Region dramatisch verändere. »Wenn man nicht selbst hier lebt«, sagte er, »ist es leicht zu kritisieren. Dann begreift man die religiöse und politische Bedeutung nicht, die die Gründung solcher Städte wie Ariel in Judäa und Samaria hat.«

Nachman ist vielleicht Visionär, aber er ist auch Pragmatiker. Immer wenn George und Cheryl Morrison ihre jährliche Pilgerfahrt nach Ariel unternehmen, werden der Pastor aus Colorado und seine Frau wie königliche Hoheiten behandelt. »Diese Menschen haben uns mit ihrer Großzügigkeit beglückt«, sagte Nachman, »und wir können ihnen das niemals vergelten, außer dass wir sie erfahren lassen, wie sehr wir sie lieben und wie sehr wir ihren Einsatz und den ihrer Pfarrkinder zu schätzen wissen.« Als ein Zeichen dieser Wertschätzung kommt Nachman mehrmals jährlich zur Gemeinde der Morrisons nach Denver, wo er an Gottesdiensten teilnimmt und für die evangelikale Gemeinde betet, dass es »ihr weiterhin eine Herzensangelegenheit ist, Ariel zu unterstützen und die Wiederkunft des Messias zu erleben«. Nachman zufolge »kostet es nichts«, seinen christlichen Freunden und Wohltätern die Wiederkunft des Messias zu wünschen, »und es gibt ihnen [den Evangelikalen] das Gefühl, als hätten wir [die Juden] keine Angst vor ihren biblischen Überzeugungen«. Ein viel bedeutenderer Aspekt dieser ungewöhnlichen Allianz ist die politische Schlagkraft, deren sich George und Cheryl Morrison in den Vereinigten Staaten bedienen können. Als einflussreichen Persönlichkeiten mit engen Verbindungen ins Machtgefüge der Republikanischen Partei schreibt man ihnen die Organisation des Marsches von einer Million Christen im Jahr 2002 nach Washington zu, die für die Verlegung der US-Botschaft von Tel Aviv nach Jerusalem demonstrierten. Als sie im Frühjahr 2004 Ariel besuchte, stellte Cheryl Morrison im Interview mit mir klar, dass Präsident Bush auf Grund seiner engen Zusammenarbeit und tiefen Freundschaft mit einem bekannten evangelikalen Sänger, einem Mitglied von Morrisons Kirche, und mit anderen Evangelikalen, die im Rampenlicht der Öffentlichkeit stehen, genau wusste, dass die christliche Rechte 2004 nicht für ihn stimmen würde, falls er die »Road Map« bis zum Letzten durchdrücken oder die Errichtung des Sicherheitszauns verurteilen sollte. »Das heißt nicht, dass wir dann die Demokraten wählen«, erklärte mir Mrs. Morrison damals. »Wir gehen einfach nicht zur Wahl.« Oder, wie ihr Mann zu verstehen gibt: »Wir stellen dann einfach unsere christlichen Jugendlichen nicht mehr für Telefondienste zur Verfügung oder dafür, dass sie in den verschiedenen Wahlkampfzentralen Prospekte verschicken. Oder wir stellen vielleicht unseren eigenen christlichen Kandidaten auf, der dann allen Leuten klar macht, dass das, was er [der Präsident] tut, für uns schlicht nicht akzeptabel ist.« Das entspricht in der Tat genau dem, was die Evangelikalen 1988 taten, als Pat Robertson bei der republikanischen Nominierung als Präsidentschaftskandidat gegen George Bush senior antrat, und im Jahr 2000 wieder taten, als Gary Bauer gegen George Bush junior kandidierte.

Am Abend meines Besuchs in Ariel hatte Cheryl Morrison eine musikalische Darbietung für alle Mitglieder der jüdischen Gemeinde organisiert, eine Veranstaltung, die einmal jährlich stattfindet. Ihr Kirchenchor sang hebräische Lieder über die unverbrüchliche Liebe und Unterstützung für Israel. Normalerweise tritt die Gruppe auf ihrer Tour durch Siedlungen in Israel in israelischen Militäruniformen auf, wodurch die Darbietung für israelische Bürger noch bewegender wird. An diesem speziellen Abend war das gesamte Gepäck der Gruppe verloren gegangen, weshalb sie gezwungen waren, einfach nur in Jeans und T-Shirts aufzutreten. Und dennoch bewirkte ihre Vorstellung donnernden Applaus und Tränen beim gesamten Publikum. Hinterher stellte Ron Nachman, der selbst Tränen in den Augen hatte, die rhetorische Frage: »Kann sich jemand vorstellen, dass ein Politiker, der dieses Land hergeben will, eine solche Art von menschlichem Kontakt und Emotionen und tiefen Gefühlen erlebt hat?«

17. Das evangelikale Votum

Darum sag: »So spricht Gott, der Herr: Ich führe euch aus allen Völkern zusammen, sammle euch aus den Ländern, in die ihr zerstreut seid, und gebe euch das Land Israel.« (Ezechiel 11,17)

Die spezielle politische und religiöse Agenda der Evangelikalen und die grimmige Entschlossenheit der gesamten jüdischen Gemeinde in den USA, Israel zu schützen, haben die Phantasie vieler angestachelt, mit originellen Vorschlägen zur Unterstützung des jüdischen Staates an die Öffentlichkeit zu treten.

Heutzutage gibt es Evangelikale mit unbegrenzten Mitteln zur Finanzierung von Reklametafeln in Städten im ganzen Land, auf denen gezielte politische Botschaften an ganze Gemeinden übermittelt werden, wie über bestimmte außen- oder innenpolitische Fragen abzustimmen sei. Dieselben Gruppen reicher Christen finanzieren für evangelikale Christen auch Ausflüge ins Heilige Land, damit diese die biblische Bedeutung des Staates Israel mit eigenen Augen wahrnehmen können.

Herbert Zweibon ist einer der Gründer und gegenwärtig Vorsitzender einer Organisation mit Sitz in New York, die sich »Americans For A Safe Israel« nennt. Er ist ein kleiner, rundlicher Mann, der eine Brille mit rosarotem Gestell trägt; er ist kompromissloser und engagierter Zionist und Jude, nach dessen fester Überzeugung es unter keinen Umständen jemals einen palästinensischen Staat geben darf. Um sein Ziel zu erreichen, arbeitet Zweibon eng mit der Geistlichkeit der evangelikalen Bewegung in den USA zusammen und erhält von dort einen großen Teil seiner Spendengelder, die auch von jenem Teil der jüdischen Gemeinde kommen, der an die Einstaatenlösung für den israelisch-palästinensischen Konflikt glaubt.

Richard Land, Vorsitzender der »Ethics and Religious Liberty Commission« der »Southern Baptist Convention«, und Ed McAteer haben sich 1992 Zweibon angeschlossen, um für wiedergeborene Christen, zumeist aus dem Herzland der Vereinigten Staaten, Reisen ins Heilige Land zu organisieren und zu finanzieren, damit diese das biblische Wort Gottes direkt vor Ort erfahren können. Wichtiger noch, als diesen Christen »die Gelegenheit zu geben, auf den Spuren Jesu zu wandeln«, war es, die politische Zielsetzung von Zweibons Organisation zu unterstreichen, dass nicht ein Zentimeter Land an die Palästinenser abgetreten werden dürfe. »Das war eine sehr emotionale Reise«, erklärt Zweibon, »denn die meisten unserer Israelbesucher kamen zum ersten Mal in Kontakt mit den Gemeinden in Judäa und Samaria, wie zum Beispiel Shiloh, Tekoa und Bet El, alles israelische Siedlungen tief in umstrittenen Gebieten. Ich erinnere mich an einen westindischen Geistlichen, der mitten in dieser neuen Synagoge in Shiloh stand und die Fenster zählte, ob sie mit der Beschreibung in der Bibel übereinstimmten. Man darf nicht vergessen, dass diese Menschen die Bibel absolut wörtlich nehmen und nicht den kleinsten Fehler zulassen.«[1]

Herbert Zweibon und Richard Landon sind an einer Plakataktion beteiligt, bei der auch Ed McAteer mitgewirkt hat und die überall in den USA dazu aufruft, Schluss mit der »Road Map« zu machen. »Unsere Plakate hängen in Colorado, Arkansas, Missouri,

Tennessee, West Virginia, Texas, New Mexico, Georgia und sogar in Baltimore, denn das liegt in der Nähe von Washington, D. C., wo Reklametafeln verboten sind, weil dort die Regierung sitzt«, erklärt Zweibon. »Die Plakate sagen denjenigen, die nichts über den Bund mit Abraham wissen, dass sie dafür beten sollen, dass Präsident Bush den Bund Gottes mit Israel anerkennt. Wir sagen ihnen, sie sollen für die Abschaffung der ›Road Map‹ beten und als Wähler so stimmen, dass wir keinen Zentimeter Land an die Palästinenser abgeben müssen.«

Herb Zweibon finanziert auch Aufkleber mit ungefähr der gleichen Botschaft hinsichtlich Israels und der Ablehnung eines Palästinenserstaates. »Wir sind nicht auf Konfrontation aus«, insistiert Zweibon, »und wir kritisieren nicht den Präsidenten. Wir fordern nur die Leute zum Gebet auf, und ich habe dabei ein absolut reines Gewissen, weil mir keiner einreden kann, dass es eine bessere Methode gibt, jedes Jahr Millionen Menschen zu erreichen, die gerade zufällig an einer unserer Plakattafeln vorbeifahren oder hinter einem Auto herfahren, das auf seiner Stoßstange einen unserer Aufkleber hat.«

Zweibon behauptet, Gott habe ihm und seinen Kollegen bei der Umsetzung seines Plans ganz eindeutig geholfen: Der normale Preis für ein Großplakat auf einer Reklametafel betrage etwa 800 Dollar monatlich. »Multiplizieren Sie das mit zehn oder zwölf Bundesstaaten, dann belaufen sich die Kosten auf fast 30 000 Dollar nur für ein Vierteljahr.« Zweibon zufolge, dessen Gott sich vom evangelikalen Gott unterscheiden mag, der aber ein und derselbe ist, wenn es um den Bund mit Abraham geht, »geschah es mit dem Segen Gottes, dass ich einen schwarzen Geistlichen aus Tennessee kennen lernte, der zufällig auch einer der Manager des evangelikalen Senders ›Clear Channel‹ war und der befand, dass es sich bei den Plakaten nicht um ein kommerzielles Projekt handelte, sondern um einen Dienst an der Allgemeinheit. So schrumpfte die monatliche Mietgebühr für eine Reklametafel von 800 Dollar unversehens auf 200 Dollar. So konnten wir also mit unserem Budget statt nur zwölf Flächen plötzlich fünfzig mieten, und weil wir das als Einzelaktion für jedes Gebiet machen, wofür jeweils ein anderer zuständig ist, der seine eigenen Entscheidungen trifft, kosten unsere Reklameflächen in manchen Gegenden bloß 50 Dollar im Monat. Im Moment haben wir über 300 Großplakate in über zwanzig Staaten.«

Auch andere Evangelikale beobachten aufmerksam die Politik des Weißen Hauses hinsichtlich des israelisch-palästinensischen Konflikts. Gary Bauer stellt sein eigenes Engagement für Israel dadurch unter Beweis, dass er täglich 100 000 E-Mails an Evangelikale überall in den USA schickt und sie auffordert, zugunsten Israels Druck auf das Weiße Haus auszuüben. Zu einem besonders kritischen Zeitpunkt im Jahr 2003 verschickte Bauer E-Mails an seine christlichen Freunde, in denen er sie ausdrücklich darum bat, dem Präsidenten mitzuteilen, dass seine Kommentare zu der Art, wie Israel sich gegen Terrorismus zur Wehr setzte, nicht im Einklang stünden mit seiner eigenen Doktrin zum Terrorismus. Bauer bat jeden seiner Adressaten, ihm eine Kopie der ans Weiße Haus geschickten E-Mail zu senden. »Ich war mir sicher, viele meiner Anhänger zu verlieren, weil sie den Präsidenten lieben und ihn als einen der ihren betrachten«, sagt Bauer. »Doch am nächsten Tag hatte ich über 75 000 Kopien von Mitteilungen, die von Evangelikalen aus ganz Amerika geschickt worden waren. Und jede einzelne begann so: ›Dear Mr. President, wir haben uns für Sie ins Zeug gelegt, und meine Familie und ich beten jeden Tag für Sie, aber es bricht mir das Herz, Ihnen sagen zu müssen, dass wir Ihnen 2004 nicht zur Verfügung stehen werden, wenn Sie weiter solchen Druck auf Israel ausüben.‹«[2]

Am Tag nach Erhalt der zigtausend E-Mails wohnte Bauer einer Pressekonferenz im Weißen Haus bei, wo der israelische Premierminister Ariel Scharon zu Gast war. In seinen einleitenden Worten nannte Präsident Bush den Premierminister »einen Mann des Friedens«.

Bauer gibt ohne weiteres zu, dass es nach Carters vergeblichem Anlauf für eine zweite Amtszeit für jeden US-Präsidenten undenkbar wäre, sich einzubilden, er könne die christliche Rechte übergehen, wenn es um deren Haltung zum israelisch-palästinensischen Konflikt geht.

Gary Bauer ist auch davon überzeugt, dass es zu »gemeinsamen Verabredungen und einem Lobbyblock« kommen wird, der einen Präsidenten nach seinem Engagement für Israel beurteilt und wählt. Bauer erklärte mir gegenüber in seinem Büro in Washington: »Zu einigen amerikanischen Juden, die sozialpolitisch bei wertebezogenen Themen eher liberal sind, habe ich gesagt, dass wir uns halt darauf einigen müssen, dass wir uneinig sind, weil keiner von uns bereit sein dürfte, seine Einstellung zu ändern. Aber davon abgesehen sollten unsere Differenzen kein unüberwindliches Hindernis für eine Zusammenarbeit zugunsten der Sicherheit Israels darstellen.«

Einige Monate zuvor war Bauer von einem Rabbi eingeladen worden, in einer Synagoge in Great Neck auf Long Island zu sprechen, einem reichen, vorwiegend jüdischen Vorort von New York City. Bauer gesteht, dass es wegen seiner Einladung zu einer hitzigen Diskussion kam, als er an jenem Abend aufs Podium trat. »Ein Rabbi im Publikum stand auf und schrie, ich sei gegen Schwulenehe und Abtreibung«, erzählt Bauer. »Aber die Masse der Leute kam mir zu Hilfe. Sie fragten sich gegenseitig, ob diese Themen wichtiger seien, als das Überleben Israels sicherzustellen. Damit war die Diskussion beendet. Es ist ganz einfach. Ein Engagement für Israel bedeutet letztlich ein gemeinsames Band gegen den Islam.«

Gemeinsam mit der Mehrheit seiner evangelikalen Mitchristen sieht Gary Bauer in Israel die einzige demokratische Nation im Nahen und Mittleren Osten. »Israel ist umzingelt von Diktatoren, Halsabschneidern und selbst ernannten Königen«, sagt er, »und im Fall von Saudi-Arabien von einer Nation, die von 16 000 Cousins regiert wird. Also ich weiß nicht, warum sich manche Amerikaner so schwer damit tun zu erkennen, wo unsere nationalen Interessen liegen.« So wie Bauer gibt es viele, die aktiven Einfluss auf das Weiße Haus ausüben und die enge Beziehungen zu einigen der mächtigsten Persönlichkeiten in Washington unterhalten.

Auf dem Capitol Hill gibt es Parlamentarier von Repräsentantenhaus und Senat, die alle erdenklichen Anstrengungen unternehmen, um den Kampf gegen den weltweiten Terrorismus vom israelisch-palästinensischen Konflikt zu trennen. Generell weigert sich »the Hill«, palästinensischen Terrorismus gegen Israelis mit den internationalen Terroranschlägen gleichzusetzen, die von radikalen Islamisten gegen die USA oder andere demokratische westliche Ziele verübt werden.

Annette Lantos, Ehefrau des Abgeordneten Tom Lantos und wiedergeborene Christin, vertritt die Gegenposition und teilt die Überzeugung ihres Mannes, dass der amerikanische Kampf in Afghanistan oder im Irak und auch die Terroranschläge in Madrid mit dem von palästinensischen Gruppen geförderten Terrorismus gegen Israel zu tun haben. Sie meint, palästinensische Aktionen sollten dementsprechend eingestuft werden, auch von denen, die nicht an irgendwelche biblische Verheißungen für das jüdische Volk oder Israel glauben. Annette Lantos ist zuversichtlich, dass sich Präsident Bush und Premierminister Ariel Scharon wegen der Nahost-»Road Map« keine Sorgen zu machen brauchen, weil die

Palästinenser selbst ihren Teil der Abmachung nicht einhalten werden. »Das ist Gottes Wille«, behauptet Annette Lantos, »und es ist keine Überraschung, dass Jesus das jüdische Volk und den Staat Israel beschützt. Er ist es, der dafür Sorge trägt, dass die Palästinenser sich weigern werden, dem Terrorismus abzuschwören, damit die ›Road Map‹ funktionieren kann, auch wenn sie nicht verstehen können, dass sich ihre terroristischen Akte gegen die Juden letzten Endes gegen sie selbst richten.« Sie zuckt mit den Achseln. »Steht doch alles in der Bibel.«[3]

Tom DeLay, republikanischer Abgeordneter aus Texas und bekennender wiedergeborener Christ, hat sich für seine rückhaltlose Unterstützung Israels eine eigene Seilschaft im Repräsentantenhaus aufgebaut, indem er sich nach und nach Parlamentarier einzeln vornahm. Er mobilisiert ihre Unterstützung entweder durch Infragestellung ihrer Wiederwahl oder durch die Versorgung mit mitternächtlichem Imbiss in Form von Pizza und Spareribs, wenn es im Kongress zu langwierigen Abstimmungen kommt. DeLay gelangte zu nationaler Berühmtheit als einer der Architekten des unseligen »Kontrakt mit Amerika«, der einige Wochen lang die Arbeit der Regierung der Vereinigten Staaten lahm legte. DeLay ist einer der verlässlichsten Fürsprecher Israels auf dem Capitol Hill, ungeachtet der Tatsache, dass sein Wahlkreis in Texas liegt, wo Juden weniger als ein Prozent der Bevölkerung ausmachen. DeLay ist sich mit den rechten israelischen Meinungsführern in der Forderung einig, das Westjordanland, Gaza und die Golan-Höhen nicht aufzugeben, und reist häufig nach Jerusalem. Er hat sich öffentlich für eine zwangsweise Verteilung der Palästinenser auf die arabischen Staaten ausgesprochen. Jetzt sind die christliche Rechte und die Gemeinde der Orthodoxen in Israel enttäuscht und geschockt, weil Ariel Scharons neuer Plan einen Rückzug aus Gaza vorsieht. Sie verschicken E-Mails in die ganze Welt und fordern die Empfänger auf, ihre Meinung zu äußern, da sich Scharon nun als »Verräter« an ihrer Sache erweise.

Am 13. April 2004 stand Präsident George W. Bush im Rosengarten des Weißen Hauses mit Premierminister Ariel Scharon an seiner Seite. Für die internationalen Medienvertreter hatte er mehrere Informationen, die von einer Kursänderung der US-Politik zeugten. Präsident Bush billigte Scharons Plan eines Rückzugs aus dem Gazastreifen und stellte außerdem fest, dass ein einseitiger Rückzug in keiner Weise seine »Road Map« für den Frieden beeinträchtige, dass es aber gewisse Realitäten anzuerkennen gelte, bevor ein wie auch immer geartetes israelisch-palästinensisches Friedensabkommen unterschriftsreif sei. Jedes »Recht auf Rückkehr« von Palästinensern nach Palästina müsse innerhalb der Grenzen eines zukünftigen palästinensischen Staates umgesetzt werden, nicht innerhalb von Israel. Seine Feststellung entbehrte eines gewissen Realismus, aber sie war mutig, weil diejenigen, die sich um das Zustandekommen eines Friedensabkommens bemühten, gleich erfuhren, dass ein Recht auf Rückkehr in das Land, das heute den Staat Israel bildet, niemals zur Verhandlung stehen würde. Eine Formulierung, die Präsident Bush benutzte, stellte eine verschlüsselte Beruhigung seiner evangelikalen Sympathisanten dar: Unter Bezugnahme auf israelische Siedlungen sprach er von »israelischen Besiedlungszentren«. Mit diesen beiden Wörtern bekräftigte er die Auffassung der christlichen und der religiösen jüdischen Rechten, wonach »Judäa« und »Samaria« ein Teil des biblischen Landes Israel seien. Schließlich, so argumentieren die Evangelikalen, seien die Wörter »Siedlung« und »besetzte Gebiete« nirgendwo in der Bibel zu finden. Trotz Scharons von den USA abgesegneten Plans bleibt eine Abschiebung von Palästinensern aus dem Westjordanland und Gaza ein Streitpunkt, der bei jeder amerikanisch-israelischen Konferenz von neuem auftaucht.

Als ich Gary Bauer in seinem Büro in Washington aufsuchte, wartete er gerade auf eine telefonische Konferenzschaltung mit Esther Levens und Senator Brownback, um einen gemeinsam verfassten Brief über die zwangsweise Umsiedlung von Palästinensern aus den besetzten Gebieten zu diskutieren, den sie an Präsident George W. Bush schicken wollten. Esther Levens hatte mir schon zuvor in Kansas City von den Plänen zu einem solchen Brief erzählt. Ich fragte Levens, wie sie als Jüdin und angesichts der Geschichte des jüdischen Volkes die zwangsweise Umsiedlung von Palästinensern gutheißen könne? Sie überlegte eine Weile, bevor sie antwortete. »Ich glaube, Sie haben Recht. Wir müssen das so formulieren, dass es bei den Leuten keinen Anstoß erregt.«[4]

Ich stellte Bauer die gleiche Frage. »Das ist eine Frage der Formulierung«, sagte er mir. »Das Thema ist offensichtlich heikel, und wir müssen es auf eine Art präsentieren, die die Leute nicht aufstachelt.«[5]

Die andere Frage, die ich unzähligen evangelikalen Führern in den USA stellte, als sie das Weiße Haus mit E-Mails gegen die »Road Map« bombardierten, lautete: »Ist das jetzt der Moment der Wahrheit, wo Sie erkennen, ob Präsident Bush tatsächlich ein wiedergeborener Christ ist, der an die Unfehlbarkeit der Bibel glaubt, oder ob er nur ein Politiker ist, der Sie und Ihre Religion zum Stimmenfang benutzt hat?« Die Antworten fielen unterschiedlich aus, je nachdem, wie bereit- oder unwillig sich die Befragten zu dem Thema äußern wollten. Fast alle jedoch behaupteten, sie seien davon überzeugt, dass Bush ein engagierter Christ sei, der die Heilige Schrift allerdings nicht richtig verstehe oder sich nicht intensiv genug mit den Texten befasse und deshalb auch nicht den Stellenwert erkenne, den das jüdische Volk und Israel in Gottes Heilsplan für die Menschheit hätten.

In Anbetracht des Einflusses der evangelikalen Christen auf die gegenwärtige US-Regierung unterhält die israelische Botschaft in Washington ein »Büro für interreligiöse Angelegenheiten«, das monatliche Informationsveranstaltungen für Evangelikale abhält, religiöse Reisegesellschaften begrüßt und Frühstücksandachten organisiert.

Eines Morgens kamen Gemeindevorsteher von überall aus den Vereinigten Staaten in die Botschaft und lauschten einer Rede von Ed McAteer. Bei ihrer Ankunft hatten sie alle je zwei Anstecknadeln erhalten, eine US- und eine israelische Flagge, die sie sich auch sofort ans Revers hefteten. Jeder bekam ein kurzes Video, das eine Gruppe israelischer Soldaten zeigte, wie sie während der Belagerung der Geburtskirche in Bethlehem im Jahr zuvor freundlich mit Mönchen plauderten. Zur Eröffnung der Konferenz sang die Gruppe sowohl die amerikanische als auch die israelische Nationalhymne, worauf ein von dem populären amerikanischen Sänger und frommen Evangelikalen Pat Boone komponiertes Lied folgte: »Israel, O Blessed Israel«. Mosche Fox, damals in der israelischen Botschaft für öffentliche Angelegenheiten zuständig, sprach als Erster. »Es ist kein Zufall, dass unsere Gebete für Christen und für Juden sich gegenseitig ergänzen«, sagte er, bevor er ausgedehnt aus dem Alten Testament die Stellen zitierte, wo Gott den Juden ein Land verheißt, in dem Milch und Honig fließen. »Ich möchte Sie bitten, dieses Gebet weiterzutragen und mitzuhelfen, die göttliche Verheißung Wirklichkeit werden zu lassen«[6], schloss Fox.

Unter den Gästen an jenem Tag war Janet Parshall, eine bekannte evangelikale Radiomoderatorin, die ihr Programm an mehrere Sender verkauft und täglich 3,5 Millionen christliche Zuhörer im ganzen Land erreicht. »Ich habe das Buch bis zu Ende gelesen«, sagte Parshall mit Bezug auf die biblischen Prophezeiungen zu Armageddon. »Ich weiß, was geschieht.«[7]

Am Tag nach jenem Gebetsfrühstück in der israelischen Botschaft flog Ed McAteer nach Memphis zurück, wo er als Ausrichter einer proisraelischen Kundgebung der »Memphis Jewish Federation« auftrat, einer örtlichen karitativen Organisation, die Sozialdienste für die dortige jüdische Gemeinde leistet. Jüdische Gemeindevorsteher in Tennessee haben sich, anders als ihre Kollegen in New York und Boston, schon immer Unterstützung seitens der christlichen Koalition der Stadt geholt. Bevor die Veranstaltung in dem riesigen Auditorium begann, hielten die Menschen Schilder hoch, auf denen stand: »Gott segne Israel, Gott segne Scharon, der Feind heißt Arafat.« Während der Ansprachen lief auf einem Großbildschirm hinter dem Podium ein Video mit grässlichen Szenen der Wirkung von Selbstmordattentaten. Ehud Olmert, damals stellvertretender israelischer Premierminister, wurde über Satellit zugeschaltet, um der Menge zu versichern, dass Jerusalem niemals geteilt werde.

Einer der Anwesenden war Thomas Lindberg, Pastor der »Memphis First Assembly of God Church«, der dem Publikum von einer Reise nach Israel erzählte, die er für amerikanische evangelikale Christen organisiert hatte. »Wir spürten diesen besonderen Charakter, den Gott diesem Land verliehen und Seinem Volk gegeben hat, den Juden dieser Welt«, sagte Lindberg. »Und lassen Sie mich heute sagen, dass wir – und wenn ich sage wir, dann stehe ich hier für die ›Assemblies of God‹ in Amerika, für dreieinhalb Millionen von uns und 42 Millionen ›Assemblies of God‹-Gläubige rund um den Globus –, dass wir alle Israel lieben.«[8]

Auch Greta Simber besuchte die Kundgebung, eine wiedergeborene Christin, die stolz darauf ist, Geld für Israel zu spenden, jedem »das Wort des Herrn zu verkünden«, der ihr über den Weg läuft, und um Unterstützung für den Judenstaat zu werben. In einem Interview beschrieb sie ihre Empfindungen: »Was mich anbetrifft, so ist das alles Gottes Werk. Die Bibel gibt uns den Auftrag, Israel zu lieben, die Juden zu lieben und auf die Wiederkunft ihres Erlösers zu warten. Nicht dass wir glauben, wir hätten alle die Antworten, die Gott hat. Sogar George Bush hat die Antworten nicht, auch nicht Ariel Scharon oder Jasir Arafat. Die einzige Person, die die Antworten kennt, ist Jesus.« Greta Simber glaubt auch an Zeichen und »göttliche Intervention«, beispielsweise während gewisser entscheidender Momente in den Abendnachrichten. »Wenn ich sehe, dass der Präsident von Saudi-Arabien mit einer Idee für einen Friedensplan nach Washington kommt und urplötzlich schnellstens wieder nach Hause muss, weil sein Bruder einen Schlaganfall erlitten hat, dann frage ich mich, ob da nicht die Hand Gottes eingegriffen hat, um das Volk der Juden zu beschützen.«[9]

Nach der Kundgebung sprach Ed McAteer darüber, dass sich er und all die evangelikalen Christen, die seine Einstellung zu Israel teilen, nicht als Werkzeuge des Friedens sehen, sondern eher als standhafte Verfechter einer Einstaatenlösung, die jede Chance zur Schaffung eines Palästinenserstaates ausschließt. McAteer ist der Meinung, dass nichts von dem zurzeit durch Israel besetzten Land jemals an die Palästinenser zurückgegeben werden sollte. »Es gibt keinen Zweifel, dass deren Führung 1948 schlechte Entscheidungen getroffen hat«, erklärte er, »und als Resultat dessen hat das palästinensische Volk einen hohen Preis dafür bezahlt, aber das ändert nichts an der Tatsache, dass ihnen das Land zunächst einmal nie gehörte und sie absolut kein Recht und keinen Anspruch darauf haben.«[10]

Gary Bauer teilt nicht nur McAteers Ansicht, sondern geht sogar noch weiter, wenn er feststellt, das Endzeit-Szenario der Wiedergeborenen verunglimpfe das jüdische Volk nicht, noch bedrohe es seine Existenz. Stattdessen glaubt er, dass sich auf Grund seiner Bemühungen und der von Millionen anderer evangelikaler Christen überall in den USA die Juden und Israel einer stabileren finanziellen und politischen Sicherheit erfreuen als je zuvor in ihrer turbulenten Geschichte. »Ich werde wieder und wieder gefragt, warum wir evangelikalen Christen an der Seite Israels stehen«, sagte mir Bauer, und seine kleine Statur passte so gar nicht zu seiner energischen und im Präsidentschaftswahlkampf von 2000 perfektionierten Rhetorik. »Tja, meine Güte, warum sollten wir denn nicht an der Seite Israels stehen? Warum sollten wir denn nicht an der Seite der Nation stehen, von der Gott sagt: ›Wer das jüdische Volk segnet, den werde ich segnen, und wer es verflucht, der wird verflucht werden‹? Das genügt mir. Mehr brauche ich nicht.«[11]

Einer von Ed McAteers guten Freunden und Kollegen ist James Woolsey, ehemaliger CIA-Direktor und gegenwärtig Berater des »Jewish Institute for National Security Affairs«. »Die Evangelikalen sind wichtig«, sagt Woolsey, »aber weniger in politischer Hinsicht, sondern mehr als Widerspiegelung der breiten Unterstützung, die Israel in diesem Land hat. Allerdings gibt es keinen Zweifel, dass als [George W.] Bush zum Präsidenten gewählt wurde, die evangelikale Gemeinde einen beispiellosen Einfluss auf einige seiner Topleute in der Regierung hatte. Und obwohl feststeht, dass keiner ein Monopol auf das Ohr dieses Präsidenten hat, gibt es auch keinen Zweifel daran, dass er für proisraelische Argumentationen empfänglicher ist, als es sein Vater oder irgendeiner seiner Vorgänger war, Ronald Reagan ausgenommen. Und es gibt auch keinen Zweifel daran, dass heutzutage jeder Mann oder jede Frau, die sich Hoffnungen machen, in ein Amt der Bundesregierung gewählt zu werden, wissen, dass sie die Stimme der Evangelikalen brauchen, was bedeutet, dass sie gut daran tun, darauf zu achten, dass ihre Position gegenüber Israel und dem Nahen Osten im Einklang mit der der christlichen Rechten steht.«[12]

Von allen amerikanischen Juden, die mit der evangelikalen Gemeinde zusammenarbeiten, ist keiner so erfolgreich bei der Verbreitung der Botschaft der christlichen Rechten und der der orthodoxen Juden in Israel wie Yechiel Eckstein.

Als orthodoxer Rabbi und Gründer der »International Fellowship of Christians und Jews« (IFCJ) mit Sitz in Jerusalem und Chicago ist Eckstein wegen seiner Bereitwilligkeit, mit der er das Endzeit-Szenario seiner christlichen Freunde akzeptiert, eine umstrittene Figur in der jüdischen Gemeinde. In einem Interview in seinem Büro in Jerusalem[13] begründete Rabbi Eckstein seine Weigerung, die Evangelikalen wegen ihrer Überzeugungen hinsichtlich des Schicksals des jüdischen Volkes zu verurteilen.

»Für einen evangelikalen Christen ist der Evangelismus das Herzstück seines Glaubens. Mit anderen Worten, sobald sie beschließen, mit uns zusammenzuarbeiten, denken sie doch nicht im Traum daran, von uns zu verlangen, dass wir ein Herzstück unseres Glaubens, nämlich den Schabbes, aufgeben. Für sie ist das Evangelisieren das Herzstück ihres Glaubens, also haben wir kein Recht, von ihnen zu verlangen, das Herzstück ihres Glaubens aufzugeben. Stattdessen versuche ich Wege zu finden, dass sie ihre Ziele verwirklichen können, wie sie sie aus der Bibel lesen, ohne dass das unsere [jüdischen] Empfindlichkeiten beschädigt. Was meine christlichen Freunde glauben, ist, dass sie, indem sie Israel beglücken, nicht nur nette Menschen sind, sondern auch ihre große Verpflichtung erfüllen, Zeugnis abzulegen für das jüdische Volk, und da sprechen wir jetzt von über 80 Millionen Erwachsenen, die Evangelikale sind, und das ist eine sehr einflussreiche Anzahl von Menschen, die Freunde und Verbündete Israels sind.«

Einige seiner Gesinnungsgenossen und Kollegen glauben, dass die Infomercials, die Rabbi Eckstein mit evangelikalen Lichtgestalten wie Ralph Reed, Franklin Graham und Jerry Falwell veranstaltet, der jüdischen Identität abträglich seien. Die Botschaft, die Eckstein zugegebenermaßen aussendet, wenn er sonntagmorgens in Pat Robertsons »Christian Broadcast Network« auftritt, lautet denn auch: Wenn ein orthodoxer Rabbi kein Problem mit der Rolle hat, die das jüdische Volk bei der Wiederkunft des Messias spielt, dann sollten alle Juden das Schicksal so akzeptieren, wie es in der Bibel geschrieben steht. Im selben Interview bestätigte Rabbi Eckstein, dass seine Organisation »nichts gegen Endzeit-Interpretationen als fernsehgerecht aufbereitete Spendenaufrufe für die evangelikale Gemeinde hat«, obwohl sie voller Verweise auf Prophezeiungen des Neuen Testaments sind, die den Tod all derer vorhersagen, die Jesus nicht akzeptieren.

Rabbi Eckstein arbeitet eng mit Ralph Reed bei der Verwaltung des Budgets der IFCJ zusammen, das etwa 100 Millionen Dollar pro Jahr umfasst – schätzungsweise ein Zehntel der Gesamtsumme, die jedes Jahr von evangelikalen Christengruppen aus der ganzen Welt, hauptsächlich aber aus den USA, nach Israel fließt. Dieses Geld kommt von einem Grundstock von über 300 000 Spendern, von denen aber nur 1000 Juden sind. Mit anderen Worten, die christlich-evangelikale Gemeinde der USA trägt keineswegs nur einen winzigen Bruchteil zum Spendenaufkommen der IFCJ bei. Ralph Reed erklärt, dass die Spenden aus der christlichen Gemeinde richtig zu fließen begannen, als Eckstein zur Hilfe für die Befreiung von Juden aus der damaligen Sowjetunion aufrief. »Damit hat Yechiel Eckstein einen Nerv getroffen«, sagt er. »In den 1980er Jahren war die Sowjetunion für die Evangelikalen der Antichrist, was bedeutete, wir konnten zwei Fliegen mit einer Klappe schlagen, wenn Sie so wollen. Rabbi Eckstein ist der Erste und Einzige, der erkannte, wie man abstrakte christliche Liebe für Israel in harte Dollars umwandelt. Er begriff, dass es da draußen zwar 80 Millionen Christen geben mochte, die nicht willens oder nicht in der Lage waren, tausend Dollar für ein Ticket auszugeben, um selbst nach Israel zu kommen, dass sie aber in der Lage und willens waren, je einen Dollar zu spenden, um Israel zu unterstützen.«[14]

Rabbi Eckstein gibt unumwunden zu, dass seine Organisation in den USA vor allem bei den Christen Spenden sammelt und sie in Israel verteilt. Er bekennt auch, dass trotz seiner engen Zusammenarbeit mit dem israelischen Premierminister Scharon der »Schlüssel seines Erfolgs« darin liegt, dass er politisch nicht Stellung bezieht, wenn es um die »Siedlungspolitik« der israelischen Regierung geht, und auch nicht hinsichtlich amerikanischer evangelikaler Einstellungen zu Abtreibung, Schulgebet oder sonstigen sensiblen Themen. »Auch als wir unser Büro in Washington hatten«, sagt Eckstein, »konzentrierten wir uns auf Bereiche, in denen wir Gemeinsamkeiten hatten. So haben wir zum Beispiel im vergangenen Jahr hier und in der ehemaligen Sowjetunion 20 Millionen Dollar ausgegeben, um unter der Schirmherrschaft einer unserer Organisationen namens ›Wings of Eagles‹ Russen nach Israel zu bringen.«[15]

Die Auswanderung des sowjetischen Judentums in den frühen 1990er Jahren wurde als die Erfüllung dispensationalistischer Hoffnungen angesehen, vergleichbar mit den Geschehnissen von 1948 und 1967. »Für einen anderen Aspekt unserer Wohltätigkeit ist eine Organisation namens ›Jesaja 58‹ zuständig«, fährt Eckstein fort, »die alten Juden in Russland hilft, die nicht nach Israel umziehen können, aber finanzielle Unterstützung, Medikamente und Kleidung benötigen. Hier in Israel haben wir die ›Guardians of Israel‹, die Projekte [gegen] häusliche Gewalt, Zentren für Vergewaltigungsopfer und ganz allgemein alle Armen im Land unterstützen. Im vergangenen Jahr waren wir bei 116 verschiedenen Projekten engagiert, von der Hilfe für misshandelte Frauen bis zur

Schulung von 3000 äthiopischen Einwanderern, damit sie hier arbeiten können. Was wir tun, ist, den Christen greifbare und sinnvolle Wege aufzuzeigen, wie sie sich segensreich für Israel und das jüdische Volk betätigen können.«

Wenn es bei irgendeinem von Rabbi Ecksteins Projekten und in seiner Entschlossenheit, unpolitisch zu bleiben, etwas Doppelbödiges gibt, dann betrifft das seine Organisation »Stand for Israel«, die gegründet wurde, um in den USA politische Unterstützung für Israel zu mobilisieren. Die »Stand for Israel«-Solidaritätskampagne wurde von Rabbi Eckstein und Ralph Reed konzipiert, einem evangelikalen Christen und ehemaligen Führer der christlichen Koalition, der heute als Berater für Präsident George W. Bush tätig ist. Bei der Jahreshauptversammlung 2003 hielt der damalige Justizminister John Ashcroft die programmatische Rede, und er schloss seine Ausführungen mit der Bemerkung: »Ihre Fähigkeit, das einfache Volk für den Krieg gegen den Terrorismus zu solidarisieren, hier, in Israel und anderswo, hilft der Sache der Freiheit.«[16]

An jenem Tag ebenfalls anwesend waren Jerry Falwell und Robert Land, evangelikaler Christ und Vorsitzender der »Ethics and Religious Liberty Commission«, die als Geschäftsstelle der »Southern Baptist Convention« für »angewandtes Christentum« dient und sich mit moralischen und sozialen Themen befasst. Außerdem war noch der Leiter der »Southern Baptist Convention« präsent, der größten Gruppe charismatischer Christen in den USA. Alle diese Männer arbeiten zusammen und mit anderen Gleichgesinnten gegen jede Art eines israelisch-palästinensischen Friedensabkommens. »Wir unterstützen Israel schon seit Jahren«, erklärt Land, »weil wir glauben, dass Gott den Juden das Land Israel auf ewig gegeben hat. Sie sind Gottes auserwähltes Volk.«[17]

»Und genau da haben wir ein kleines Problem«, ergänzt Eckstein, »weil Ralph Reed als Präsidentenberater in der Regierung

Bush tätig und zugleich Vorsitzender der Republikanischen Partei in Georgia ist. Es liegt auf der Hand, dass er nicht gegen die ›Road Map‹ arbeiten kann, und weil er mit dem Premierminister hier in Israel zusammenarbeitet, so wie ich, kann ich das auch nicht, selbst wenn ich wollte. So sind wir zwar irgendwie keine ideologischen Eiferer, aber wir sind auch nicht völlig unabhängig.«[18]

18. Die Verschiebung des Schwerpunkts

Als evangelikale Christen betrachten wir uns als die besten Freunde des jüdischen Volkes. Da wir an die Heilige Schrift glauben und die Juden für das auserwählte Volk Gottes halten, bekämpfen wir den Antisemitismus, wo immer wir ihm begegnen. Dennoch machen Christen oftmals gedankenlos Bemerkungen, die Juden in einem schlechten Licht erscheinen lassen. Denken Sie also daran, dass das, was Sie sagen, für Ihre jüdischen Freunde der einzige Eindruck sein könnte, den sie von der Meinung der Christen über die Juden gewinnen. Sind Ihre Worte über Sein Volk von der Art, wie Jesus es sich gewünscht hätte?

(Chosen People Magazine, März 1985)

Avi Granot, israelischer Präsidentenberater, hat in den vergangenen zwanzig Jahren Rabbi Eckstein bei diversen Spendenaktionen in den USA begleitet. Granot, dem auch die Auszeichnung einer Ernennung zum Abteilungsleiter für Christliche Angelegenheit in der israelischen Botschaft in Washington zuteil wurde, bemerkt: »In den 1980er Jahren beteten die Evangelikalen für Israel. In den Neunzigern beteten sie weiterhin für Israel, aber sie begannen auch Geld für die Neuankömmlinge aus Russland zu spenden. Jetzt in den 2000ern haben wir Gebete, Geld, Alijah aus Russland und der ganzen Welt, und unsere christlichen Freunde unterstützen auch noch unsere Wirtschaft, die unter dem Terrorismus leidet, und sie helfen den Opfern dieses Terrorismus, wieder mit dem Leben zurechtzukommen. Unsere christlichen Freunde reagierten, weil sie endlich etwas Konkretes tun konnten, denn schließlich steht ja alles schon in der Bibel.«[1]

Über ihre Organisation füllen Rabbi Eckstein und Ralph Reed die Wahlkampfschatullen rechter israelischer Politiker und werden regelmäßig zu Informationsveranstaltungen ins Weiße Haus eingeladen. Als er nach dem politischen Engagement der IFCJ gefragt wurde, legte Reed seine Position folgendermaßen dar: »Da die christliche Koalition ja an eine christliche Nation und eine christliche Welt glaubt«, sagte er, »waren wir vielleicht unsensibel, was die Gräuel angeht, die das jüdische Volk erlebte. Mit dem Geld, das wir jedes Jahr für Israel sammeln, unterstützen wir auch politische Kandidaten, die gewährleisten, dass das Land Israel niemals einem Friedensabkommen mit den Palästinensern geopfert wird. Wir werden alles in unserer Macht Stehende tun, um sicherzustellen, dass Juden nie wieder zur Zielscheibe von Hass und Diskriminierung werden.«[2]

Im Juli 2003 wurden Eckstein, Jerry Falwell, Pat Robertson und Benny Hinn, einer der erfolgreichsten und charismatischsten »Televangelisten« aus Kalifornien, zu einem Gespräch mit Colin Powell und Condoleezza Rice ins Weiße Haus eingeladen. In Washington weiß jeder, dass von allen Beratern Präsident Bushs Powell und Rice die größten Befürworter der »Road Map« für Frieden im Nahen Osten sind. Das Treffen war auf Vorschlag von Ralph Reed und Karl Rove zustande gekommen, die es für sehr wichtig hielten, dass die Eingeladenen ihre Argumente Powell und Rice unterbreiten konnten, um deren Einstellung hinsichtlich eines Entgegenkommens gegenüber den Palästinensern zu ändern. Auf die Frage, wie das Gespräch verlaufen sei, wiederholte Hinn, ein Christ der Pfingstkirche, das, was er zu Beginn und am Ende jeder seiner Fernsehpredigten mit über 25 Millionen Zuschauern wöchentlich zu sagen pflegt: »Diejenigen, die – politisch gesprochen – Israel lieben, sind diejenigen, die Einfluss auf diese Regierung haben. Und die Juden, die Jesus lieben, sind diejenigen, die Einfluss auf ihr eigenes Schicksal haben.«[3] Rabbi Eckstein wurde präziser. Er glaubt, dass das Potenzial, die mächtigste Lobby in der US-Geschichte zu werden, vorhanden ist. Die Juden müssten nur ihre Differenzen mit den Christen hintanstellen, und die Christen müssten sich entschließen, Israel den Vorrang vor ihren innenpolitischen Anliegen zu geben. »Es ist ein Kompromiss«, erklärt er. »Die Christen haben erhebliche Summen in Israel investiert, was bedeutet, dass die Bedrohung durch den islamischen Terror für unser gemeinsames Überleben wichtiger ist als ihre innenpolitische Agenda.«[4]

Zur Erreichung ihrer Ziele hat Ralph Reeds Beratungsfirma »Century Strategies« einen Plan zur Mobilisierung der christlichen Basis entworfen. Mehr als eine Million Christen wurden über die Kirchengemeinden dazu aufgerufen, Protest-E-Mails gegen George W. Bushs »Road Map« ans Weiße Haus zu schicken. Das Beratungsunternehmen schaltet Zeitungsanzeigen und Werbespots bei konservativen Radio-Talkshows, in denen Juden und Christen dazu aufgerufen werden, über ihre historischen Differenzen hinwegzusehen und sich in dieser für Israel kritischen Zeit zusammenzuschließen. »Die Christen haben das Potenzial als wirkungsvollste Wählerschaft zur Beeinflussung der Außenpolitik seit dem Ende des Kalten Krieges«, sagte Reed in einem Interview. »Sie sind dabei, in der proisraelischen Gemeinde den Schwerpunkt zu verschieben und zu einer stärker konservativen und republikanischen Erscheinung zu werden.«[5]

Am besten hat es vielleicht Gary Bauer ausgedrückt, als er sagte: »Obwohl Bush der Präsident aller Rassen und Religionen in Amerika ist und alle notwendigen politischen Maßnahmen ergreift, so möchte er doch gern alle Wähler zufrieden stellen. Letztendlich spielt es aber keine Rolle, weil alles schon von Gott vorherbestimmt ist.«[6]

Trotz aller Verweise auf die Bibel, trotz des festen Glaubens an die gerechte Sache Israels, den die Evangelikalen im Herzen hegen, und trotz aller patriotischen Sorge wegen des islamistischen Terrors, der die Sicherheit von Amerikanern weltweit bedroht, lassen sich die Evangelikalen anscheinend auch von weniger hehren Überlegungen leiten, wenn es um ihre Position gegenüber der arabischen Welt geht. In einem Interview mit einem evangelikalen Christen, der ein enger Berater Präsident Bushs ist, bestand mein Gesprächspartner darauf, mir eine mittelalterliche persische Legende von der Gründung des Haschisch konsumierenden Geheimbundes der Assassinen (»Al Haschschaschun«) in der Festung Alamut zu erzählen. Seiner Meinung nach bedurfte die Pointe der Geschichte keiner weiteren Erläuterung. Er wollte mir aber klar machen, welche Bedeutung die Geschichte für ihn selbst hatte: Sie beweise, dass der Instinkt, zu töten und dabei selbst zu sterben, »vom Anbeginn aller Zeiten in die DNA der Araber einprogrammiert ist«.[7]

Vom gleichen Kaliber sind noch andere schmerzhafte Unterschiede in den jeweiligen Einstellungen. Die amerikanische jüdische Gemeinde zeigt sich tolerant hinsichtlich der angeblichen Rolle der Juden im Endzeit-Szenario und dankbar für die bedingungslose Unterstützung Israels durch die christliche Rechte. Die Evangelikalen haben aber die Juden insgeheim immer eher als zu

Bekehrende denn als Freunde betrachtet. Juden sind Nebendarsteller auf einer christlichen Bühne, wo von ihnen verlangt wird, Jesus anzunehmen, um dadurch die evangelikale Prophezeiung zu erfüllen, wonach Er als Messias und Erlöser der ganzen Menschheit wiederkehrt. Auch nach dem Zweiten Vatikanischen Konzil der Katholischen Kirche von 1963 und dem Edikt von Papst Johannes XXIII., dass die Juden nicht länger als schuldig am Tod von Jesus Christus gelten sollten, kommen in der Christenwelt noch immer von Zeit zu Zeit antisemitische Relikte an die Oberfläche.

Reverend Jerry Falwell, der sich selbst für den »weltweit unverblümtesten [christlichen] Sympathisanten Israels und des jüdischen Volkes« hält, erklärte einst seinem Biographen Merrill Simon, Verfasser von *Jerry Falwell and the Jews,* die Juden seien »geistig blind und bedürfen dringend ihres Messias und Erlösers«[8].

Ein weiterer Vorfall, der sich für die jüdisch-evangelikalen Beziehungen als wenig hilfreich erwies, war die Enthüllung, dass sich Reverend Billy Graham 1972 zusammen mit dem ehemaligen Präsidenten Richard M. Nixon private antisemitische Bemerkungen gestattet hatte. Wochen nachdem im Jahr 2003 die letzte Serie der Tonbandmitschnitte aus Nixons Oval Office veröffentlicht worden war, brach ein Sturm der Entrüstung los, und Billy Graham übernahm die volle Verantwortung für seine antisemitischen Äußerungen. Das hinderte seinen Sohn und Nachfolger Franklin Graham nicht, des Vaters »mea culpa« bald darauf zu widerrufen und zu versichern, die Tonbandzitate seien aus dem Zusammenhang gerissen und hätten sich in Wahrheit auf »liberale Gesinnungen« und nicht auf die »Juden« bezogen.

Das jüngste Beispiel für Reibungen zwischen den Fundamentalisten und den jüdischen Gemeinden ist Mel Gibsons Film *Die Passion Christi.* Der Film zeigt eine fehlerhafte Version der Kreuzigung Jesu und eine ungeheuerliche Darstellung des jüdischen

Volkes als für Jesu Tod verantwortlich, wodurch alte Ressentiments und Vorurteile wieder aufgefrischt wurden, die zumindest oberflächlich in der Versenkung verschwunden waren. Angesichts des enormen Reklamerummels und des sensationsheischenden Inhalts war zu erwarten, dass der Streifen alte Wunden des Antisemitismus wieder aufreißen würde, die während der vergangenen vierzig Jahre einigermaßen verheilt waren. Die Diskussion um *Die Passion Christi* ist von Mehrdeutigkeiten, Schlagworten und versteckten Andeutungen geprägt, die die allgemeine Hysterie nur schüren.

Auf dem Höhepunkt der Polemik um den Film wurden im »Bibelgürtel« der USA, dem Südwesten, Südosten und der Mitte des Landes, Leuchtschriften an den Vordächern von Motels, Geschäften und Kirchen angebracht, die verkündeten: »Juden haben den Herrn Jesus umgebracht.« Die »Lovingway United Pentecostal Church« in Denver, Colorado, hatte gerade einen solchen Schriftzug aufgehängt. Als einige Mitglieder der Kongregation zu dieser hasserfüllten Botschaft befragt wurden, erklärte einer: »Wir haben lange darüber diskutiert. Nach meiner Meinung trifft es zu, dass Mel Gibsons Historienfilm nötig war, um uns klar zu machen, dass die Juden endlich zu der Tatsache stehen sollten, dass sie Christus umgebracht haben.« Eine Frau, ebenfalls Mitglied dieser Kirche, ergänzte: »Das geht nicht gegen das jüdische Volk. Das ist für sie eine Chance, zu bereuen und Jesus in ihre Herzen zu lassen, damit Er endgültig wiederkehren kann, um uns zu leiten, wenn das Ende naht.«[9]

Vor kurzem nannte Jerry Falwell den Film einen »unzweideutigen Bericht über die letzten Stunden von Jesus Christus« und behauptete, Gibson habe lediglich »versucht, die Menschen aufzurütteln, damit sie begreifen, welcher Preis für ihre Erlösung bezahlt wurde«[10]. Dr. Ergun Caner, Dozent an Falwells »Evangelical Liberty

University«, ging in die Offensive, um Beschuldigungen wegen antisemitischer Äußerungen zurückzuweisen, und gab zu verstehen, dass der Vorwurf des Antisemitismus eine Verunglimpfung, eine Hetzjagd darstelle: »Man hat die Kirche in die gleiche Ecke gedrängt, aus der die Schwulen kamen.« In seinen weiteren Ausführungen sagte Dr. Caner, es sei inzwischen gesellschaftlich akzeptabel, sich vorsätzlich über konservative Christen zu mokieren und sie zu verleumden, und zwar auf die gleiche Art, wie man es mit den Homosexuellen getan habe, bevor diese sich wehrten. »So sind wir in Wirklichkeit die einzige Gruppe in Amerika, die regelmäßig schlecht gemacht wird von Hollywood, von den großen Medien und von radikalen Politikern, die keinerlei Konsequenzen fürchten müssen.« Laut Caner hege die populäre Kultur einen »aggressiven Abscheu vor jüdisch-christlichen Werten; diese Einstellung hat im Amerika von heute ihre Wurzeln geschlagen. Daher kommt es, dass Nachbildungen der Zehn Gebote landesweit ins Fadenkreuz der amerikanischen Bürgerrechtsvereinigung geraten sind. ... Man denke nur an jene Bibliotheksangestellte in Bowling Green, Kentucky, die erst vor Gericht ziehen musste für ihr Recht, bei der Arbeit ein kleines Kreuz um den Hals tragen zu dürfen. Man frage sich, warum eine Frau in Taylor, Michigan, erst vor Gericht ziehen musste für ihr Recht, in ihrer Wohnsiedlung ein kleines Schild mit der Aufschrift ›24-Stunden-Gebetsstation‹ aufstellen zu dürfen. Man frage sich bloß einmal, warum das Eisenkreuz aus den Trümmern des World Trade Center auf Antrag von Atheisten entfernt werden sollte, die sich ›verletzt‹ fühlten. Man frage sich, warum es Studenten einer High School in Windsor, Virginia, verboten wurde, ein profanes Lied zu singen, nur weil sein Titel ›Das Gebet‹ lautete. Überall in Amerika fühlen sich Christen verfolgt und schikaniert, allein deswegen, weil sie ihren Weg mit dem lebendigen Gott gehen wollen.«[11]

Ted Haggard, ein evangelikaler Christ mit besten politischen Beziehungen und Vorstand der »National Association of Evangelicals«, ist wegen seines Glaubens an die Heilige Schrift ein Sympathisant Israels. Dennoch ist er einer jener wiedergeborenen Christen, die sich öffentlich für Mel Gibsons Film engagierten, und auch er warnte die jüdische Gemeinde: »Israel steht momentan enorm unter Druck«, so Haggard, »und die Evangelikalen sind die einzigen guten Freunde Israels. Kritik an Gibsons Film von Seiten führender jüdischer Politiker ist kurzsichtig, weil sie damit riskieren, wegen eines Films zwei Milliarden Christen vor den Kopf zu stoßen.« Auf meine Frage, ob seine Äußerung als Drohung verstanden werden sollte, reagierte Haggard schnell: »Meine Kommentare sind nicht als Drohung gemeint, sondern eine Mahnung zur Vorsicht, denn jüdische Beschwerden könnten von manch einfachem Christen so verstanden werden, als wären [die Juden] gegen jeden Film über Jesus.«[12]

Abraham Foxman, Direktor der »Jewish Anti-Defamation League«, wird oft der »übertriebenen Hellhörigkeit« beschuldigt, wenn es darum geht, einer Gruppe oder Person antisemitische Ressentiments vorzuwerfen. Vor kurzem hat er in einem Interview in seinem New Yorker Büro die Gründe dargelegt, warum er gegenüber den Evangelikalen so tolerant ist: »Sie haben ihre Überzeugungen und ihren Glauben«, erklärte Foxman, »und es ist nicht meine Aufgabe, ihre Ansichten über Himmel und Hölle zu ändern oder darüber, ob der Messias schon einmal hier war oder ob alle, die nicht an Jesus Christus glauben, am Ende der Zeiten umkommen oder ob ein Film die Geschichte umschreibt. Ich habe dringlichere Probleme, und meine wichtigste Arbeit findet auf Erden und im Hier und Jetzt statt. Die Mehrheit der christlichen Gemeinde ist unser Freund und Verbündeter und unterstützt Israel. Das ist mir wichtig und nicht, ob Juden in den Himmel kommen können oder nicht.«[13]

Normalerweise wäre Erstaunen darüber angebracht, dass die Juden beschlossen haben, nicht nur die innenpolitischen Strategien der Evangelikalen zu ignorieren, sondern auch deren Kredo hinsichtlich des jüdischen Schicksals im Endzeit-Szenario oder der jüdischen Verantwortung für den Tod Christi nicht zur Kenntnis zu nehmen.

Allerdings ist das, was in der Welt von heute geschieht, alles andere als normal. Und doch gibt es trotz dieser Liebesaffäre zwischen Evangelikalen und Juden Stimmen innerhalb der Christengemeinde, die Anstoß daran nehmen, dass sich die Evangelikalen Hoffnungen auf Kosten der Juden machen.

Reverend C. Welton Gaddy, baptistischer Geistlicher und Präsident der »Interfaith Alliance« (»überkonfessionelle Allianz«), einer Organisation, die sich der Förderung religiöser Toleranz und der Trennung von Kirche und Staat verschrieben hat, sagt: »Die buchstabengläubige Auslegung von Prophezeiungen durch die religiöse Rechte verlangt nach einem Katastrophen- und Vernichtungsszenario für den Nahen Osten zur Konfliktlösung und als Voraussetzung für die Wiederkunft Christi. Ein solcher Standpunkt dient nicht der Unterstützung Israels. Ein solcher Standpunkt dient der Bekehrung von Juden, die in Israel leben. Die religiöse Rechte malt sich eine Situation aus, in der Jerusalem nicht die internationale Hauptstadt des Judaismus ist, sondern das Zentrum der Anerkennung der Oberherrschaft Christi.«[14]

Wie Gaddy stimmen auch prominente jüdische Oberhäupter nicht mit der toleranten Haltung gegenüber den Fundamentalisten überein, wie sie von Abraham Foxman oder Ariel Scharon an den Tag gelegt wird. Rabbi David Rosen, britischer Staatsbürger und moderner Orthodoxer, diente im Krieg von 1973 als Militärgeistlicher in der israelischen Armee im Westen des Sinai, bevor er Oberrabbiner zuerst von Südafrika, dann von Irland wurde. Er kehrte

1985 nach Israel zurück, wo er als offizieller Vertreter Israels beim Vatikan fungiert und alle überkonfessionellen Aktivitäten des »American Jewish Committee« in Jerusalem lenkt. Als internationaler Präsident der Organisation, die fünfzehn Religionen in sechzig Ländern vereint, organisiert Rosen in der ganzen Welt Konferenzen über religiösen Frieden und Harmonie, besonders über jüdisch-christliche Zusammenarbeit. Zwar befürwortet Rabbi Rosen enge Beziehungen zwischen evangelikalen Christen und Juden, beäugt aber die fundamentalistische Agenda mit Misstrauen. »Das Verhältnis, das die Evangelikalen zum jüdischen Volk haben, ist paradox«, sagt Rosen. »Einerseits sind die Evangelikalen so sehr in der Bibel verwurzelt, in den Worten, im Land, im Volk, dass sie daraus eine enge persönliche Beziehung zum Volk der Juden und zum Land Israel entwickeln. In dieser Hinsicht ist das für uns sehr positiv, weil wir uns bestärkt fühlen. Andererseits ist der Glaube, dass nur die Gerechten in den Himmel kommen und dort Jesus begegnen, während es hier auf Erden zu einem Armageddon und Massaker an allen Juden kommt, die Jesus nicht anerkennen, nicht gerade ein Szenario, das in jüdischen Ohren wie liebliche Musik klingt.«[15]

David Rosen ist auch pragmatisch, wenn es um die Haltung jüdisch-amerikanischer Organisationen geht, die Bündnisse mit den Evangelikalen eingegangen sind. »Der Punkt ist doch der: Sie können nicht auf zwei Hochzeiten gleichzeitig tanzen«, sagt Rosen. »Sie können eine Koalition mit den Evangelikalen bei bestimmten Themen eingehen, aber doch niemals eine Ehe.« Rosen zufolge besteht das Hauptmotiv für die finanzielle Unterstützung jüdischer Organisationen in den USA und in Israel durch die amerikanisch-jüdische Gemeinde in der Bekämpfung des Antisemitismus. »Was die Kontroverse um den Film von Mel Gibson angeht«, fährt er fort, »so schürt er in einer Hinsicht den Antisemitismus, aber er schürt auch Ängste innerhalb der jüdischen Gemeinde, die dann zu Geld werden. Wenn daher jüdische Oberhäupter von Antisemitismus reden, um Spendengelder zu sammeln, dann können sie nicht andererseits behaupten, die evangelikale Gemeinde sei ihr bester Freund und loyalster Unterstützer. Wie ich schon sagte: Sie können nicht auf zwei Hochzeiten gleichzeitig tanzen.«[16]

Was die stillschweigende Zustimmung Israels zum evangelikal-jüdischen Verhältnis angeht, glaubt Rosen, dass diese weder auf Seiten der Israelis noch seitens der amerikanischen Juden auf einer fundierten Einschätzung des jeweils anderen beruht. Er sieht hier vielmehr gewisse israelische Führer vom rechten Flügel am Werk, die der Auffassung seien, sie könnten das geographische Ziel, das Westjordanland zu behalten, mit Unterstützung jener erreichen, die anderen Glaubens sind. »Der Grund, warum jüdische Organisationen die Evangelikalen mit offenen Armen empfangen«, behauptet Rosen, »ist Israels Haltung des bereitwilligen Akzeptierens. Sie hat diese Wahrnehmung von Freundschaft und Sympathie gefördert. Das Interessante an Mel Gibsons Film ist, dass er dem Antisemitismus nicht mehr Vorschub leistet als irgendeine christliche Website oder andere Filme, die in der Welt in Umlauf sind und die Geschichte von Jesus erzählen und wie er verraten und gekreuzigt wurde. Die einzige Reaktion wegen Antisemitismus im Gibson-Film kommt aus der jüdischen Gemeinde selbst, die die Christen des Antisemitismus beschuldigt, was andererseits wiederum einen Anstieg der Spenden an jüdische Organisationen garantiert.«[17]

Es gibt evangelikale Christen, die ihrer Überzeugung, ihrem religiösen Dogma und der Bibel treu ergeben sind, aber dennoch eine uneigennützige Großzügigkeit gegenüber dem Judenstaat pflegen. Der evangelikale Geistliche Clarence Wagner steht »Bridges for

Peace« vor, einer Organisation, die 1976 in Jerusalem damit begann, die im Brief des Apostels Paulus an die Römer (15,27) enthaltene Botschaft in die Tat umzusetzen: »Denn wenn die Heiden an den geistlichen Gütern [der Juden] Anteil erhalten haben, so sind sie auch verpflichtet, ihnen mit irdischen Gütern zu dienen.« Mit einem Jahresbudget von 80 Millionen Dollar und einer Anhängerschaft überall in den USA subventioniert die Organisation die israelische Volkswirtschaft und unterstützt sowohl rechtsgerichtete Meinungsführer in Israel als auch die christliche Rechte in den USA. Die um einen kleinen Hof mit Garten angeordneten Gebäude, die die Organisation beherbergen, gehören der Äthiopischen Kirche, die noch die große Kathedrale hinter dem Komplex benutzt. Laut Reverend Wagner würde »Bridges for Peace« die Gebäude gern kaufen – keine unbeträchtliche Investition im Zentrum von Jerusalem, aber die Äthiopische Kirche weigert sich zu verkaufen.

Ungefähr sechzig Personen arbeiten dort, zumeist Amerikaner, und opfern ihre Zeit, »um Gutes zu tun in dem Land, in dem Jesus wandelte«. Die amerikanische Telefonistin, eine Witwe in den Siebzigern, ist freundlich und gern bereit zu erklären, warum sie sich zum Umzug vom Mittleren Westen der USA in den Nahen Osten entschlossen hat. Als sie nach dem Tod ihres Mannes entdeckt hatte, dass ein Teil ihrer Urgroßeltern jüdischen Glaubens gewesen war, deutete sie ihre neu gewonnene Freiheit und die Enthüllung ihres Erbes als Zeichen des Herrn, ihr Leben zu ändern und sich karitativ zu betätigen, indem sie dem jüdischen Volk half. Sie arbeitet als Freiwillige für »Bridges for Peace« und bezahlt alle ihre Unkosten aus eigener Tasche, einschließlich der Reisen von Indiana nach Jerusalem. »Bridges for Peace« hält Tuchfühlung zur israelischen Gesellschaft und schickt Praktiker los, die vor Ort untersuchen, woran es in unterprivilegierten Vierteln fehlt. Rund 350

Häuser werden jedes Jahr von Freiwilligen renoviert, die Materialien beschaffen und anfallende Arbeiten ausführen.

Als er das karitative Engagement von »Bridges for Peace« für Israel und die jüdische Bevölkerung erklärt, spricht Wagner davon, dass nach seiner Überzeugung heute in der ganzen Welt eine neue Form von Kampf tobt, die anders ist als die Kriege der Vergangenheit. »Am Anfang«, sagt er, »wollten Christen und Juden herausfinden, ob sie irgendetwas getan hätten, was diese islamischen Terroranschläge in irgendeiner Weise rechtfertigen würde. Aber wenn evangelikale Christen in die Bibel schauen und feststellen, dass es nicht ihre Sünde ist, die dieses neue Leid über die Menschheit gebracht hat, sondern eine von Gott selbst in der Bibel niedergeschriebene Weissagung, dann gibt ihnen das die Kraft, um das Böse zu bekämpfen. Die Rolle der Juden sollte darin bestehen, Sachwalter und Hüter auf dem rechten Weg zu sein, Minderheiten nicht zu diskriminieren und eine Gesellschaft zu bilden, die keinen benachteiligt und ein guter Ort ist, um in ihr zu leben. Als Christ im Heiligen Land fühle ich mich nicht unterdrückt, sondern respektiert. Präsident Bush sollte keine Angst davor haben, eine eindeutige Haltung gegen den islamischen Terrorismus einzunehmen, anstatt sich um den Nachweis zu bemühen, dass sich sein Feldzug nicht gegen die arabische Bevölkerung richtet, sondern gegen eine Hand voll Krimineller, die unter dem Banner des Islam operiert. Für das andere hat er später Zeit. Heute sind Christentum und Judentum die beiden einzigen Religionen, die sich auf die Bibel berufen, und sie müssen einen Weg finden, um gemeinsam dieser Bedrohung zu begegnen.«[18]

Wagner, der das ganze Jahr hindurch nordamerikanische Städte bereist, um Unterstützung für die Regierung Bush wirbt und um finanzielle und politische Unterstützung für Israel, ist überzeugt, dass seine Botschaft heutzutage bei christlichen und jüdischen Zuhörern auf eine Begeisterung stößt, wie seit der iranischen Geiselaffäre 1979 nicht mehr. »Auf meiner letzten Reise habe ich einen Riesenumschwung festgestellt. In Cincinnati, Sacramento, Portland, Seattle und auch überall in Kanada, in Vancouver, Toronto und Winnipeg, bemerkte ich eine ganz deutliche Veränderung in der Einstellung sogar der eher liberalen Christen und Juden. Sie waren es, die ganz klar die Befürchtung äußerten, die Amerikaner könnten nach der Befreiung der iranischen Geiseln 1980 die Bedrohung durch den Islam vergessen haben. Doch seit dem 11. September sind sie wieder aufgewacht und haben erkannt, dass die gleichen Mächte des Bösen, die sich zwanzig Jahre lang tot gestellt haben, wieder in Aktion getreten und darauf aus sind, alles zu zerstören, was uns lieb und teuer ist. Zwischen damals und heute neigten die Menschen dazu, in diesem Wolkenkuckucksheim zu leben, wo sie glaubten, wenn Israel sich nur ordentlich benimmt, dann wird die ganze Welt besser. Jetzt begreifen sie, dass Israel ein Opfer der gleichen Mächte geworden ist, die uns in Amerika oder in Spanien terrorisierten. Vielleicht hat man sogar Angst vor dem, was die Zukunft bringen mag, und zwar für einen selbst, denn Amerika und der Rest der Welt werden es mit terroristischen Aktionen auf der gleichen Ebene wie Israel zu tun bekommen, wenn auch nicht im selben Ausmaß, weil die unmittelbare Nachbarschaft zu einem Terrorstaat fehlt. Ich kann Ihnen versprechen, dass jedes Land, das nicht energisch gegen den islamischen Terror vorgeht, ständig bedroht sein wird, und das nicht wegen Israel, sondern weil Israel immer gesagt hat: ›Tut uns Leid, wir sind jetzt hier und wir werden nicht von hier verschwinden, um euch glücklich zu machen.‹ Das bedeutet, dass Israel so lange bedroht sein wird, bis Israel von der Landkarte verschwindet. Zwar werden diese islamischen Terroristen niemals in der Lage sein, Amerika verschwinden zu lassen, aber sie glauben –fälschlicherweise –, dass die Amerikaner aus Angst keine Truppen nach Übersee schicken oder irgendetwas unternehmen werden, um der Ausbreitung des islamischen Fundamentalismus Einhalt zu gebieten. Es steht eine Menge auf dem Spiel, und die jüngsten Ereignisse haben mit Sicherheit bewiesen, dass wir, Amerikaner und Israelis, nicht kneifen werden wie die Spanier.«

Als ich Wagner 2003 in seinem Büro in Jerusalem zum ersten Mal traf, beschrieb er, wie er als Episkopalist aufgewachsen war, dabei aber feststellte, dass ihm der »besondere Beistand des Herrn« fehlte. Bevor er »zu Jesus fand«, war er »ein guter Mensch, der regelmäßig zur Kirche ging und all die Dinge tat, die man von ihm erwartete«. Trotzdem kam er an einen Punkt in seinem Leben, wo ihm die Religion der Episkopalkirche keine ausreichende Erfüllung bot. »Ich wusste, dass ich ein Sünder war«, erzählt Wagner, »und genau das hat mich neugierig gemacht, denn genau das war es, was die Evangelikalen von anderen Christen unterschied. Jesus starb für unsere Sünden, und solange ich das nicht akzeptierte, so lange konnte ich nicht frei sein.«

Im Alter von sechzehn schickten seine Eltern ihn auf ein anglikanisches Internat in Palm Beach, Florida, wo, nach seinen Aussagen, alle Schüler jeden Morgen zur Andacht mussten. Eines Tages wurde er von einem baptistischen Lehrer gefragt, ob er nicht sonntagabends zum Bibelstudienkreis kommen wolle. Wagner willigte sofort ein. Als der Prediger fragte, ob jemand vortreten und öffentlich »sein oder ihr Leben Christus weihen möchte«, trat Wagner vor. »Es war, wie wenn man im Sand eine Linie zieht. Ich wusste damals, dass Jesus mich gerufen hatte, und für mich stand zweifelsfrei fest, dass ich ein Mitglied dieser Gemeinschaft sein wollte. Ich wurde getauft, und weil in der Bibel steht, dass es nur die eine Taufe gibt, wenn der Betreffende Jesus in sein Leben aufnimmt, da war das der Augenblick, in dem ich Christ wurde. Heute lese ich jeden Tag in der Bibel, und obwohl ich keineswegs vollkommen bin, versuche ich alle Lehren des Herrn zu einem Bestandteil meines Lebens zu machen. Das heißt nicht, dass ich mir meine eigenen Regeln aufstelle, denn wiedergeborener Christ zu sein ist eigentlich gar nicht viel anders, als Jude zu sein, weil die Bibel ja sowieso von den Juden geschrieben worden ist.«

Wagner räumt ein, dass er in seinem heutigen Alltag als Leiter einer evangelikalen Organisation mit einer sehr dezidierten Einstellung gegenüber der Bibel, und folglich auch gegenüber der US-Außenpolitik hinsichtlich Israel, seine Freunde unter jenen Menschen sucht, die auf seine Weise »gläubig« sind. »Ich bin nicht hier in Israel, um Leute zu bekehren«, sagt er, »aber ich hoffe, ich kann ein Licht in der Welt sein und das jüdische Volk und alle Menschen so beeinflussen, dass sie das Licht Jesu Christi sehen ... Warum?« Er zuckt mit den Achseln. »Weil das jüdische Volk von Gott auserwählt und das Land Israel vom Herrn dem jüdischen Volk vermacht wurde, und letzten Endes werden sie Jesus akzeptieren, wenn Er wiederkehrt nach Israel.«[19]

Überraschenderweise ist Clarence Wagner einer der aufgeklärteren und intellektuelleren Vertreter seines Glaubens. Er studiert vergleichende Religionswissenschaft und verschlingt Bücher nur so, darunter solche von evangelikalen Christen, die wegen ihres Lebenswandels bei ihren geistlichen Oberhäuptern in Ungnade gefallen sind. Trotz seiner pragmatischen Einstellung zur allgemeinen Situation des Menschen auf der Welt ist Wagner in einem Punkt unerbittlich, nämlich wenn es um die Sicherheit und Unantastbarkeit des jüdischen Staates geht.

Jimmy Carter und George W. Bush, während deren Amtszeiten die beiden großen Anschläge radikaler Moslems gegen die USA verübt wurden, sind die beiden gegensätzlichen Vertreter der unterschiedlichen Glaubensrichtungen der protestantischen Hauptkirche und der evangelikalen Christen. Falls Präsident Jimmy Carter entschlossen war, keinerlei Parteinahme zugunsten derer zu zeigen, die seine religiösen Überzeugungen teilten, so war er doch gleichzeitig naiv hinsichtlich des potenziellen politischen Einflusses, den seine Mitchristen gewannen. Obwohl Carter wiedergeborener Christ war, neigte er eher der gängigen protestantischen Rhetorik der Befreiungstheologie zu, nach der es religiöse Pflicht ist, die Unterdrückten der Welt zu befreien. Da die protestantische Hauptkirche nicht der Auffassung ist, ein »wiedergeborener« jüdischer Staat sei die Voraussetzung für eine Wiederkunft Jesu auf Erden, hat sie auch keinen religiösen Ansporn, den jüdischen Staat zu schützen und zu erhalten. Außerdem wurde Carter als jemand angesehen, der evangelikale Doktrinen ablehnte. Die traditionelle protestantische Glaubensgemeinschaft machte sich den Standpunkt zu Eigen, den die palästinensischen Christen vertraten, insbesondere der inzwischen verstorbene palästinensische Intellektuelle und Schriftsteller Edward Said. In seinen Texten und Vorträgen erwähnte Said die andauernde »Kreuzigung des palästinensischen Volkes« und vertrat die Überzeugung, die in Israel und im Westjordanland lebenden arabischen Christen seien die »wahren Gläubigen und ihre Kirche die wahre christliche Kirche«.

»Die Tatsache, dass die Evangelikalen so proisraelisch und dem jüdischen Volk so verbunden sind«, schrieb Said, »erklärt zur Genüge, warum die palästinensischen Christen unter ihren Besatzern so leiden müssen.«[20]

Darauf reagieren die Evangelikalen mit George W. Bush als ihrem Sprachrohr mit der Behauptung, palästinensische Führer wie Jasir Arafat benutzten ständig die Not der christlichen Araber als »Propagandainstrument« gegen die israelische Besatzung, wo es doch in Wahrheit so sei, dass christliche Palästinenser stärker unter der Hand ihrer moslemischen Brüder zu leiden hätten als unter der israelischen Besatzung. Ein Ergebnis dieses Risses quer durch die protestantische Kirche war, dass die Mehrheit der amerikanischen jüdischen Gemeinde bei ihrer stetigen, unerschütterlichen Unterstützung des Staates Israel eine gemeinsame Zielsetzung mit den Evangelikalen entdeckte. Und dennoch sah und sieht sich die christliche Rechte in Gegnerschaft zu fast allen anderen Themen, an denen die traditionell liberalen amerikanischen Juden festhalten: Trennung von Kirche und Staat, Rechte der Frauen, sexuelle Freiheit und Toleranz, Selbstbestimmung bei Abtreibung. Wären die Juden ihren kulturellen und sozialen Instinkten gefolgt, hätten sie das Freundschaftsangebot der Evangelikalen abgelehnt. Doch dann hätte die jüdische Gemeinde die Bedenken der protestantischen Mehrheit bezüglich der Rechte der Palästinenser und ihres Anspruchs auf einen eigenen Staat akzeptieren müssen.

Dritter Teil

Der Jesus-Faktor

19. Das Spiel mit der Gotteskarte

Jeder, der sich in der Geschichte auskennt, besonders in der europäischen, wird meines Erachtens zu dem Schluss kommen, dass ein Arrangement, bei dem eine einzelne Religionsgemeinschaft über Erziehung und Bildung oder über die Regierung bestimmt, niemals zum Wohle des Volkes ist. (Eleanor Roosevelt)

Um die Wende zum 21. Jahrhundert agierte die evangelikale Gemeinde in den USA politisch immer geschickter und versteifte sich immer mehr darauf, aus ihrer Ideologie eine potenziell so mächtige politische Bewegung zu machen, dass sie letztlich die Präsidentenwahlen beeinflussen konnte. Aber auch die Terroristen wurden immer geschickter. Angesichts der heutigen weltweiten Bedrohung durch den Terrorismus gibt es keinen Zweifel daran, dass der radikale Islam Terrorgruppen gebildet hat, die von der Vorstellung besessen sind, westliche Einflüsse in islamischen Staaten ausmerzen zu müssen. Die Bombenattentate am 11. März 2004 in Madrid waren ein Beispiel für Erfolg und Entschlossenheit des Terrornetzwerks. Und als Konsequenz dessen ist »Al Kaida« im amerikanischen Sprachgebrauch zum Oberbegriff für alle radikalislamischen Terrorgruppen geworden.

Seit dem 11. September 2001 halten evangelikale Kirchengemeinden und Seminare nicht nur islamkritische Vorträge und verkaufen entsprechende Bücher, sondern fördern auch Strategien, um Moslems zum Christentum zu bekehren. Die Evangelikalen verkünden nach wie vor, dass es die allergrößte Sünde sei, künftigen Generationen das Gefühl zu vermitteln, Patriotismus sei ohne eine tiefe religiöse Überzeugung möglich. Im Februar 2003, als Präsident Bush in Nashville seine Rede vor der Vereinigung Religiöser Rundfunkanstalten hielt, hing hinter ihm ein Spruchband mit der Aufschrift: »Ausbau christlicher Kommunikationswege«. Seine ersten Worte an die Versammlung lauteten: »Amerikas Feinde hassen die Vorstellung, dass wir den allmächtigen Gott so anbeten können, wie wir es für richtig halten ...«

Für evangelikale Christen bedeutet, Gott so anbeten zu können, wie sie es für richtig halten, dass sie fest zu den in der Bibel niedergelegten moralischen Werten stehen. Angehörige der christlichen Rechten wie Jerry Falwell glauben, dass der moralische Kollaps der zivilisierten Welt schon lange vor den Anschlägen begonnen habe, mit Sicherheit aber seitdem im Gange sei, weshalb wir uns jetzt in einem Zustand befänden, wo der Teufel die Oberhand gewinnt, und zwar wegen »situationsbezogener sittlicher Werte, kultureller Verführung, kultureller Anpassung und dem Fehlen einer allumfassenden Erlösung«. In einer Rede vor der Vereinigung Religiöser Rundfunkanstalten im März 2004 verwies Falwell auf Vorkommnisse, die Öl für das Feuer des Krieges seien, den der Teufel gegen Gott führe: »Bundesgerichte haben die Sodomie legalisiert und die Zehn Gebote kriminalisiert, als man diese im Gebäude eines Bundesgerichts aufstellte.« Des Weiteren behauptete er, die Pfadfinder seien verunglimpft worden, weil sie »altehrwürdige moralische Traditionen« aufrechterhielten; das Treuegelöbnis zur Fahne sei zum Verstoß gegen die Verfassung erklärt worden, und die Episkopalkirche sei in die Abgründe der Unmoral gestürzt, als sie einen unverhohlen schwulen Priester zum Bischof befördert habe. »Diesen Mann hätten sie aus dem Priesteramt verstoßen müssen, als er Frau und Kinder verließ, um zu seinem Geliebten zu ziehen«, sagte Falwell. »Im Westen sind die Götzen der Modernität, des Geldes, von Sex, Ruhm und Macht an die Stelle Gottes getreten. Diese Götzen verschaffen ein gutes Leben, aber sie können das Leben nicht erhalten. Wenn das Christentum in irgendeiner westlichen Nation untergeht, dann bedeutet das, dass jede westliche Nation, die das Christentum ablehnt, untergehen wird.«

Karl Rove, 2000 und 2004 die führende Kraft hinter George W. Bushs Einzug ins Weiße Haus und sein wichtigster politischer Berater, war der Meinung, dass bei der Wahl 2004 die Stimmen der evangelikalen Christen den alles entscheidenden Ausschlag gegeben hatten. »Was meiner Ansicht nach zurzeit in der christlichen Welt vor sich geht«, sagte Rove, »ist die Einsicht der Menschen, dass Christ zu sein bedeutet, den evangelikalen Weg [zu wählen] ... oder eben weltlich [zu bleiben]. Wir wissen um die Bedeutung der Stimme der evangelikalen Christen, denn im Endeffekt läuft es doch darauf hinaus: Wenn man sich nicht den Evangelikalen anschließt, wozu dann überhaupt die Gotteskarte spielen?«[1]

Kurz vor seinem Tod erzählte mir Ed McAteer, er habe sich Präsident Bush wegen dessen Bestreben, ein israelisch-palästinensisches Friedensabkommen unter Dach und Fach zu bringen, des Öfteren vorknöpfen müssen. »Ich mache keinen Hehl aus den Erwartungen der evangelikalen Gemeinde, wenn innenpolitische Themen auf der Tagesordnung stehen oder, noch wichtiger, wenn es um Israel geht. Ehrlich gesagt, die Haltung von George junior zur Abtreibung und den anderen Themen, die uns wichtig sind, ist nicht übel. Es ist die Art, wie er mit dem islamischen Terrorismus in Israel umgeht, die mich und Millionen anderer Christen ziemlich aufregt.« Als ich ihn fragte, ob das Auswirkungen darauf habe, wie die christliche Rechte bei der bevorstehenden Wahl abstimmen werde, wurde McAteer pragmatisch: »Es ist nicht realistisch zu hoffen, wir könnten einen von uns als republikanischen Kandidaten durchbringen. Ganz offen: Auf der republikanischen Seite gibt es keinen besseren und auf der demokratischen Seite viele schlechtere, was bedeutet, letzten Endes werden wir bei der nächsten Wahl wohl für George W. Bush stimmen.«

Jenseits allen Pragmatismus war McAteer ganz und gar nicht von Präsident Bushs Glauben überzeugt oder, genauer gesagt, von seiner Kenntnis der Heiligen Schrift, wo es um den Bund mit Abraham und Gottes Haltung zum jüdischen Volk geht. »Ich höre, dass es im Außenministerium Leute gibt und gewisse Berater Bushs, wie Außenminister Colin Powell, die ihn in Richtung eines israelisch-palästinensischen Friedensabkommens drängen. Dazu kann ich nur sagen, das wird einfach nicht zustande kommen, erstens, weil Gott dagegen ist, und zweitens, weil Mr. Bush nicht mächtiger ist als die Worte, die der Herr vor Tausenden von Jahren sprach.«[2]

Doug Wead, der weiterhin für den Präsidenten arbeitet, wenn die christliche Rechte umworben werden muss, betrachtete die Probleme, vor denen sich der Präsident bei der Wahl 2004 sah, ebenfalls pragmatisch. »Mir ist klar, dass manche misstrauisch gegenüber den öffentlichen Glaubensbekundungen des Präsidenten sind«, sagte Wead. »Aber der Präsident kennt die Zahlen, und er weiß, wie wichtig Religion für Millionen Menschen in den Vereinigten Staaten ist. Es sind tatsächlich 90 Prozent aller Amerikaner, die an einen personalen Gott glauben, und das ist eine sehr hohe Zahl. Also, im Moment würde ich keine Wetten auf irgendein Nahost-Friedensabkommen abschließen.«[3]

Wie sich herausstellte, war es in Wirklichkeit gleichgültig, ob Präsident George W. Bush ein wahrer Gläubiger oder bloß ein Opportunist war, der sich Diktion und Slogans jener von der religiösen Rechten angeeignet hatte, die mächtig genug waren, um ihn ein zweites Mal ins Amt zu wählen. Im Grunde machte es so gut wie keinen Unterschied, ob irgendein Anwärter auf die Präsidentschaft in seinem tiefsten Innern ein Mann des Glaubens war oder nicht. »Unabhängig von religiösen Überzeugungen und Referenzen als Wiedergeborener gibt es nicht einen Politiker in den USA, der in seiner Außenpolitik irgendetwas Kontroverses tun könnte, was die christliche Gemeinde in Wallung bringen würde«, sagte Ed McAteer in unserem letzten Gespräch. »Was die Position des jungen Bush zu innenpolitischen Themen und seinen Plan für den Irak und andere Unruheherde im Nahen und Mittleren Osten angeht, so trifft er all die richtigen Entscheidungen, um die christliche Rechte zufrieden zu stellen.« Er machte eine Pause. »Und merken Sie sich meine Worte: Jeder von den Demokraten, der zum Präsidenten gewählt wird, wird das Gleiche tun. Wir lassen nicht locker und wir verschwinden nicht von der Bildfläche. Wir werden nur immer größer und immer stärker.«[4]

Die »Gotteskarte« war bei der Präsidentenwahl 2004 auf der demokratischen Seite genauso entscheidend, weil die Republikaner behauptet hatten, nur der »wiedergeborene« Christ sei ein wahrer Christ. Als die Kandidaten in den Vorwahlen der Demokraten ihre Wahlkämpfe um die Präsidentschaftsnominierung führten, gab es nicht einen Einzigen unter den Konkurrenten, der Gott und Religion nicht in seine Rhetorik eingebaut hätte. Am 18. Januar 2004 stattete Howard Dean, einer der Kandidaten, nur vierundzwanzig Stunden vor der Vorwahl der Demokraten in Iowa Expräsident Jimmy Carter einen Besuch in dessen Heimatort Plains, Georgia, ab. Zwar weigerte sich Carter, Empfehlungen zugunsten irgendeines der demokratischen Hoffnungsträger abzugeben, aber es war eindeutig, dass er eine lange und herzliche Beziehung zu Dean pflegte. Bei einer Pressekonferenz stand Carter neben Dean und erzählte, wie Dean früher als freiwilliger Helfer in Carters eigenem Präsidentschaftswahlkampf 1976 »Broschüren verschickt« hatte. Er sprach darüber, wie er und Dean gemeinsam für die gleichen amerikanischen Werte eingetreten seien, wie sie sich beide gegen den Krieg im Irak engagiert hätten und wie schließlich Dean nicht nur zusammen mit Carter und dessen Frau an jenem Morgen zur Kirche gegangen sei, sondern wie er auch die Schulbank im Klassenzimmer einer Sonntagsschule gedrückt habe, während der Expräsident Unterricht hielt. Zum Abschluss legte Carter den Arm um Howard Deans Schulter und sagte zu der anwesenden Fangemeinde: »Howard Dean ist ein Christ wie wir.« Eine Frau am Tresen einer Imbissbude nahe des Erdnussstandes, wo Jimmy Carter und Howard Dean auftraten, schien davon nicht überzeugt zu sein. Sie meinte, sie sei »sicher, dass Präsident Bush ein besserer Christ als Howard Dean ist«.

Bei der Präsidentschaftswahl 2004 wurden populäre evangelikale Christen für Bush mobilisiert wie Jerry Falwell, Pat Robertson und Richard Land, der der »Southern Baptist Convention«, der größten Gruppe charismatischer Christen in den USA, vorsteht sowie Dutzende anderer. Während die politischen Wahlkampfaussagen von George W. Bush und John Kerry inhaltlich weit auseinander lagen, konzentrierten beide ihre Strategien in puncto Religion nahezu identisch darauf, die christliche Rechte zu hofieren, insbesondere im »Bibelgürtel« des Südens. Eine im Januar 2004 veröffentlichte Umfrage von *ABC* und *Washington Post* ergab, dass in den Südstaaten 46 Prozent der Meinung waren, ein Präsident solle politische Entscheidungen nach seinen religiösen Grundsätzen fällen, verglichen mit 40 Prozent landesweit und 28 Prozent im Osten[5]. In einem *Newsweek*-Artikel fand Michael Lind eine Erklärung für die Beliebtheit der Bush-Doktrinen im Süden: »[In ihnen] vermischen sich drei alte Dixie-Traditionen: Militarismus, protestantischer Fundamentalismus und Rassismus.« Nach Ansicht von Michael Lind bilden die weißen Südstaatler die »martialischste Subkultur in den Vereinigten Staaten, und im Süden sind Militärakademien eine so alltägliche Erscheinung wie Kunsthochschulen in den Neuenglandstaaten. Angefangen beim Vietnamkrieg, über den ersten Golfkrieg bis hin zur gegenwärtigen Besetzung des Irak hat der Süden jede US-Militäroperation nachdrücklich unterstützt, gleichgültig, was ihr Ziel oder gegen wen sie gerichtet war.«[6] In einer Gallup-Umfrage vom August 2003 sprachen sich in den Südstaaten 95 Prozent für eine Invasion des Irak aus; im Vergleich dazu waren bei einer ähnlichen Gallup-Umfrage nur 45 Prozent aus dem Rest des Landes für einen Krieg gegen den Irak. Das allein war schon Grund genug für John Kerry, sich mit John Edwards einen Senator aus North Carolina als Wahlkampfgefährten und Kandidaten für das Amt des Vizepräsidenten zu holen.

Angesichts der Bedürfnisse und Ansprüche einer Mehrheit der amerikanischen Bevölkerung machten in dieser jüngsten Wahl sowohl Bush als auch Kerry Gott zu ihrem wichtigsten Mitstreiter. John Kerry war der erste katholische Kandidat, der seit John F. Kennedys Wahlsieg 1960 von einer Partei aufgestellt wurde. Damals befürchteten die Amerikaner, dass die Macht der katholischen Kirche die verfassungsmäßige Trennung von Kirche und Staat verwischen könnte.

Presseberichten zufolge fand John Kerry vor kurzem heraus, dass seine Großeltern väterlicherseits Juden waren. Kerrys Großvater wurde 1873 als Fritz Kohn in Österreich geboren und suchte sich 1902 (vermutlich aus einer Landkarte von Irland) den Namen Kerry aus, als er zum Katholizismus übertrat. Ein Jahr später ließ er sich in Boston nieder und heiratete eine Frau, die gleichfalls vom Judentum zum Katholizismus übergetreten war. Die Tatsache, dass Kerry jüdische Vorfahren hat, veränderte die Einstellung der

Evangelikalen ihm gegenüber nicht. Sie schossen sich auf seine ablehnende Haltung gegenüber dem Irakkrieg ein, der für sie ein Krieg gegen den islamischen Terrorismus war. Auch gläubige Katholiken, von denen man eigentlich erwartet hätte, dass sie Kerry als einen der ihren vereinnahmen und stolz auf die Tatsache sein würden, dass er erst der Zweite ihres Glaubens auf dem Weg zum höchsten Gipfel der Politik ist, begegneten ihm kritisch.

Die römisch-katholischen Bischöfe in den USA wurden von Papst Johannes Paul II. ständig gedrängt, katholische Politiker auf die Lehrmeinungen der katholischen Kirche hinsichtlich Abtreibung, Sterbehilfe und Homosexuellenehe einzuschwören, allesamt wichtige Themen im Wahlkampf 2004 und allesamt Themen, bei denen sich die Position der katholischen Kirche mit der der christlichen Rechten deckt. George W. Bush war vehement gegen Abtreibung, Sterbehilfe und gleichgeschlechtliche Verbindungen, während der liberale John Kerry die Linken zufrieden stellen musste, um sich überhaupt Hoffnungen auf einen Wahlsieg machen zu können. Weil er zu seinen liberalen Ansichten stand, fand er sich jedoch jäh in direkter Gegnerschaft zur katholischen Kirche, für die es eine »schwer wiegende und klare Verpflichtung« war, »jedes Gesetz abzulehnen, das menschliches Leben bedroht«. Zu Beginn des Wahlkampfes von 2004 sagte Erzbischof Burke aus St. Louis: »Ich müsste ihn [Kerry] darauf hinweisen, dass er nicht zur Kommunion gehen kann. Ich könnte ihm einen Segen geben oder Ähnliches, aber nicht die Kommunion.«[7] Zur Zeit von Kennedys Kandidatur 1959 wäre eine solche Aussage einem Todeskuss gleichgekommen; damals fürchteten die Amerikaner nichts mehr, als dass sich die Kirche in die Innenpolitik einmischt. Aber damals waren die Zeiten andere.

Während John F. Kennedys Amtszeit im Weißen Haus war Abtreibung in allen fünfzig Staaten illegal, und gleichgeschlechtliche

Ehen waren noch nicht einmal ansatzweise am politischen Horizont aufgetaucht. Angesichts der Fortschritte in Medizin und Wissenschaftstechnologie seit 1960 musste sich Kerry mit dem Abtreibungsproblem, mit den Themen Teilgeburtabtreibung und Stammzellenforschung auseinander setzen. Kerry hatte in Massachusetts wiederholt gegen Beschränkungen bei Teilgeburtabtreibungen gestimmt und immer wieder festgestellt, er würde *keinen* Kandidaten aus der Antiabtreibungsbewegung »Pro life« für das Oberste Gericht nominieren.

Die Reaktionen aus beiden religiösen Gruppen hinderten Kerry jedoch nicht, während seines Wahlkampfes weiterhin Gott und Religion zu beschwören. In einem Interview mit der Illustrierten *Vogue* vom März 2003 sagte John Kerry: »Wir [Demokraten] müssen den Beweis erbringen, dass wir genauso gottesfürchtige Kirchgänger sind wie alle anderen auch.«

Was John Kerry letztlich den Wahlsieg kostete, war ein einziger entscheidender Fehler, den er wenige Wochen vor dem Parteitag der Republikaner in New York Ende August 2004 beging.

Am 31. Juli 2004 erschien in der *New York Times* ein Artikel, der die Ernennung von Martin Indyk als John Kerrys Nahostberater bekannt gab. Indyk war früher während beider Amtszeiten Clintons US-Botschafter in Israel gewesen und steht derzeit dem »Saban Center« des »Brookings Institute« vor. Er hat sich stets bemüht, die US-Regierung dazu zu bringen, Truppen zu entsenden, um im israelisch-palästinensischen Konflikt zu intervenieren. Von ihm stammt auch der Vorschlag, dass diese Truppen ein Protektorat für das Westjordanland und für den Gazastreifen errichten sollten. Dieser Plan, den der demokratische Kandidat übernahm, veranschaulicht die Gründe für die politische Niederlage von Bush I. und den neuerlichen Sieg von Bush II.

Nach John Kerry nahe stehenden Quellen hatte er sich Indyk

ausgesucht, weil er geglaubt hatte, er sei der beste Mann, um die israelische Regierung dazu zu bewegen, dem Kandidaten Kerry mehr Aufmerksamkeit zu schenken. Angeblich war Kerry sogar beleidigt gewesen, weil ihm die Israelis keinen hochrangigen Offiziellen für ein Gespräch geschickt hatten. Das im Kerry-Lager vorherrschende Gefühl war gewesen, dass sich Israel zu sehr für George W. Bush engagierte, um einem Oppositionskandidaten Aufmerksamkeit zu widmen, der nach israelischer Überzeugung ohnehin die Wahl verlieren würde. Doch die Geschichte gegenseitiger Abneigung zwischen Indyk und der israelischen Regierung reicht weiter zurück. Am 14. April 1996, kurz bevor es unter Präsident Clintons Regie zu der Zeremonie im Rosengarten kam, bei der sich Premierminister Rabin und der PLO-Vorsitzende Arafat die Hand gaben, berief die Palästinensische Befreiungsorganisation (PLO) eine Sondersitzung ihres »Palestine National Council« (PNC) ein. Man wollte über eine der Bedingungen diskutieren, die Bill Clinton dafür gestellt hatte, dass Arafat bei der Unterzeichnungszeremonie willkommen war und mit der Ehrerbietung behandelt wurde, wie sie jedem anderen Staatsoberhaupt zukam. Die PLO sollte ein für alle Mal ihrer Selbstverpflichtung zur Vernichtung des jüdischen Staates abschwören. Zu guter Letzt verständigte man sich in der PNC-Sitzung darauf, dass Arafat eine Kommission einsetzen werde, um den Punkt »weiter zu diskutieren«.

Zu jenem Zeitpunkt war Martin Indyk einer von Präsident Clintons hochkarätigsten Beratern für den Nahen Osten. Ihm wurde maßgeblicher Einfluss auf die Vorbereitung der Oslo-Verhandlungen zugeschrieben, die schließlich Arafat die Kontrolle über die Palästinenser im Westjordanland und in Gaza zusprachen. Nach seinem Besuch bei der PNC-Tagung im April berichtete Indyk dem Präsidenten, die PLO habe tatsächlich ihre Verfassung so ratifiziert, dass die umstrittene Verpflichtung null und nichtig sei. Daraufhin wurde Arafat am 1. Mai 1996 wie versprochen im Weißen Haus willkommen geheißen und durfte an der historischen Zeremonie teilnehmen. Indyks Bericht war allerdings eine Lüge. Die PLO hatte ihren Absichten bezüglich Israel niemals abgeschworen.

Im Dezember 1998 begleitete Martin Indyk Bill und Hillary Clinton bei ihrem Besuch in Gaza. Auf einer Sondersitzung des PNC bat Clinton die Mitglieder um ein Handzeichen als Bestätigung dafür, dass sie ihrer Verpflichtung abgeschworen hatten und beabsichtigten, mit Israel Frieden zu schließen. Clinton erfuhr die Wahrheit, als Arafats Sprecher Jasir Abed Abbo dem amerikanischen Präsidenten mitteilte, dass der PNC diesen Schwur nie aufgehoben hatte. In den Jahren nach dem unglückseligen Oslo-Abkommen trug Martin Indyk bis 2001 seine Position zur Entsendung von US-Truppen ins Westjordanland und nach Gaza immer wieder öffentlich vor und drängte gleichzeitig Israel, mit Arafat zusammenzuarbeiten, um die Region von den für die Gewalt verantwortlichen Terroristen der »Hamas« und des »Islamischen Dschihad« zu befreien. Indyk hat nie eingestanden, dass Arafats eigene Militäreinheiten, die »Tanzim-Miliz« und die »Al-Aksa-Brigaden«, gleichfalls für Selbstmordattentate verantwortlich waren. Wegen dieser beiden Positionen war Indyk in weltpolitischen Zirkeln zur Unperson geworden, bis ihn John Kerry zu seinem Chefberater für die Nahostpolitik ernannt hatte. Es versteht sich von selbst, dass sich bei den Evangelikalen die leisesten Zweifel bezüglich John Kerry in dem Moment in Luft auflösten, in dem Martin Indyk in den inneren Kreis der Berater aufgenommen wurde.

20. Die Absicherung der Zukunft

Das wäre die beste aller möglichen Welten,
wenn es keine Religion in ihr gäbe.
(John Adams, zweiter Präsident
der Vereinigten Staaten)

Was sind denn bislang die Früchte des
Christentums? Aberglaube, Bigotterie und
Verfolgung. (James Madison, vierter Präsident
der Vereinigten Staaten)

Nach George W. Bushs Sieg im November 2004 erklärte Jerry Falwell, er fühle sich »gestärkt und belebt« durch den, wie er es nannte, »größten Sieg« in der Geschichte der religiösen Rechten. Die Wiederwahl Bushs verlieh ihm in der Tat neuen Auftrieb, und so verkündete er seine Absicht, »die Moralische Mehrheit wieder zum Leben zu erwecken«, jene Bewegung, die er als »Moral Majority« in den 1970er Jahren ins Leben gerufen und die den »Marsch christlicher Soldaten nach Washington« inspiriert hatte. Nach der Wahl 2004 zeigte sich Falwell sowohl überschwänglich als auch vorsichtig. Während er behauptete, die religiöse Rechte habe den »größten konservativen Sieg der Geschichte« errungen, wies er zugleich darauf hin, man erlebe jetzt »die gefährlichste Zeit für unsere Bewegung überhaupt«. Die Bewegung müsse »nun gegen

Selbstgefälligkeit ankämpfen angesichts der drohenden heftigen Auseinandersetzungen um die Schwulenehe und mögliche frei werdende Stellen beim Obersten Gerichtshof«.

»Wir werden deshalb an die Türen hämmern und uns Zutritt verschaffen zu den Medien und den Kanzeln unserer Kirchen«, kündigte Falwell an, »um sicherzustellen, dass wir in den nächsten achtundvierzig Monaten nicht in Schwierigkeiten geraten.« Ohne Zweifel sind Falwell und eine Reihe evangelikaler Netzwerke dafür verantwortlich, dass in elf Bundesstaaten Verfassungszusätze zum Verbot der Homosexuellenehe zur Abstimmung gelangten. Und alle Anträge kamen durch, was als Tribut an Falwells Anstrengungen gelten darf, die Konservativen zur Stimmabgabe an die Urnen zu bringen. Falwell wird wieder nach dieser Strategie verfahren: »Zwischen heute und 2008 werden wir in den einzelnen Staaten Abstimmungen über Anträge zur Familie und über kontroverse Themen fordern, um unsere Leute aufzuwecken und an die Urnen zu bringen – alles in dem Bemühen, 2008 einen neuen Sozialkonservativen zum Nachfolger Bushs zu wählen.«[1]

Der Politiker und evangelikale Christ, der als das »neue Gesicht« der Republikanischen Partei gilt, ist William Harrison Frist, Senator aus Tennessee, der Chirurg für Herz- und Lungentransplantationen gewesen war, ehe er in die Politik ging. Zurzeit übt Frist das Amt des Mehrheitsführers im Senat aus, wo er Senator Trent Lott ablöste, der nach einigen rassistisch gefärbten Bemerkungen gegenüber Schwarzen seinen Sitz räumen musste. Bei seinen Freunden ist Frist als Mann mit »heilenden Händen« bekannt. Tatsächlich beansprucht er für sich nicht nur seine medizinische Kompetenz, sondern er sagt, er könne auch durch Handauflegen heilen[2]. Als man ihm den zweitwichtigsten Posten im Senat übertragen hatte, reagierte er darauf mit der Feststellung, dass er das Amt annehme mit »einem tief empfundenen Gefühl der Demut, das jenem sehr ähnlich ist, wenn man einer Frau oder einem Kind oder einem Mann, die im Sterben liegen, ein neues Herz einpflanzt«. Viele seiner Kollegen und Anhänger nennen ihn den »Messias« der Republikanischen Partei und sehen in ihm den Mann, der nach George W. Bushs zweiter und letzter Amtszeit die Fackel weiterträgt. Senator Frist hält sich entschieden für jemanden, der »die Hand Gottes gespürt« hat, wie er in seiner Autobiographie *Good People Beget Good People*[3] schrieb, und er gibt zu, dass es tatsächlich nicht schwer sei, die Grenze zwischen Heiler und Arzt zu überschreiten, und zwar im profansten Sinn des Wortes, weil man Ärzte gern in die Nähe Gottes rücke und weil sie von den Familien derer, denen sie das Leben retten, gesegnet und verehrt werden. »Wir treffen gottgleiche Entscheidungen über Leben an der Schwelle zum Tod, und jene, die wir retten, betrachten ihre Nahtoderfahrung als so etwas wie eine Wiedergeburt«, hat Frist einmal geäußert. Einst wurde er von einem Kollegen gefragt: »Wie kannst du einfach so Gott spielen?« Frist erwiderte: »Weil ich ein Wiedergeburtserlebnis nur zu gut nachvollziehen kann.«

Frist ist groß und schlank und lächelt so gut wie nie. Seine Kleidung sitzt stets genauso tadellos, wie es seine ganze gepflegte Erscheinung ist; jedes einzelne Haar scheint einen Schellacküberzug zu haben, der es unbeweglich macht und an seinem Platz fixiert. Er ist elegant und eloquent und hat sich im Senat und in der Republikanischen Partei mit einem Stil einen Namen gemacht, der eine Kombination aus seiner von Reichtum geprägten Erziehung und jener speziellen Art von Ego ist, wie man sie bei fast allen Transplantationschirurgen antrifft. Das Mythische um Bill Frist nahm jedoch seinen Anfang, schon lange bevor er auf die Welt kam, als sein Großvater Jacob Frist einem fahrenden Zug entgegenlief, um eine Frau und ein Kind zu retten, die die Gleise entlangspazierten. Großvater Frist wurde in allen Zeitungen des Staates als Held von Tennessee gefeiert. Die Folge davon war, dass ihn Menschen aus dem ganzen Land mit Briefen überschütteten, in denen zumeist etwas stand wie: »Ihre mutige Tat war genau das, was unser aller Retter und Erlöser von uns erwartet.« Der Reichtum der Familie Frist stammt von Jacob Frists Sohn Thomas, Bills Vater, einem Arzt, der die »Hospital Corporation of America« gründete und ein kleines Vermögen machte, mit dem die Familie später zu einer der wohlhabendsten in den USA wurde. Bald schon begann er, besonders gegenüber seinen Kindern, Vorträge über die Macht seines Berufsstandes zu halten. Von allen Frist-Kindern war Bill seinem Vater am ähnlichsten mit seinem Charme, seinem missionarischen Eifer und seinem Ehrgeiz. Und doch gab es irritierende Widersprüche in seinem Charakter. Der Mann, der Senator und Heiler werden sollte, behauptete, er liebe Tiere, suchte aber regelmäßig Tierheime auf, um sich ausgesetzte Katzen für seine chirurgischen Experimente zu holen.

»Tagsüber war ich der Junge, der wegen seines Vaters beschlossen hatte, Arzt zu werden«, erläuterte Senator Frist, »und nachts ließ ich es nicht zu, dass Sentimentalitäten wegen ein paar putziger und kuscheliger kleiner Kreaturen meiner Karriere in die Quere kamen.« Im Privatleben war er verlobt gewesen, doch im Krankenhaus, so erzählt er, sei er einer Krankenschwester begegnet, bei der er sofort gewusst habe, dass er sie »schon aus einem anderen Leben kannte«. Er flog zurück nach Tennessee, löste noch am selben Abend die Verlobung und heiratete später die Krankenschwester, mit der er eine »seelenvolle und kosmische Beziehung« gehabt habe.

Nach seinem Eintritt in die Politik suchte sich Frist 1994 Bushs Mentor Karl Rove als seinen persönlichen Ratgeber aus. Ob wegen Karl Roves Einfluss oder weil seine eigenen religiösen Überzeugungen sein Leben dominierten, jedenfalls stimmte Frist gegen

Beschäftigungsansprüche für Homosexuelle und gegen das Gesetz zum Schutz gefährdeter Arten. Er stimmte auch für Präsident Clintons Amtsenthebung und gegen die Reform der Wahlkampffinanzierung. Trotz der Tatsache, dass Frist auf Grund seines Versprechens, als »Heiler« die Risse zwischen Rechten und Linken zu kitten, zu Amt und Würden gekommen war, stimmte er für Leistungsbeschränkungen bei »Medicare«, der staatlichen Krankenversicherung für Alte, und dafür, die Rolle des Staates bei der Gesundheitsfürsorge auf ein Minimum zu begrenzen.

Am 10. November 2004, nur wenige Tage nachdem Bush erneut die Wahl gewonnen hatte, reichte John Ashcroft sein förmliches Rücktrittsgesuch als Generalstaatsanwalt und Justizminister ein. In seinem Schreiben wünschte er George Bush eine gedeihliche zweite Amtszeit, für die er [Ashcroft] aber »zu müde« sei, um weiter in der Regierung zu bleiben. »Das Ziel der Gewährleistung von Sicherheit vor Verbrechen und Terror für die Amerikaner ist erreicht worden«, schrieb Ashcroft. »Die Rechtsstaatlichkeit ist gestärkt und von den Gerichten durchgesetzt worden. Dennoch glaube ich, dem Justizministerium würden eine neue Führung und neue Inspiration gut tun.« Ashcrofts Rücktritt kam für den Präsidenten nicht überraschend, denn der Justizminister hatte schon monatelang von seinem Wunsch gesprochen, aus der Regierung auszuscheiden. Zwar hatte es Gerüchte gegeben, Ashcroft sei krank gewesen, doch seine engsten Mitarbeiter im Justizministerium erklärten, der Generalstaatsanwalt wollte auf jeden Fall gehen, sobald er »alles erreicht hat, was er sich vorgenommen hat«. Ein persönlicher Berater sagte: »Ashcroft wusste, wenn er gehen wollte, dann war der beste Zeitpunkt, wenn er ganz oben war ...«

Innerhalb von Tagen ernannte George W. Bush einen engen Freund und politischen Verbündeten zum Nachfolger. Alberto Gonzales, mexikanischer Einwanderer, wurde der erste hispanische Justizminister in der Geschichte des Landes. Oberflächlich betrachtet ist Alberto Gonzales das ziemliche Gegenteil von John Ashcroft, welcher der Vorzeigemann der evangelikalen christlichen Rechten war. Gonzales, römisch-katholischen Bekenntnisses, der zusammen mit sieben Geschwistern in einem Haus ohne fließendes Wasser oder andere Annehmlichkeiten aufwuchs, ist weniger wegen seiner Ideologie bekannt als vielmehr für seine Loyalität gegenüber George W. Bush. Konservative haben Gonzales immer misstrauisch beäugt und oft gewitzelt, »Gonzales« sei sicher das spanische Wort für »Souter«, eine Anspielung auf den liberalen Richter David Souter am Supreme Court, den George Bush senior während seiner Amtszeit ernannt hatte. Ein Grund, warum Gonzales den Argwohn der christlichen Rechten auf sich gezogen hatte, war eine Entscheidung, die er im Jahr 2000 als Richter am Obersten Gerichtshof von Texas getroffen und bei der er sich dem Mehrheitsvotum seiner Kollegen angeschlossen hatte, die einem schwangeren Teenager das Recht zugestanden, eine Abtreibung vornehmen zu lassen, ohne die Eltern in Kenntnis zu setzen. Gonzales stimmte auch beim Thema »affirmative action«, der bevorzugten Behandlung ethnischer Minderheiten und unterrepräsentierter Bevölkerungsgruppen, nicht mit den Konservativen in der Regierung Bush überein. Als das Kriterium der Rassenzugehörigkeit bei der Zulassung zur University of Michigan 2003 vor den Supreme Court kam, argumentierte Gonzales, die Regierung solle keine »harte Linie zugunsten weißer Studenten verfolgen, die vorbringen, sie seien einer Diskriminierung unter umgekehrten Vorzeichen (›reverse discrimination‹) durch die Universität zum Opfer gefallen«. Die Kontroverse um Alberto Gonzales ist nicht auf die christliche Rechte beschränkt; entsprechende Kommentare werden auch von liberaler Seite laut sowie von bestimmten Mitgliedern der Regierung Bush. Das Sonderbare ist, dass Gonzales zwar bei den innenpolitischen Moralthemen für liberaler als Ashcroft gehalten wird, gleichzeitig aber in der Öffentlichkeit am umstrittensten dastand wegen seiner aktenkundigen Rolle bei den Beratungen der Regierung über den Umgang mit Gefangenen im Krieg gegen den Terrorismus. Gonzales war einer der Architekten der Politik des Weißen Hauses, wonach Verdächtige zeitlich nahezu unbegrenzt und ohne Zugang zu Anwälten oder Gerichten festgehalten werden können. Im Februar 2002 verfasste er ein Memo, das Bush die Formulierung eines Rechtsanspruchs ermöglichte, internationale Verträge und Gesetze gegen die Folter aufzuheben, wenn es um Kriegsgefangene ging, die nicht »offiziell« im Dienst anderer Länder standen. Menschenrechtsgruppen kritisierten diese Denkschrift, weil sie ihrer Ansicht nach jene Missbräuche erlaubte, zu denen es in Abu Ghraib gekommen war. Der interessanteste Aspekt der Polemik um Alberto Gonzales ist, dass er einerseits als jemand gilt, der gegenüber dem Terrorismus eine harte Haltung einnimmt, härter noch als sein Vorgänger John Ashcroft, dass er aber andererseits im Ruf steht, bei strittigen Punkten wie Abtreibung oder Sterbehilfe weitaus liberaler zu sein. Unter den Konservativen kursiert die Angst, dass der Präsident des Obersten Bundesgerichtshofs, William H. Rehnquist, der wegen Schilddrüsenkrebs in Behandlung ist, demnächst zurücktreten und durch Alberto Gonzales ersetzt werden könnte. Mit anderen Worten: Aus einer globalen Perspektive heraus konservativ zu sein, wenn es um den Krieg der USA gegen den Terrorismus geht, ist ein ganz anderer Konservatismus als der auf innenpolitischer Ebene, wenn es um all die moralischen Themen geht, die der christlichen Rechten heilig sind. Die Art und Weise, wie sich die Geister an Alberto Gonzales scheiden, ist typisch für die Polarisierung der verschiedenen Lager auf der Rechten und auf der Linken.

In den gegenwärtigen Zeiten wird »der Feind« nicht auf ein

Land oder einen Führer eingegrenzt, sondern der Begriff schließt jeden ein, der zufällig die gleichen religiösen Überzeugungen hegt wie das von der amerikanischen Militärmacht ins Visier genommene Ziel, sei er nun Agent von Al Kaida oder arabischstämmiger Amerikaner, dem ein Lebensmittelladen in Detroit gehört. Angesichts der Ereignisse, die augenblicklich die internationale Szene beherrschen, glaubt Präsident George W. Bush daran, dass der Krieg im Irak den USA nicht nur positive geopolitische Resultate liefern, sondern auch die Unterstützung der fast achtzig Millionen Evangelikalen – seiner begeistertsten Anhänger – weiter festigen wird, nach deren Ansicht jeder Krieg gegen den Islam nichts weniger ist als ein Kreuzzug, um die Welt von der islamischen Bedrohung zu befreien. Zudem sind sich die Evangelikalen sicher, dass der Irakkrieg einen für sie profitablen Sekundäreffekt haben wird: Ein von den Amerikanern besiegtes wichtiges moslemisches Land werde sich zweifellos christlichen Missionaren öffnen, die dort neue Seelen heimholen können.

Das »Mitgefühl« beziehungsweise der »Konservatismus« aus George W. Bushs Programm haben sich bei allen moralischen Themen in einer radikalen Abkehr von Präzedenzfällen geäußert, wie es sie in den USA seit Roosevelts »New Deal« gegeben hat, oft unter Missachtung der von der Verfassung vorgegebenen Struktur der Staatsgewalt. Strategie und Taktik einer großen Mehrheit der Republikanischen Partei zielten darauf ab, frühprotestantischer Ethik in ihrer reinsten Form wieder Geltung zu verschaffen und letztlich alle staatlichen Sozialprogramme und Institutionen durch aus privaten Spenden finanzierte religiöse Organisationen zu ersetzen. Fast jede mit der religiösen Rechten verbundene Gruppe hat von Präsident Bushs moralischem Zugriff auf die Politik profitiert. Seit seiner Wahl im Jahr 2000 hat er im Kongress Gesetze durchgedrückt oder mit seinem Vetorecht verhindert, darunter solche zur

Schusswaffenkontrolle oder zur Entschädigung von Opfern kriminellen Waffengebrauchs. »Wir sollten Religion nicht als etwas Beunruhigendes für unsere Gesellschaft betrachten«, lautet eine seiner Aussagen. »Wir sollten sie bereitwillig in unsere Programme einbauen. Wir sollten sie bereitwillig in unser Sozialsystem einbauen. Wir sollten die heilende Kraft des Glaubens für unsere Gesellschaft anerkennen.«[4]

21. Eine prekäre Balance

> *Glaube nichts, gleichgültig, wo du es gelesen hast oder wer es gesagt hat, gleichgültig, ob ich es gesagt habe, es sei denn, deine eigene Vernunft und dein gesunder Menschenverstand stimmen dem zu.* (Buddha)

Angesichts der unverändert explosiven Lage im Nahen Osten und der Ausbreitung islamistischen Terrors auf die ganze Welt liegt die Gefahr nicht in der Aufrichtigkeit als solcher, mit der die Evangelikalen an die Bibel glauben. Gefährlich wird es dann, wenn die christliche Rechte diesen beharrlichen evangelikalen Glauben an die Heilige Schrift dazu benutzt, um ihre eigenen politischen Ziele bezüglich des Staates Israel durchzusetzen. So hat die Gemeinde der Evangelikalen dem Konflikt eine neue Dimension hinzugefügt, die von einer ebenso brisanten ultrareligiösen Rhetorik durchzogen ist wie die aller anderen extrem religiösen Gruppen in dieser Weltregion.

Im Verlauf der Geschichte hat es stets nur eines Wenigen bedurft, um antisemitische Vorurteile zu schaffen. Unmittelbar nach den Anschlägen von Madrid am 11. März 2004 hatten Stimmen aus Europa und dem Fernen Osten verkündet, für Terrorismus gebe es keine politische Rechtfertigung und keine revolutionäre oder Befreiungsbewegung könne für den Mord an unschuldigen Zivilisten eine wie auch immer geartete Legitimation beanspruchen.

Wäre die zivilisierte Welt tatsächlich der Ansicht, dass kein politisches Problem Erpressung oder Einschüchterung oder die Zerstörung von Ländern mit anderer Philosophie, Politik oder Religion als Mittel verdeckt operierender Terrorgruppen rechtfertigt, dann würde sie die terroristischen Anschläge von Palästinensern gegen Israel auf die gleiche Weise betrachten. Aber das geschieht nicht und ist noch nie geschehen.

Für jeden, der an das Existenzrecht Israels glaubt, ist es schwer und problematisch, die christliche Rechte dafür zu kritisieren, dass sie den jüdischen Staat finanziell, politisch und moralisch unterstützt. Für jeden, der glaubt, dass Israel gezwungen ist, sich an einem anderen Maßstab internationalen Rechts zu orientieren als andere Länder, die Opfer von fortwährendem Terrorismus sind, ist es unvorstellbar, die christliche Rechte wegen ihrer Entschlossenheit zu verurteilen, sich gemeinsam mit dem jüdischen Staat gegen die Weltmeinung zu stellen. Und dennoch: Die Beweggründe der christlichen Rechten im Zusammenhang mit Israel zu verstehen bedeutet gleichzeitig zu erkennen, dass sie mit ihrer Liebe und Unterstützung letzten Endes mehr Schaden anrichten wird, als dass sie Gutes tut. Für diejenigen, die wissen, dass Israel innerhalb der internationalen Gemeinschaft in der Tat allein dasteht und ausschließlich von den USA abhängig ist, wenn es um finanziellen und militärischen Beistand oder um die Möglichkeit geht, Verurteilungen durch die UNO mit einem Veto zu verhindern, wäre es eine unerträgliche Vorstellung, sich missbilligend über die christliche Rechte zu äußern. Vorbehaltloser Hass beruht auf Vorurteil. Unbedingte Liebe ist ebenfalls eine Form des Vorurteils. Eine Gruppe von Menschen komplett als Satan einzustufen ist genauso gefährlich, wie eine Gruppe anderer Menschen komplett zu Auserwählten Gottes zu ernennen. Aus biblischer Rhetorik abgeleitete Allgemeingültigkeiten lassen keinen Spielraum für menschlichen

Irrtum zu. Als der französische Präsident Jacques Chirac gegen die US-Intervention im Irak Stellung bezog, traf er eine Feststellung, die es verdient, zitiert zu werden: »Ein wahrer Freund ist jemand, der Kritik üben oder anderer Meinung sein oder auf den Irrtum einer Entscheidung hinweisen darf, ohne die Freundschaft zu beschädigen.«[1] Seine Motive, warum er sich der Befreiung des Irak nicht anschließen wollte, sind irrelevant. Aber die von ihm getroffene Feststellung ist in sich klar und richtig, auch wenn sie nicht alle Gründe wiedergibt, warum sich Frankreich der US-Koalition verweigerte.

Die Ängste, die zum ersten Mal bei der Besetzung der US-Botschaft in Teheran und der nachfolgenden Geiselkrise auftraten, dann wieder nach den Terroranschlägen von New York und Washington im September 2001 und anlässlich der fortwährenden Selbstmordattentate der zweiten Intifada in Israel und der Angriffe auf das US-Militär im Irak, haben in den Vereinigten Staaten ein Klima der Islamophobie erzeugt.

Während sich die Evangelikalen zu diesem letzten Kreuzzug aufmachen, um der ganzen Welt Demokratie und christliche Werte zu bringen, und dabei gleichzeitig im Islam den Feind der Christenheit sehen, sind sie in ihren von der Bibel inspirierten Überzeugungen hinsichtlich Israel und des jüdischen Volkes noch inbrünstiger geworden. Diese Inbrunst, die auf dem Glauben beruht, dass die Juden den Schlüssel zur Wiederkunft Jesu als Messias in Händen halten, zwingt das so genannte »auserwählte Volk« dazu, einen außergewöhnlichen Preis zu zahlen. Wie Jan Morrison, die ich anlässlich des Laubhüttenfests in Jerusalem traf, zu mir sagte: »Ich glaube zwar, dass die Juden das auserwählte Volk Gottes sind, aber nach unserer Theologie werden sie alle bis auf einen kleinen Rest ausgelöscht. Das sage nicht ich, das sagt Gott. Ich bin nicht verantwortlich für das Schicksal des jüdischen Volkes. Nicht dass es mir egal wäre, was mit den Juden geschieht; aber es ist nun mal Gottes Plan, dass diejenigen, die Jesus nicht akzeptieren, grauenvoll umkommen werden.«[2]

In all den Jahren, in denen ich den Nahen Osten bereiste und über den israelisch-palästinensischen Konflikt schrieb, habe ich immer daran festgehalten, dass Israel um jeden Preis fortbestehen muss. Diesen Glauben habe ich noch immer, auch nachdem ich Zeuge der durch die eigenen Führer und die arabische Welt herbeigeführten Tragödie des palästinensischen Volkes und seiner Leiden unter israelischer Besatzung geworden bin. Ich war immer zutiefst davon überzeugt, dass das größte Hindernis für einen Frieden die eigennützigen Interessen der Führung auf beiden Seiten des Konflikts sind. Ich war lange genug mit einfachen Menschen im Westjordanland, im Gazastreifen und auch in Israel zusammen, um zu wissen, dass der Schmerz der Familien überall gleich groß ist, ob einer ihrer Lieben nun einen Sprengstoffgürtel trug oder als Passant bei einer Explosion ums Leben kam. Die Hoffnungen, Träume und Wünsche beider Völker entwickelten sich aus normalen menschlichen Bedürfnissen nach Bildung, nach einem ordentlichen Lebensstandard, nach Arbeit und Angstfreiheit im Alltag, sei es nun in Ramallah oder in Tel Aviv. Es gab nie ein Entweder-oder, und für mich war es nur eine Frage der Zeit, bis die Menschen genug Druck auf ihre Führer ausübten, um eine Lösung zu erzwingen.

Realistischerweise glaubte ich auch, dass der erste Schritt zu einer dauerhaften Zweistaatenlösung in einer Trennung zweier Völker liegen müsse, die seit Jahrzehnten in einer lieblosen Ehe gefangen sind. Erst wenn das Band zerschnitten ist, könnte es mit der Zeit und schrittweise zu einer Versöhnung auf der Basis von Respekt und Vertrauen kommen. Es war meine Hoffnung, dass Israelis und Palästinenser, hätten sie sich erst einmal aus dieser lieblosen Ehe befreit, eine gegenseitige Zuneigung und Freundschaft entwickeln könnten. Schließlich sind sie alle Semiten und haben genetische, sprachliche und kulturelle Gemeinsamkeiten. Der Islam erkennt Abraham als Propheten an. In vorzionistischen Zeiten, von der Zeit Mohammeds bis zum Osmanischen Reich, wurden Juden toleriert, ja sogar geachtet und als Angehörige des biblischen Volkes vom Kriegsdienst befreit.

Als die palästinensische Bevölkerung gegen das unredliche Finanzgebaren von Jasir Arafat und der Palästinensischen Autonomiebehörde zu protestieren begann, fühlte ich mich ermutigt. Diejenigen unter uns, die sich im Westjordanland und in Gaza aufgehalten hatten, bevor es die israelische Regierung Jasir Arafat gestattete, sich in Ramallah niederzulassen, wussten um die allgegenwärtigen Entbehrungen und Leiden in dieser Region. Doch nach zehn Jahren unter Arafat hatte sich die Lage nur weiter verschlimmert, bis der Palästinenserführer schließlich ins Abseits geschoben und gezwungen wurde, in seinem Hauptquartier zu bleiben. Nach seinem Tod im Dezember 2004 gab es zwar die pflichtschuldige Trauer im Westjordanland und im Gazastreifen, aber auch ein ganz deutliches Gefühl der Erleichterung innerhalb der palästinensischen Führung und ein Gefühl der Hoffnung bei der Bevölkerung. Die Ankündigung von Premierminister Ariel Scharon, sich einseitig aus Gaza zurückzuziehen, war ein sehr wichtiger erster Schritt in Richtung auf eine Scheidung. Seine erfolgreiche Bildung einer Regierung der nationalen Einheit, mit Schimon Peres von der linken Arbeiterpartei als stellvertretendem Premierminister, ließ einen endgültigen und vollständigen Rückzug als nicht unmöglich erscheinen. Ich gebe zu, dass meine eigene Reaktion eine egoistische war. Rückzug aus Gaza würde bedeuten, dass die arabische Welt und die palästinensische Führung zu einer zivilen Mobilmachung gezwungen wären, um diese unbewohnbare Gegend bewohnbar zu machen, Parks anzulegen, Schulen und Krankenhäuser zu bauen und annehmbare Lebensbedingungen zu schaffen mit sauberem Wasser und funktionierender Kanalisation als Schutz gegen Krankheiten und Umweltverschmutzung. Sie könnten dann die unmenschlichen Bedingungen nicht länger den israelischen Besatzern in die Schuhe schieben. Außerdem wäre es eine logische Folge des Abzugs aus Gaza, dass Ägypten gezwungen wäre, in einem freien Grenzverkehr Palästinenser zum Arbeiten, auf Freundes- oder Familienbesuch oder zur medizinischen Behandlung ins Land und an einer besser florierenden Wirtschaft teilhaben zu lassen. Für die Israelis hätte Scharons Plan vielleicht die Konsequenz, dass die Welt aufhören würde, ihnen die Schuld an den unsäglichen Lebensbedingungen zu geben, unter denen das palästinensische Volk so lange zu leiden hatte, angefangen bei der jordanischen Kontrolle über das Westjordanland und der ägyptischen Kontrolle über Gaza, bis 1967, als die Gebiete unter israelische Herrschaft gerieten. Für die Palästinenser würde eine echte Autonomie dann beginnen, wenn sie sich Führer wählen könnten, die die Interessen der Bevölkerung vor die eigene politische Karriere oder den finanziellen Profit stellen.

Doch seit Premierminister Scharon, der bis dahin so gut wie nichts falsch machen konnte, seinen Plan bekannt gab, hagelt es heftige Kritik seitens jüdisch-orthodoxer Gruppen in Israel, einschließlich einer Hand voll Siedler in Gaza, und seitens evangelikaler Christen in den USA. Sie zitieren die Bibel als unumstößlichen Beweis dafür, dass auch Gaza in den Bund mit Abraham einbezogen sei, und nehmen billigend in Kauf, dafür die Sicherheit der jüdischen Bevölkerung zu opfern, einschließlich der von Hunderten junger israelischer Soldaten, die während ihres Militärdienstes fanatische Siedler in einem Gebiet beschützen müssen, wo sie weder willkommen noch sicher sind, und alles das wegen einer biblischen Textstelle, die die Wiederkunft Jesu Christi als Messias verheißt.

In dem Maß, in dem die arabische Welt reicher und technisch fortgeschrittener wird und politisch anspruchsvoller und bestimmter auftritt, und das bei zunehmender Bevölkerungszahl, in dem Maß wird Israels Position immer instabiler. Es bedarf nur einer einzigen Veränderung, wie zum Beispiel einer Revolution in Saudi-Arabien mit einem drohenden Stopp der Öllieferungen in die USA, und schon ist es mit dem Gleichgewicht vorbei, das Israel am Leben erhält. Indem sie den jüdischen Staat ermutigen, gegenüber den Palästinensern unnachgiebig zu bleiben, und ihn dazu animieren wollen, sich in allernächster Zeit so viel Land wie nur möglich zwischen Nil und Euphrat anzueignen, unterschreiben die Evangelikalen langfristig das Todesurteil für Israel.

Der abträglichen Liebe für das jüdische Volk sind auch jene aus der amerikanischen jüdischen Gemeinde schuldig, die evangelikale Überzeugungen unterstützen, wenn auch aus eher pragmatischen Gründen. Amerikanische Juden, die der christlichen Rechten anhängen, geben zu verstehen, dass auch die anderen amerikanischen Juden ihre Bürgerpflichten gegenüber den USA ihren Verpflichtungen als Juden unterordnen und das tun sollten, was »gut« für den Staat Israel ist, nämlich ihn eisern zu unterstützen. Gleichzeitig gestatten es israelische Juden, die bei der christlichen Rechten wärmendes Mitgefühl suchen, dass sich die Wiedergeborenen in die israelische Innen- und Außenpolitik einmischen, wodurch sie manipulierend oder deformierend in den Evolutionsprozess des Staates Israel eingreifen. Für die christliche Rechte ist es nur ein geringer Preis, der für die Wiederkunft Jesu als Messias zu zahlen ist, wenn man dafür die Sicherheit der jüdischen Bevölkerung opfert, die Existenz Israels als unabhängiger Staat aufs Spiel setzt und zugleich dafür sorgt, dass die Palästinenser weiterhin in Not und Elend leben. Die Logik der Evangelikalen ist aus ihrer eigenen Sicht selbstverständlich einleuchtend: Eine Ewigkeit zusammen mit Jesus Christus im Himmel entschädigt für alles. Die Juden reagieren verwirrt, denn nach evangelikalem Glauben steht fest, dass es am Ende aller Tage keine Juden mehr geben wird, die sich Jesus Christus verweigern, weil sie entweder ausgelöscht oder bekehrt wurden. Vielleicht fällt es ihnen schwer, sich mit der Idee der baldigen Ankunft eines proklamierten Messias anzufreunden, weshalb sie diese Vorstellung in eine weit entfernte, nebulöse und unvorstellbare Zukunft wegschieben.

Rassisch begründete Charakterisierungen unter dem Deckmantel von Sicherheitsbedenken sind derzeit weit verbreitet, ebenfalls die Gleichsetzung von Gottgläubigkeit mit Patriotismus und die Einstufung der Liebe zum jüdischen Volk als Gottes Gebot. Doch worin besteht letztlich der Preis für diese Art von biblischem Patriotismus? Was stellen sich die Evangelikalen für jene Gruppen vor, die sie als Hindernisse für die Wiederkunft des Messias betrachten wie die Moslems, die im Namen Allahs »Ketzer« umbringen, oder gewisse europäische Länder, die eine militärische Kooperation mit den USA verweigern, oder die Juden, die Jesus getötet haben?

Obwohl die Juden der Ansicht sind, diese visionären Endzeiten würden erst in ferner Zukunft bevorstehen, ist es doch vielleicht ganz nützlich, sich daran zu erinnern, dass sich seit den Zeiten Jesu Christi schon mehrfach Menschen als Messias präsentierten, sowohl gegenüber den Juden als auch bei den Ungläubigen. Und immer hat es Menschen gegeben, die an sie glaubten. Einmal angenommen, es kommt ein solcher Messias des Weges, der von den fundamentalistischen Glaubensgemeinschaften akzeptiert wird, aber nicht von den Juden. Werden die Fundamentalisten dann glauben, bei der Inszenierung des Massakers an den Nichtchristen mitwirken zu müssen, einem Szenario, das in blutrünstigen Einzelheiten in *Der Triumph*[3] beschrieben ist, dem letzten Band aus der »*Left Behind*«-Reihe, von der über 55 Millionen Exemplare verkauft wurden?

So tragisch die Umstände und so entsetzlich die Anschläge des 11. September 2001 auch waren, die Regierung Bush hat jene Ereignisse überstrapaziert, um politische und soziale Verordnungen zu rechtfertigen, die nun landesweit in Kraft sind. Obwohl der Präsident am 2. November 2003 mit Bezug auf die islamistischen Terroristen gesagt hatte: »Wir weigern uns, in Angst zu leben«, ist die Wirklichkeit eine ganze andere. Die US-Bürger leben seit vier Jahren in Angst. Seit diesen Anschlägen hat die Regierung Woche für Woche nach einem Farbcode abgestufte Sicherheitswarnungen herausgegeben, verbunden mit bösartigen Botschaften: Traut eurem Nachbarn nicht, beobachtet den Himmel, kauft Klebeband und Gasmasken und seid auf der Hut, wenn ihr in den öffentlichen Verkehrsmitteln Männer und Frauen seht, die »vom Typ her« aus dem Vorderen Orient stammen könnten. Inzwischen haben der Krieg im Irak und die täglichen Verluste an amerikanischen Menschenleben bei einigen unterschwellige Gefühle von Antisemitismus erzeugt, wonach die Juden für das verantwortlich sind, was die Welt aus der Hand der Feinde Israels erdulden muss.

Für die Gesellschaft geht von jeder Art von religiösem Fundamentalismus insofern eine Gefahr aus, als deren charismatische Führer behaupten, in direktem Kontakt mit Gott zu stehen, ob sie nun Priester, Rabbis, Prediger, Imame oder auch weltliche Politiker von der Art eines Oberst Ghadafi in Libyen sind, der 1970 in einem berühmten Interview mit der Journalistin Oriana Fallaci erzählte, Gott habe direkt zu ihm gesprochen[4].

In der Geschichte der Menschheit und der Welt hat die von frömmelnder Gottesfurcht inspirierte Anmaßung mehr Unheil und

Zerstörung angerichtet als der schwarze Tod, Aids, überschwemmungen und Hungerkatastrophen. Jede Handlung hört auf, unvorstellbar zu sein, sobald alles »in Übereinstimmung mit dem Willen Gottes« geschieht. Für den Charismatiker gibt es so etwas wie einen persönlichen Wunsch oder einen privaten Antrieb oder einen flüchtigen Gedanken gar nicht, sondern nur Gottes Wort. In dem Bestreben, aus Glauben Wirklichkeit werden zu lassen, erklärt man den Mitgliedern fundamentalistischer oder charismatischer Bewegungen, dass auch ihre Gedankengänge und geistig-seelischen Impulse allesamt Eingebungen des Herrn seien. Dergleichen lernte ich gleich zu Beginn meiner Recherchen kennen, und zwar in einem Interview mit einer zur Pfingstkirche gehörenden Christin.

Julia Pendegrast ist sechzig Jahre alt und bewohnt in einem gutbürgerlichen Vorort im Herzland der USA ein Haus mit versetzten Stockwerken. Sie ist weiß, intelligent, hat das College besucht und formuliert schnell und abgehackt, sofort in der Lage, jedwede Zweifel oder Fragen hinsichtlich ihrer ungewöhnlichen Geschichte im Keim zu ersticken[5]. Sie ist die Frau eines prominenten Anwalts, den sie als Gerichtsstenographin bei einem Prozess kennen gelernt hat, und sie wird von ihrer Umgebung geachtet und geschätzt und ist sich auch selbst ihrer gesellschaftlichen und moralischen Verpflichtung gegenüber jenen bewusst, die vom Glück weniger begünstigt sind. Obgleich sie kein sonderlich politischer Mensch ist, weiß sie doch sehr genau Bescheid über die aktuellen inneramerikanischen und internationalen Probleme, mit denen sich die US-Bürger derzeit konfrontiert sehen. Sie spricht kenntnisreich und selbstsicher über die Wirtschaft, die Aktienmärkte, über Kriminalität, Globalisierung und über die allgegenwärtige Bedrohung durch den Terrorismus auf der ganzen Welt, besonders dort, wo er sich gegen amerikanische und jüdische Ziele richtet. Sie hat sich die Weltgeschichte so zurechtgelegt, dass sie immer wieder auf die Bedeutung Israels für Gott verweisen kann, weil sich dort die Prophezeiungen der Apokalypse erfüllen würden. Sie erzählt, wie Chaim Weizmann, der erste Präsident Israels und von Beruf Chemiker, die alliierten Streitkräfte vor Adolf Hitler gerettet habe: »Den Engländern war nämlich die Chemikalie ausgegangen, die sie für die Herstellung von Munition brauchten, und Weizmann hatte einen alternativen Stoff entwickelt. Um sich dafür zu bedanken, dass er die Welt vor Hitler gerettet hatte, fragte die britische Staatsführung Weizmann, was sie für ihn tun könne. Weizmann sagte, dass er Land für das jüdische Volk brauche«, und die Briten gaben es ihm. Die Gründung des Staates Israel stelle den Anfang »der Herrschaft von Jesus Christus, des Messias, dar, die demnächst beginnt«.

»Und weil Gott mir sagte, dass ich nie sterbe, werde ich dabei sein und miterleben, wenn Er auf die Erde zurückkehrt.«

Pendegrast kam in einer Baptistenfamilie zur Welt und fand zu Jesus als ihrem persönlichen Erlöser nach ihrer ersten Begegnung mit ihm: »Es war bei meiner Geburtstagsparty zum Sechzehnten, und Jesus erschien mir in der Damentoilette. Er sagte mir, ich sei alt genug, um meine eigenen Entscheidungen zu treffen, und ... ich beschloss, mein Leben ihm zu widmen, dem Ewigen.« Sie erklärt, dass »wegen dieser Gabe, die mir der Herr verliehen hat, meine Gebete direkt auf die dritte Ebene des Himmels vordringen, wo Jesus zur Rechten Gottes sitzt. Wenn man zum Allmächtigen spricht, zum Ewigen, dann hört man auch von Ihm, und ich habe immer von Ihm gehört, über die Heilige Schrift. Später hat Er dann auch laut mit mir geredet.« Sie spricht über den Bund Gottes mit Abraham zugunsten des Landes Israel, und sie bietet eine »historische« Bestätigung dieser Tatsache: »Die Pilgerväter in England wurden verfolgt ... weil sie glaubten, dass Gott dem jüdischen Volk Israel geschenkt hatte. Die anglikanische Kirche ... versuchte, sie dazu zu zwingen, [diese Vorstellung] aufzugeben ... und das war der Grund, warum die Pilger nach Amerika geflohen sind.« Pendegrasts Sendung im Auftrag des Herrn begann 1979 zum Zeitpunkt der iranischen Geiselkrise und während einer der regelmäßigen Besuche Jesu Christi bei ihr. »Er sagte mir ... es sei an der Zeit, die Christen zum Kampf gegen das Böse des Islam zu mobilisieren«, und zwar durch Gebete.

Im Jahr 1981 wurde bei ihren beiden Eltern Krebs im Endstadium diagnostiziert. Während sie sie pflegte und für sie betete, hörte sie vom Herrn Näheres über die Sendung, mit der Er sie betrauen wollte. »Ich las gerade in der Heiligen Schrift, und mein Geist stieß auf eine bestimmte Textstelle, und plötzlich ergab alles einen Sinn, und ich hörte klar und deutlich die Worte des Herrn, dass ich am Abend des 11. September 1982, einem Freitag, eine Andacht abhalten solle.«

»Dank des Ewigen Gottes wusste ich, was ich zu tun hatte, um das mir von Ihm übertragene Projekt umzusetzen«, sagt Pendegrast. »In jener Nacht kam Er wieder im Traum zu mir und trug mir auf, ich soll meine Mission ›Das Wort des Herrn‹ nennen.«

Sie wusste, dass sie sehr viel Geld benötigen würde, um ihr geistliches Amt »ins Leben zu rufen«. Sie erinnert sich an die »unergründlichen Wege« des Herrn, der ihr bei der Ausarbeitung der finanziellen Details geholfen habe: »Der Herr hat alles gerichtet, denn Er wusste, dass meine Mission gleich nach dem Tod meiner Eltern beginnen würde, was bedeutete, dass ich, wenn ich alles richtig handhabte, auch das Geld haben würde, damit alles klappt ...«

Zwei Monate nach jener Gebetssitzung, die die ganze Nacht gedauert hatte, starb Pendegrasts Mutter, und kurz danach konnte sie ihren Vater überreden, ihr Erbe und das ihres einzigen Bruders in

Höhe von 500 000 Dollar freizugeben, um ihre Sendung »ins Leben zu rufen«. »Ich sagte meinem Vater ... dass ich ... während der letzten paar Jahre [darüber] mit dem Herrn diskutiert hatte. Daddy fragte mich, ob ich es mit meiner Mutter vor ihrem Tod diskutiert hätte, und ich sagte ihm, dass sie dafür gewesen sei, dass ich das Geld nahm.« Thelma, die Schwester von Pendegrasts Mutter, ebenfalls sehr spirituell und mystisch orientiert, bestätigte den Sachverhalt und ermunterte ihren Schwager, das Geld freizugeben. »Wir wussten beide, dass mein Bruder Verständnis haben würde«, erklärt Pendegrast, »denn es war ja Gottes Wille.« In Wahrheit hatte Pendegrast ihre göttliche Mission nicht mit ihrem Bruder besprochen, und zwar mit der Begründung, sie habe darauf gewartet, »dass Gott mir sagte, wann der richtige Zeitpunkt gekommen war, um ihm die Dinge zu erklären«.

Tante Thelma hatte einen staatlich geprüften Steuerberater bei der Hand, den sie mit Julia Pendegrast zusammenbrachte und der ihr erklärte, dass es das Beste sei, sich das ganze Geld zu holen, bevor ihr Vater starb. Auf diese Weise stünde nichts mehr im Testament, was ihr Bruder anfechten könnte. Kurz vor dem Tod ihres Vaters machte Julia Pendegrast ihm den Vorschlag, er solle doch einige Wochen bei seinem Sohn und dessen Familie verbringen. »Daddy blieb drei Wochen lang bei meinem Bruder in Indiana. Damit hatten ich, der Steuerberater, Tante Thelma und ein wunderbarer Mann meiner Kirche genügend Zeit, alles in die Wege zu leiten und die ganzen juristischen Dinge zu regeln.« Tränen schießen ihr in die Augen. »Dank des Herrn hat Daddy alles unterschrieben, bevor er nach Indiana ging. Er starb zwei Tage nach seiner Heimkehr, und ich erkannte, dass der Herr seine Hand im Spiel hatte ... Mein Bruder ist ein guter Christ, und so war ich sicher, er würde die Wege Gottes und Gottes Pläne für mich verstehen.«

Nach der Beerdigung informierte Pendegrast ihren Bruder über das, was Gott ihr aufgetragen hatte. Ihr Bruder war geschockt und wütend. Heute ist »Das Wort des Herrn« eine evangelikale Organisation und hat über 75 000 christliche Frauen in allen Teilen der USA als Mitglieder. Hinsichtlich ihres Bruders räumt Pendegrast ein, dass sie seitdem nicht mehr miteinander sprechen.

Das Signifikante an Julias Geschichte ist, dass sie normalerweise zu den Menschen gehört, die nicht im Traum daran denken würden, vom eigenen Bruder oder sonst jemandem Geld zu stehlen. In unaufgeregteren Zeiten und bei klaren Sinnen hätte für sie das Gebot »Du sollst nicht stehlen« genau das bedeutet, was es aussagt. Zwar lässt sich Julias Diebstahl nicht vergleichen mit Massakern und anderen Gräueltaten, die auf angebliche göttliche Eingebungen zurückzuführen sind wie beispielsweise Jim Jones' Passionsspiel in Guyana oder die Inquisition oder die Kreuzzüge oder der Holocaust; doch wenn man Julia mit 80 Millionen Menschen multipliziert, dann ergibt das eine Anarchie von erschreckendem Ausmaß. Regeln werden nichtig, und gegen alle Gesetze kann verstoßen werden, um Gottes Wünsche zu erfüllen. Alles ist möglich, wenn es sich nur auf Glauben und Religion stützt. Der Gesellschaftsvertrag kann straflos gebrochen werden.

Die Vereinigten Staaten laufen derzeit Gefahr, sich von einer Demokratie mit einer verfassungsmäßigen Trennung von Staat und Kirche in eine Theokratie zu verwandeln, in der die religiösen Lehrsätze einer besonders mächtigen Gruppe der Bevölkerung zum Gesetz werden. Wer glaubt, das Einbringen des Religiösen in das politische und kulturelle Gefüge einer Demokratie sei harmlos, ist naiv. Die Gefahr einer dominanten Religion, die ihre Glaubensüberzeugungen der Gesellschaft per Gesetz aufzwingt, liegt ihn ihrem Potenzial, Hass gegen andere religiöse Gruppen schüren zu können und intolerant gegenüber jeder Art von Verhalten zu sein, das von den eigenen rigiden Normen abweicht.

Mit Hilfe ihrer finanziellen Ressourcen, ihrer politischen Schlagkraft und ihrer bloßen Anhängerzahl haben die Evangelikalen versucht, die Verfassung de facto außer Kraft zu setzen, die innenpolitische Agenda der USA zu verbiegen und die Außenpolitik auf fundamentalistische Ziele auszurichten. Infolgedessen sehen sich die USA als die einzig verbliebene Supermacht mit einem moralischen Dilemma konfrontiert. Sind die Amerikaner die letzten Kreuzzügler, die dem nicht zum christlichen Abendland gehörenden Rest der Welt christliche Werte bringen? Oder führen sie einen pragmatischen Krieg aus Selbstschutz vor einem auf raffinierte Weise todbringenden Feind, der keine bestimmte Uniform oder identifizierbare Feldzeichen trägt in einem Kampf, dessen Frontverlauf sich ständig verändert? Ist es notwendig geworden, in einem Krieg, dessen Ursachen religiöser und kultureller Natur sind, die Rechte einiger aufzuheben, um die Sicherheit aller zu schützen?

Für diejenigen, die der Meinung sind, Glaube sei Privatsache und habe keinen Platz in Politik, Regierung oder Militär, schließt das Beschützen der Welt vor terroristischen Anschlägen die Aufrechterhaltung staatlicher Gesetze mit ein, weil sie das verkörpern, wofür wir stehen. Die Existenz eines Gottes sollte in einer weltlichen oder demokratischen Gesellschaft weder Gegenstand öffentlicher Diskussionen sein noch Teil einer globalen Kampagne, um die Welt von Menschen zu befreien, die, aus welchen Gründen auch immer, sich vorgenommen haben, Angst zu erzeugen, unsägliches Leid und Elend zu verursachen und Leben und Kulturen zu vernichten. Wenn der Kampf heute gegen den islamistischen Terrorismus gerichtet ist, dann ist das auch ein Kampf in jedem von uns, bei dem es darum geht, moralisch fair und maßvoll zu reagieren als Ausgleich für die Zerstörungen auf allen Seiten dieses Krieges. In dem Augenblick, in dem in den USA oder sonstwo auf der

Welt die Religion zu einem Faktor in irgendeinem Konflikt wird, wird sie automatisch auch zum Hindernis für jede dauerhafte oder verlässliche Lösung. Und mit noch größerer Gewissheit lässt sich sagen: Wenn religiöse Extremisten an der Macht sind, dann werden garantiert diejenigen, die nicht genau das Gleiche wie sie glauben, unter den Folgen zu leiden haben, und zwar im Namen Gottes. In einer Welt, die von Gewalt und Hass heimgesucht wird, gibt es in einem religiösen Kampf wenige Gewinner, aber viele, viele Verlierer.

Anmerkungen

Einführung

1 Alvin Toffler, *Future Shock,* Random House, 1970.
2 Gallup-Umfrage, u. a. zitiert in *The Economist,* 4. November 2004.
3 George Monbiot in *The Guardian,* 20. April 2004.
4 Quelle der Autorin.
5 dito.
6 William Boykin, zit. n.: *The Los Angeles Times,* 16. Oktober 2003.
7 Joseph Lieberman bei einer Wahlkampfveranstaltung in Macon, Georgia, während der innerparteilichen Vorwahlen der Demokraten im Sommer 2004.

1. Geborgenheit in Gott

1 Diese vierteilige Definition evangelikalen Christentums findet sich in den Arbeiten von John C. Green an der University of Akron, Ohio. Nachzulesen in den beiden von ihm mitverfassten Werken: *Religion and the Culture Wars: Dispatches from the Front,* 1996, und *The Bully Pulpit: The Politics of Protestant Clergy,* 1998.
2 Tim Egan, BBC News, 9. November 2004. http://news.bbc.co.uk/1/hi/programmes/3992067.stm
3 Sydney Blumenthal, *The Guardian,* 11. November 2004. http://www.guardian.co.uk/usa/story/0,12271,1348261,00.html
4 Tim Egan, BBC News, 9. November, 2004. http://news.bbc.co.uk/1/hi/programmes/3992067.stm
5 Sara Diamond, *Spiritual Warfare,* South End Press, 1989, S. 39; zit. n.: Sheldon Rampton und John Stauber, *Banana Republicans,* Robinson, 2004, S. 52.

6 *Die Passion Christi* spielte 2004 weltweit 600 Millionen US-Dollar ein, in den USA $ 370 Millionen.

7 Zit. n.: *The New York Times,* 11. November 2004.

8 George W. Bush in seiner Rede an die Nation vom 19. November 1999 und in seiner Rede zur Lage der Nation am 2. Februar 2003.

9 Jerry Falwell während einer Predigt in seiner »Thomas Road Baptist Church« im November 1999 und im November 2003.

2. Gottes auserwählte Nation

1 Nelson Bell, *Christianity Today,* 21. Juni 1967.

2 Zit. n.: *The New York Times,* 17. März 2002, Auszug aus der Niederschrift des Gesprächs mit Richard Nixon im Oval Office 1972.

3 Gary Burge, *Who Are God's People in the Middle East? What Christians Are Not Being Told about Israel and the Palestinians,* Zondervan Press, 2003.

4 Ed McAteer in einem Interview mit der Autorin, März 2003.

5 John Ashcroft, erneut in einem Interview mit der Autorin, Oktober 2003, Washington, D. C.

6 Ed McAteer in einem Interview mit der Autorin, 6. März 2003.

7 George W. Bush in einer vom US-Fernsehen landesweit übertragenen Rede, Dezember 2001.

8 l. c.

9 Condoleezza Rice in der Sendung *Meet the Press,* NBC, Januar 2002.

10 Franklin Graham, zit. n.: *The New York Times, Newsweek, The Wall Street Journal,* Oktober-Dezember 2001.

11 Jerry Falwell und Pat Robertson, zit. im »Christian Broadcast Network«, September 2001 und mehrfach 2002 bis 2004.

12 Zitat in der Sendung *Larry King Live,* CNN, Dezember 2002.

13 George W. Bush in einer gemeinsamen Pressekonferenz mit Jacques Chirac am 6. November 2001.

3. Ein Werkzeug für weltliche Politik

1 Thomas Jefferson in der *Jefferson Bible,* Einführung durch Forrest Church, Beacon Press, Juli 2001.

2 Woodrow Wilson in einer Rede vor beiden Häusern des Kongresses am 21. April 1917.

3 Zit. n.: Francis B. Carpenter, *Six Months at the White House with Abraham Lincoln,* Digital Scanning, 2001, S. 282.
4 Vgl. Vinson Synan, *The Century of the Holy Spirit: 100 Years of Pentecostal and Charismatic Renewal 1901-2001,* Nelson Reference, 2001.
5 James Watt während der ersten Amtszeit Reagans bei einer Anhörung vor dem US-Kongress am 5. Februar 1981.
6 Dieses und alle weiteren Ashcroft-Zitate des Kapitels laut der Quelle der Autorin.

4. Vision einer neuen Weltordnung

1 H. L. Mencken, *The Monkey Trial: A Reporter's Account,* 1925.
2 George W. Bush in einer Pressekonferenz im Weißen Haus, September 2003.
3 Die Informationen und Zitate, die sich auf »The Family« beziehen, stammen aus Jeffrey Sharlets Artikel »Jesus Plus Nothing«, Erstveröffentlichung im *Harpers*-Magazin, März 2003.
4 Donald Warren, *Radio Priest: Charles Coughlin, the Father of Hate Radio,* Simon & Schuster, New York 1996.

5. Die Verbreitung des Evangeliums

1 Michael T. Benson, *Harry S. Truman and the Founding of Israel,* Praeger Publishers, 1997.
2 Wilson Ewin, *The Assimilation of Evangelist Billy Graham into the Roman Catholic Church,* Québec Baptist Missions, 1992, S. 38f.
3 *Catholic Sentinel,* 25. September 1992.
4 Billy Graham, zit. in einem Bericht des »Religious News Service«, 27. September 1979, am Vorabend des Papstbesuchs in den USA.
5 *Philadelphia Evening Bulletin,* Januar 1978.
6 Pat Robertson, *The New World Order,* W Publishing Group, 1992.
7 Michael Lind, *New York Review of Books,* Bd. 42, Nr. 2, 2. Februar 1995.
8 Bill Bright, *Have You Heard of the Four Spiritual Laws?,* New Life Publications, 1993.
9 David Riesman (1909-2002) legte maßgebliche Studien über die US-Gesellschaft nach dem Zweiten Weltkrieg vor.

10 Stephanie Coontz, *The Way We Never Were: American Families and the Nostalgia,* Basic Books, Nachdruck 2000.
11 Paul Landis, zit. n.: Stephanie Coontz, op. cit., S. 33.

6. Auf der Seite des Herrn

1 Die biographischen Daten zu Jerry Falwell stammen aus der Bibliothek der »Thomas Road Baptist Church«; www.trbc.org

7. Die Politik des Betens

1 Jerry Falwell in einer Predigt in der »Thomas Road Baptist Church« am 4. Juli 1976.
2 Pat Robertson über sein »Christian Broadcast Network« im Februar 1980 in einer Sendung für seinen »Club 700« und erneut am 24. Februar 2002 auf CNN.
3 Vgl. hierzu: Pauline Maier, Merritt Roe Smith, Alexander Keyssar und Daniel Kevles, *Inventing America,* Bd. 2, W. W. Norton, 2002.
4 Interview der Autorin mit Ed McAteer, März 2003.
5 Eleazar Waldman, ultrareligiöser Rabbi der Gusch-Bewegung in Israel, war der Erste, der feststellte, dass »Erlösung nicht nur die Erlösung Israels bedeutet, sondern die Erlösung der ganzen Welt. Aber die Erlösung der Welt hängt von der Erlösung Israels ab. Daraus leitet sich unser moralischer, spiritueller und kultureller Einfluss auf die ganze Welt ab. Das Heil der gesamten Menschheit wird vom Volk Israel und seinem Land in den angestammten Grenzen ausgehen.«
6 Interview der Autorin mit William J. Murray, Januar 2004.
7 Barbara Bush, *Barbara Bush: A Memoir,* Scribner, 1994.

8. Ein bündnistreuer Gott

1 *The New York Times,* November 1980; zit. n.: Jerry Falwell, *Listen America!,* Sword of the Lord Publishing, 1980.
2 Interview der Autorin mit Ed McAteer, März 2003.
3 Interview der Autorin mit David Parsons in der »International Christian Embassy« in Jerusalem, Oktober 2003.
4 Interview der Autorin mit Malcolm Heddings in der »International Christian Embassy« in Jerusalem, Oktober 2003.
5 Interview der Autorin mit Malcolm Heddings, Oktober 2003.

6 Dito.
7 Diese und die nachfolgenden Aussagen David Parsons' stammen aus einem Interview mit der Autorin, April 2004.

9. Wandeln auf den Spuren Jesu

1 Interview der Autorin mit Jan Morrison in Jerusalem, Oktober 2003.
2 Interview der Autorin mit Carlyle Anderson in Jerusalem, Oktober 2003.
3 Interview der Autorin mit Rita Angela in Jerusalem, Oktober 2003.
4 Interview der Autorin mit Gina in Jerusalem, Oktober 2003.

10. Der Allmächtige (und der) Dollar

1 Pat Robertson, *The 700 Club,* Christian Broadcast Network, 29. Oktober 1982.
2 Interview der Autorin mit Ed McAteer, März 2003.
3 Bill Clinton, 11. September 1998.

11. Die Wiedererstehung der christlichen Rechten

1 Jerry Falwell in *Crossfire,* CNN, 22. Oktober 2003.
2 Interview der Autorin mit Benjamin Netanjahu, September 2003.
3 Elaine Kamarck im US-Fernsehen nach der Nominierung Al Gores zum Präsidentschaftskandidaten 2000.
4 Reverend James Robison in einem Interview mit Dick Staub, *Christianity Today,* 10. März 2003.
5 Interview der Autorin mit George W. Bush für TF-1, November 2000.

12. Angst und Schrecken in Amerika

1 Besuch und Interview der Autorin in Louisiana im Mai 2003.
2 George W. Bush in der *Oprah Winfrey Show,* zit. n.: *The New York Times,* 19. September 2000.
3 Die Quelle der Autorin war bei der Unterzeichnung anwesend.
4 Alle Zitate aus dem Oval Office laut Quelle der Autorin.
5 Nancy Reagan in einem Interview mit MSNBC, zit. n.: Reuters, 9. Mai 2004.
6 Gary Bauer im Interview in seinem Büro in Virginia, Juli 2003.
7 Dwight D. Eisenhower am 14. Juni 1954.

8 Dwight D. Eisenhower, Tagebücher, zit. in seiner Autobiographie *Mandate for Change 1953-1956: The White House Years,* Doubleday, 1963.

9 Gary Bauer in einem Interview mit der Autorin in New York City während des Parteitags der Republikaner, 30. August 2004.

13. Mit Gott in den Wahlkampf

1 Interview der Autorin mit Robert Knight, Oktober 2003.

2 David Huizenga, »Tele Care Church Ministry«-Predigt, Februar 2004.

3 George W. Bush in *Larry King Live,* CNN, 24. Februar 2004.

4 Tom DeLay lt. CBSNews.com, 30. September 2004.

5 Ed Gillespie mehrfach in der US-Presse während der »Marriage Protection Week«, 15.-19. Oktober 2003, in der gleichzeitig die Umfrage des Pew Research Center durchgeführt wurde.

6 »Jerry Falwell Forms Anti-Gay Marriage Coalition«, lt. Doreen Brandt, 365gay.com News Center, Washington Bureau. (Vgl. auch Falwells Website: www.onemanonewoman.com.) Außerdem: Jerry Falwell in der *Travis Smiley Show,* National Public Radio, Juli 2004.

7 Billy Graham, zit. n.: CNN, Oktober 1964.

8 Quelle der Autorin.

9 Elizabeth Birch in: *Advocate,* 12. September 2000.

10 Margaret Leber, zit. n.: *The New York Times,* 9. März 2004.

11 Jim McFarland, l. c.

12 Bill McCartney und David L. Diles, *From Ashes to Glory,* Thomas Nelson, 1995.

13 Cardinal Mahoney, *WRS (Western Reform Seminar) Journal,* 4/1, Februar 1997, S. 40-48.

14 Aus einer Ansprache Hayfords vor »Promise Keepers« während einer Regionaltagung in Anaheim, Kalifornien, 14. Mai 1994.

15 James Ryle in der Predigt »The Sons of Thunder«, gehalten bei der Denver Evangelism Conference, November 1990.

16 Deborah Tyler bei einer von ihr organisierten Tagung in Dallas, Texas, im Juli 1996.

17 Bill McCartney bei einem »Pormise Keepers«-Seminar in Van Nuys, Kalifornien, im Juni 2003.

18 Vgl. hierzu und zum Folgenden: *The New York Times Magazine,* 25. Mai 2003.

19 Interview der Autorin mit David Miller, September 2003.
20 Abdul Rahman al-Rashed, Juni 2003.

14. Die Petrischale des Terrors

1 Ariel Scharon im Interview mit der Autorin, Jerusalem, Oktober 2003.
2 Jerry Falwell in *Crossfire*, CNN, 22. Oktober 2003.
3 Clarence Wagner im Interview mit der Autorin, Jerusalem, Oktober 2003.
4 Interview der Autorin mit Annette Lantos, Washington, D. C., Juni 2003.
5 Interview der Autorin mit Tom Lantos, Washington, D. C., Juni 2003.

15. Frieden durch Stärke

1 Interview der Autorin mit Sam Brownback, Washington, D. C., Juni 2003.
2 Bill Moyers, 21. Dezember 2004.
3 Interview der Autorin mit Esther Levens, Frühjahr 2003.
4 Interview der Autorin mit Pastor Paul Brooks, Frühjahr 2003.
5 Sheldon Rampton und John Stauber, *Banana Republicans*, Robinson, 2004.
6 Interview der Autorin mit Frank J. Gaffney am Rande der NUC-Vorstandssitzung, Washington, D. C., November 2003.
7 Interview der Autorin mit Mike Pence, Washington, D. C., Juni 2003.

16. Verbundenheit mit dem Land

1 Interview der Autorin mit Rebecca W., April 2004.
2 Interview der Autorin mit Ed McAteer, März 2003.

17. Das evangelikale Votum

1 Interview der Autorin mit Herbert Zweibon, Oktober 2003.
2 Mehrere Interviews der Autorin mit Gary Bauer zwischen Juni 2003 und August 2004.
3 Interview der Autorin mit Annette Lantos, Washington, D. C., Juni 2003.
4 Interview der Autorin mit Esther Levens, Frühjahr 2003.
5 Interview der Autorin mit Gary Bauer in seinem Büro in Virginia, Juli 2003.

6 Mosche Fox, Washington, D. C., Mai 2003.
7 Janet Parshall, Washington, D. C., Mai 2003.
8 Thomas Lindberg, Washington, D. C., Mai 2003.
9 Interview der Autorin mit Greta Simber, April 2004.
10 Ed McAteer im Interview mit der Autorin, März 2003.
11 Gary Bauer im Interview mit der Autorin, Juli 2003.
12 Vgl. Ken Silverstein und Michael Scherer, »wiedergeborene Zionisten«, www.MotherJones.com, Ausgabe vom September/Oktober 2002.
13 Interview der Autorin mit Yechiel Eckstein, August 2003.
14 Interview der Autorin mit Ralph Reed, Jerusalem, Februar 2004.
15 Interview der Autorin mit Yechiel Eckstein, August 2003.
16 John Ashcroft, Chicago, 17. Oktober 2003.
17 Richard Land, Interview mit Herbert Zweibon, New York, Oktober 2003.
18 Interview der Autorin mit Yechiel Eckstein, August 2003.

18. Die Verschiebung des Schwerpunkts

1 Interviews der Autorin mit Avi Granot, Juni 2003 und November 2004.
2 Ralph Reed, lt. Avi Granot im Interview mit der Autorin vom Juni 2003.
3 Benny Jinn, lt. Avi Granot im Interview mit der Autorin vom Juni 2003.
4 Interview der Autorin mit Yechiel Eckstein, August 2003.
5 Ralph Reed, lt. Avi Granot im Interview mit der Autorin vom Juni 2003.
6 Interview der Autorin mit Gary Bauer, Juli 2003.
7 Quelle der Autorin.
8 Merrill Simon, *Jerry Falwell and the Jews,* Jonathan David Publishers, 1984.
9 Interviews der Autorin mit mehreren Mitgliedern der »Lovingway United Pentecostal Church« in Denver.
10 Jerry Falwell, »The Fashionable Effort to Denigrate the Gospel«, *Christian Post,* 28. Oktober 2003; www.christianpost.com/article/editorial/76/section/the.fashionable.effort.to.denigrate.the.gospel./1.htm
11 Vortrag von Ergun Caner, veröffentlicht auf der Website von Jerry Falwells »Liberty University«; www.liberty.edu

12 Interview der Autorin mit Ted Haggard, New York, Juni 2004.

13 Interview der Autorin mit Abraham Foxman, November 2004.

14 C. Welton Gaddy im Interview mit *FrontLine,* WGBH educational foundation, 5. März 2004.

15 Interviews der Autorin mit David Rosen, Jerusalem, Juni und November 2003.

16 Interview der Autorin mit David Rosen, Paris, April 2004.

17 Telefoninterview der Autorin mit David Rosen, Februar 2004.

18 Interviews der Autorin mit Clarence Wagner, Jerusalem, Oktober 2003, und Paris, Juni 2004.

19 Interview der Autorin mit Clarence Wagner, Paris, Juni 2004.

20 Edward Said bezog sich auf seine Schriften in einem Interview mit der Autorin in Jerusalem, Januar 2002. Vgl. auch: Sr. Elaine Kelley, »Following Visit to Gaza, Delay at Erez Checkpoint, Edward Said Recommends ›a certain kind of courage‹«; *Washington Report on Middle East Affairs,* Juni 1999; www.Washington-report.org/backissues/0699/9906035.html

19. Das Spiel mit der Gotteskarte

1 Karl Rove, zitiert in der Wahlkampfzentrale in Missouri während des Bush-Wahlkampfes 2004.

2 Interview der Autorin mit Ed McAteer, März 2003.

3 Doug Wead, zitiert in der Wahlkampfzentrale in Missouri während des Bush-Wahlkampfes 2004.

4 Interview der Autorin mit Ed McAteer, März 2003.

5 *Time,* 18. Januar 2004.

6 *Newsweek,* 8. April 2002.

7 Erzbischof Burke lt. *St Louis Post Dispatch,* gleich nach seiner Amtseinführung als Erzbischof am 26. Januar 2004.

20. Die Absicherung der Zukunft

1 Jerry Falwell, Exklusivkommentar für WorldNetDaily, 13. November 2004.

2 William Harrison Frist zu Senator Tom Lantos, 2. Januar 2003, lt. Aussage von Senator Lantos im Interview mit der Autorin.

3 William Harrison Frist, *Good People Beget Good People,* Rowman & Littlefield, 2003.
4 Bush-Zitat aus *The Jesus Factor,* von den meisten öffentlich-rechtlichen US-Rundfunkanstalten gesendet am 29. April 2004.

21. Eine prekäre Balance

1 Jacques Chirac, Rede an die Franzosen am Tag der Bastille, 14. Juli 2003.
2 Interview der Autorin mit Jan Morrison, Jerusalem, Oktober 2003.
3 Tim LaHaye, *Glorious Appearing,* 2004.
4 Oriana Fallaci, *Interview with History,* Houghton Mifflin, 1977.
5 Interview der Autorin mit Julia Pendegrast, Januar 2004.

Auswahlbibliographie

Ashcroft, John, *Lessons From a Father to a Son*, Thomas Nelson Inc., 1998

Benson, Michael T., *Harry S. Truman and the Founding of Israel*, Praeger Publishers, 1997

Burge, Gary M., *Who are God's People in the Middle East? What Christians Are Not Being Told about Israel and the Palestinians*, Zondervan Publishing Company, 1993

Bush, Barbara, *Barbara Bush: A Memoir*, Scribner, 1994

Carpenter, F. B., *Six Months at the White House with Abraham Lincoln: The Story of a Picture*, Digital Scanning, 2001

Coontz, Stephanie, *The Way We Never Were: American Families and the Nostalgia Trap*, reprint, Basic Books, 2000

Diamond, Sara, *Spiritual Warfare: The Politics of the Christian Right*, South End Press, 1989

Eisenhower, Dwight D., *Mandate for Change 1953-1956: The White House Years*, Doubleday, 1963 (Deutsche Ausgabe: *Die Jahre im Weißen Haus: 1953-1956*, Düsseldorf/Wien, Econ-Verlag, 1964)

Ewin, Wilson, *The Assimilation of Evangelist Billy Graham into the Roman Catholic Church*, Québec Baptist Missions, 1992

Fallaci, Oriana, *Interview with History*, Houghton Mifflin, 1977

Falwell, Jerry, *Listen America!*, Sword of the Lord Publishing, 1980

Frist, William II. with Wilson, Shirley, *Good People Beget Good People: A Genealogy of the Frist Family*, Rowman & Littlefield Publishers, 2003

Green, John C., Guth, James L., Smidt, Corwin E., Kellstedt, Lyman A. and Poloma, Margaret M., *The Bully Pulpit: The Politics of Protestant Clergy*, University Press of Kansas, 1998

Green, John C., Guth, James L., Smidt, Corwin E. and Kellstedt, Lyman A., *Religion and Culture Wars: Dispatches from the Front*, Rowman & Littlefield Publishers, 1996

Herzl, Theodor, *The Jewish State*, Dover Publications, 1989 (Deutsche Ausgabe: *Der Judenstaat*, Berlin, Philo, 2004)

LaHaye, Tim F. and Jenkins, Jerry B., *Glorious Appearing*, Tyndale House Publishers, 2004 (Deutsche Ausgabe: *Finale, Bd. 12: Der Triumph*, Asslar, GerthMedien, 2005)

Lindsay, Hal, *The Late Great Planet Earth*, Zondervan Publishing Company, 1970 (Deutsche Ausgabe: *Alter Planet Erde wohin? Im Vorfeld des dritten Weltkriegs*, Asslar, Schulte und Gerth, 1991)

Maier, Pauline, Smith, Merritt Roe, Keyssar, Alexander and Kevles, Daniel J., *Inventing America, Vol. 2,* W. W. Norton & Company, 2002

McCartney, Bill and Diles, David L., *From Ashes to Glory*, revised edition, Nelson Books, 1995

Olasky, Marvin, *The Tragedy of American Compassion*, Regnery Publishing, 1992

Paisley, Ian R. K., *Billy Graham and the Church of Rome*, Bob Jones University Press, 1972

Rampton, Sheldon and Stauber, John, *Banana Republicans*, Robinson, 2004

Robertson, Pat, *The New World Order*, W. Publishing Group, 1992 (Deutsche Ausgabe: *Geplante neue Welt*, Wuppertal, One-Way-Verlag, 1993)

Simon, Merrill, *Jerry Falwell and the Jews*, Jonathan David Publishers, 1984

Synan, Vinson, *The Century of the Holy Spirit: 100 Years of Pentecostal and Charismatic Renewal 1901-2001*, Nelson Reference, 2001

Toffler, Alvin, *Future Shock*, Random House, 1970 (Deutsche Ausgabe: *Der Zukunftsschock*, München, Scherz, 1982)

Walvoord, John F., *Israel in Prophecy*, Zondervan Publishing Company, 1962

Warren, Donald, *Radio Priest: Charles Coughlin, the Father of Hate Radio*, Simon & Schuster, 1996

Originaltitel: The Last Crusade
Die Erstausgabe ist 2004 unter dem Titel
»La Dernière Croisade« bei Plon, Paris, erschienen.

Für die deutsche Ausgabe:

Umschlaggestaltung: HildenDesign, München
Gesetzt aus der Rotis Serif
Satz: Fuldaer Verlagsanstalt, Fulda
Druck und Bindung: GGP Media GmbH, Pößneck
Printed in Germany
ISBN 3-86612-061-3

Kristina Borjesson (Hrsg.)

Zensor USA

Wie die amerikanische Presse zum Schweigen gebracht wird

448 Seiten. Gebunden.
sFr 46,- | € 24,90
ISBN 3-86612-003-6

Die USA präsentieren sich stets als demokratische Weltpolizei, die für die Werte der Demokratie kämpft. Doch in Wirklichkeit herrschen andere Gesetze. Dieses Buch zeigt: Die Pressefreiheit, eines der wichtigsten Grundrechte jeder Demokratie, ist in Gefahr. Journalisten, die entlassen wurden, packen aus: Sie ermittelten in Fällen von Wahlbetrug, Kriegsverbrechen und Verwicklungen der CIA in Verbrechen. Spannend wie ein Krimi enthüllt »Zensor USA«, wie es hinter den Kulissen der Macht aussieht.

»Wenn die Öffentlichkeit dieses Buch liest, wird sie entsetzt sein.« *Publishers Weekly*

Pendo Verlag GmbH & Co. KG
Postfach 401540 | D-80715 München
Fon +49 (0)89 - 7 00 76 88-0
Fax +49 (0)89 - 7 00 76 88-9
www.pendo.de | www.pendo.ch